项目资助

本书是国家社科基金青年项目"英美霸权转移中美国债权政治的效用及战略启示研究"(项目编号:15CGJ027)的最终成果

康欣 / 著

英美关系中债权政治的效用及其战略启示

中国社会科学出版社

图书在版编目（CIP）数据

英美关系中债权政治的效用及其战略启示 / 康欣著. —北京：中国社会科学出版社，2022.5
ISBN 978-7-5203-9932-6

Ⅰ.①英… Ⅱ.①康… Ⅲ.①英美关系—研究 Ⅳ.①D856.1②D871.2

中国版本图书馆 CIP 数据核字(2022)第 054451 号

出版人	赵剑英
责任编辑	赵 丽
责任校对	季 静
责任印制	王 超

出　版	中国社会科学出版社
社　址	北京鼓楼西大街甲 158 号
邮　编	100720
网　址	http://www.csspw.cn
发行部	010-84083685
门市部	010-84029450
经　销	新华书店及其他书店

印　刷	北京明恒达印务有限公司
装　订	廊坊市广阳区广增装订厂
版　次	2022 年 5 月第 1 版
印　次	2022 年 5 月第 1 次印刷

开　本	710×1000　1/16
印　张	18.5
插　页	2
字　数	285 千字
定　价	98.00 元

凡购买中国社会科学出版社图书，如有质量问题请与本社营销中心联系调换
电话：010-84083683
版权所有　侵权必究

目　　录

第一章　导言 …………………………………………………………（1）

第二章　国家债权的政治理论 ………………………………………（20）
　第一节　国家债权：内涵、特征与结构 …………………………（20）
　第二节　国家债权影响力：结构、关系、时间三个维度 ………（31）
　第三节　国家债权影响力评估：三重维度的互动机制与反馈
　　　　　路径 …………………………………………………………（48）

第三章　美国对英债权的形成与发展 ………………………………（54）
　第一节　美国工业的崛起与私人信贷的扩张 ……………………（54）
　第二节　第一次世界大战爆发与英国对美债务的形成 …………（60）
　第三节　战后贷款与世界信贷交易网络关系的变化 ……………（76）

第四章　英国债务的清偿与终结 ……………………………………（81）
　第一节　战后初期英美战债政策的博弈 …………………………（82）
　第二节　英国战债清偿的困难与危机初现 ………………………（92）
　第三节　债务国合作的实现与美国债权的式微 …………………（99）
　第四节　英国违约与英美战债问题的彻底终结 …………………（109）

第五章　美国债权杠杆与英美权力转移 ……………………………（114）
　第一节　债权杠杆、英美贸易竞争与世界经济萧条 ……………（114）

第二节　债权杠杆、黄金与英美货币权力的更迭 …………（132）
第三节　债权杠杆与战后德国赔偿问题的竞争 …………（152）
第四节　债权杠杆与英美在军事领域的竞争 ……………（177）

第六章　美国债权政治的经验及其对中国战略启示 …………（192）
第一节　英美霸权转移中美国的债权经验 ………………（193）
第二节　历史与现实：美国经验对中国的启示 …………（201）
第三节　中国债权现状及实施债权政治的条件 …………（211）
第四节　中国债权战略的政策建议 ………………………（217）

结束语 ……………………………………………………………（246）

参考文献 …………………………………………………………（250）

第 一 章

导　　言

> 从我的角度来说,我想参与并接受赐予我们的世界领导权。我的同胞们,一种什么样的领导权力?……自由的权力。
> ——美国总统伍德罗·威尔逊(Thomas Woodrow Wilson)1919[①]

> 在20世纪20年代美国与英国角逐霸权的过程中,能够触及英国国家利益的两个手段是:美国要求英国支付战债,以及美国要求海军力量扩张到与英国皇家海军平等的地位。
> ——英美关系史学家麦克切尔(B. J. C. McKercher)1999[②]

一　问题缘起

在美国传统政治史的叙事中,20世纪20年代的美国仍沿袭着"孤立主义"外交传统,并不热衷于与欧洲大国争夺权力。[③] 同时,在欧美经济

[①] William Appleman Williams, *The Tragedy of American Diplomacy*, New York: Dell Publishing Company, 1972, p. 108.

[②] B. J. C. McKercher, *Transition of Power: Britain's Loss of Global Pre-eminence to the United States, 1930~1945*, New York: Cambridge University Press, 1999, p. 11.

[③] 关于美国20世纪20年代的外交孤立主义的研究参见 Selig Adler, *The Isolationist Impulse: Its Twentieth-Century Reaction*, New York: Abelard-Schuman, 1957; Robert W. Tucker, *A New Isolationism: Threat or Promise?* New York: Universe Books, 1972; Manfred Jonas, *Isolationism in America 1935~1941*, Ithaca: Cornell University Press, 1966. 也有研究质疑美国在两次世界大战期间的外交是否是真正的孤立主义,参见 Ronald E. Powaski, *Toward an Entangling Alliance: American Isolationism, Internationalism, and Europe, 1901~1950*, Westport: Greenwood, 1991; 以及 Bear F. Braumoeller, "The Myth of American Isolationism", *Foreign Policy Analysis*, Vol. 6, No. 4, Oct., 2010, pp. 349–371.

史的叙事中，1929年世界性经济危机的根源在于，原有霸主英国无力承担责任，而美国作为新兴国家却选择逃避不作为。① 因此，美国在经济上也无争夺霸权之意。两种叙事带来了一个值得思考的问题：无意称霸的美国何以在与英国激烈的霸权竞争中取胜？

实际上，美国在两次世界大战期间的对外政策一直存在着经济扩张与政治孤立的张力。同时期美国国会与财政部在国内的公开角逐，以及二者在对外战略上的统一，则是这一政治生态的微观缩影。② 经济扩张与政治孤立在政策上看似矛盾，在时间上并不完全同步，但却有着内在的一致性。多数经济学家认为，美国在第一次世界大战前夕已经在工业上全面超越英国，进而在1925年实现了金融中心由伦敦至纽约的迁移。③ 而英美之间完成政治上的权力交接却是在1945年第二次世界大战后。经济与政治权力转移的时间差，应该是美国优势经济力外溢至政治—军事领域的渐进过程。如果说大国权力的暴力交替是通过霸权争夺的军事战争来完成，那么大国权力的和平换位则是新兴国家对霸权国优势领域的渗透与占位。这一渐进的权力渗透进程，恰恰是新兴国家崛起过程中最难逾越的关卡。例如20世纪80年代，日本在经济权与政治—军事权转移的过程就遭遇美国的压制。甚至，新兴大国能否成长为世界性大国都取决于能否成功地用优势权力渗透至自身弱势领域，弥补其实力短板。因此，保罗·肯尼迪（Paul Kennedy）才在研究大国兴衰历史时感慨："研究和平时期大国地位如何持续变化，同研究它在战时如何打仗一样重要"。④ 在他看来，英美之间霸权转移的基础是美国工业的扩张，同期参与竞争的德国、俄国因战略失误或内部革命遭到打击，但美国却明智选

---

① 参见 Charles P. Kindleberger, *Power and Money: The Economics of International Politics and the Politics of International Economics*, New York: Palgrave Macmillan, 1970, pp. 198–199.

② Harold G. Moulton and Leo Pasvolsky, *War Debts and World Prosperity*, New York: The Century Company, 1932, pp. 73–74.

③ [美]巴里·埃森格林：《嚣张的特权：美元的兴衰和货币的未来》，陈召强译，中信出版社2011年版，第33页。

④ [美]保罗·肯尼迪：《大国的兴衰》，陈景彪等译，国际文化出版公司2006年版，第35页。

择政治避险，在20世纪20年代退回到孤立主义。① 此后，欧洲大国的战略扩张导致第二次世界大战爆发，给美国重新创造了崛起的机遇。照此逻辑，美国的政治崛起和大国地位一定程度上是工业扩张的自然结果，而非主动谋划的成就。也有研究认为，美国天然幅员广阔、物资丰富，其独特的地理位置便于躲避欧洲复杂的政治纷争，成为世界首要大国在一定意义上是"天定命运"。②

但美国史激进主义学派代表人物威廉姆斯认为，第一次世界大战后美国国内就开始了对孤立主义和经济政策的辩论，并早已在20世纪20年代达成共识：要全力推动美国海外政治和经济的全面扩张。之所以在政策上选择孤立主义，仅是基于集体安全和欧洲政治会削弱美国的顾虑。③ 可见，激进的扩张主义才是20世纪20年代美国外交政策的核心。④ 看似与这一主张冲突的政治"孤立主义"，更大的意义是实现与经济扩张的战术配合，服务于美国总统威尔逊立志"美国领导世界"的战略目标。那么，美国如何实现由经济扩张到政治渗透的权力转移？

第一次世界大战催生了战争形势下的特殊产物：战债。战时贷款作为一种战争贡献，可以合理地要求参与战后利益分配。这样，战债既具有经济性，更具有高度政治性，是经济权与政治权之间天然的交换机。美国从1917年参加第一次世界大战到1920年，为包括英国、法国在内的11个协约国提供贷款，成为世界最大债权国。⑤ 这给美国参与战后世界秩序重建提供了极大特权。美国深知，在战后以恢复经济秩序为首要任务的国际关系中，只要美国坚持要求债务国偿债，欧洲协约国就需要极力压榨德国，德国必然会因债务负担过重求助于美国，这样造成一种协约国指望美国减免其战债负担，德国亦需要美国贷款的局面。既然所有欧

---

① 参见［美］保罗·肯尼迪：《大国的兴衰》，第269—270页。
② Scott Nearing and Joseph Freeman, *Dollar Diplomacy: A Study in American Imperialism*, New York: B. W. Huebsch and the Viking Press, 1925, pp. 2 – 3.
③ William Appleman Williams, *The Tragedy of American Diplomacy*, p. 136.
④ 王立新：《踌躇的霸权：美国崛起后的身份困惑与秩序追求（1913—1945）》，中国社会科学出版社2015年版，第107—114页。
⑤ Era Dabla-Norris ed., *Debt and Entanglements between the Wars*, Washington, D. C.: International Monetary Fund, 2019, p. 5.

洲债务国在金融上都有求于美国，那么显然没有美国参与，欧洲不可能彻底解决德国问题。这样，债权就成为美国以经济权力插手欧洲政治事务，并与英国进行霸权争夺的主要战略工具。

但拥有债权并不等于会使用债权，并将债权的效用最大化。世界历史上虽拥有强大债权却身处弱势的案例并不鲜见，这使得探究战债何以成为美国的"武器"助力国家政治成长，具有了经验价值。本书将建立关于国家债权效用的基本分析框架，以英美霸权交替中债权债务关系的历史发展为主线，厘清美国以债权渗透至货币、贸易、军事—政治领域的权力交换过程，为霸权更迭提供新的研究视角，为新兴国家的实力全面提升提供经验参考。

二 研究问题与价值

1. 研究问题

本书写作的目的和动力首先来自笔者学习英美关系史时产生的历史疑惑，进而引发了探索国家债权的理论兴趣，形成了历史、理论、现实三个层面的问题群：

从历史分析来看，首先，第一次世界大战后，美国对英国的债权为何没有被霸权国英国动用整体实力压制或者直接剥夺？其次，在维持了债权的基础上，美国如何以战债实施"黏性权力"（sticky power）的作用，[①] 将经济优势渗透至其他问题领域？在此过程中，以英国为首的债务国采取了哪些反制措施？再次，美国对英国的债权在形成、维持、消解阶段的效用发生了何种变化？最后，美国以战债换取国家实力成长的历史是否具有特殊性？美国运用债权的历史经验在哪些方面可以为新兴大国成长提供何种历史经验？

从理论研究来看，国家债权有哪些特点？债权与其他领域的权力如何进行互动？如何判断国家债权的实际影响力？哪些因素会影响国家的效用？如何使国家债权的效用最大化？

[①] 关于黏性权力的论述参见沃尔特·拉塞尔·米德、朱雅文：《美国的粘性权力》，《国外社会科学文摘》2004年第8期。

从现实策略来看，为何当下国际体系中的债权大国显得弱势，而债务大国却能显示强权？哪种债权规模、债权结构、债权策略更适用于今天的中国？中国应当制定怎样的债权战略以摆脱"不成熟债权国"地位？

上述问题群引导笔者形成了由爬梳英美战债问题史料到探索债权作用机制，再到思考中国债权应对政策的研究过程。随着研究的深入开展和逻辑思路的整理，笔者寻找到更多具有价值的英美外交档案和债权互动因果机制，这提升了研究的价值和意义。

2. 研究价值

（1）经验价值。习近平总书记在2014年11月28日至29日召开的中央外事工作会议上提出，"我们看世界，不能被乱花迷眼，也不能被浮云遮眼，而要端起历史规律的望远镜去细心观望。"[①] 当今世界"是一个国际体系和国际秩序深度调整的世界，是一个国际力量对比深刻变化并朝着有利于和平与发展方向变化的世界"[②]。而英美之间的霸权转移，有以下两个特征：一是国际体系的和平迁移；二是在"美国处于统治比较克制，不那么军国主义"的时期对国际秩序进行修正和调整。[③] 因此本书基于英美霸权转移的历史经验，发现从债权到霸权转移之间的内在逻辑，旨在探究从金融相互依赖到国际体系和平调整的实现路径，规避中美军事对抗。

（2）应用价值。中国已成为世界主要债权国的事实，受到国内与国际社会的共同关注。在国内，债权牵动金融的稳定进而影响政治和谐稳定。在国际社会，中国被夸大的债权连同"中国威胁论"一起极易混淆对债权的理性认知。因此，对债权政治的经验研究可以厘清债务清偿机制、债务交易网络与债权国利益的作用关系，通过过程监控，重新审视中国"债权国"地位的战略空间，制定符合中国利益的债权战略，以增进中国债权的政治收益。

[①] 新华社：《中央外事工作会议在京举行》，《人民日报》2014年11月30日第1版。

[②] 习近平：《习近平谈治国理政》（第二卷），外文出版社2017年版，第442页。

[③] Frank Costigliola, *Awkward Dominion: American Political, Economic, and Cultural Relations with Europe, 1919~1933*, Ithaca: Cornell University Press, 1984, p.9.

(3) 理论价值。探索美国通过债权建立与包括政治、军事等其他权力形态之间联系战略的实现过程，可以深化国际政治经济学（IPE）中对政治与经济互动机制的研究。本书将追踪国家由单一领域优势扩展至国家总体权力领域的变化过程，拓展对相互依存理论的理解。

三 研究现状

在国际关系史研究中，英美权力的"和平转移"是经久不衰的核心议题。在军事政治领域，英美霸权和平交替是避免核大国之间体系战争的历史参照；[1] 在货币金融领域，它是反思体系调整时期系统性金融危机的经典案例；[2] 在文化研究领域，英美权力转移时期"特殊关系"的形成，是新兴国家与原有霸权国竞争与合作的建构主义范例。[3] 同时，战债问题又是第一次世界大战后西欧经济史不可或缺的研究议题。因此，分别论及英美霸权转移、战债问题的论著并不鲜见。这些论著从不同的研究路径出发，阐述霸权更迭和经济演化的理论逻辑。本书仅筛选了与研究主题和理论基础高度相关的三类代表性研究，进行综合分析评述。

1. 国家债权的历史与理论研究

在国际政治经济学视域下的国际债务关系研究，重点在探析信贷交易背后权力关系变迁的理论与历史。作为交叉学科的研究内容，研究者的学科背景对研究路径具有较大影响。经济学家对国际借贷的政治分析，

---

[1] 关于英美霸权和平转移参见 B. J. C. McKercher, *Transition of Power: Britain's Loss of Global Pre-eminence to the United States, 1930~1945*, New York: Cambridge University Press, 1999; Akira Iriye, *The Cambridge History of American Foreign Relations Volume III: The Globalizing of American, 1913~1945*, New York: Cambridge University Press, 2013; Phillips Payson O'Brien, eds., *Two Hegemonies: Britain 1846~1914 and the United States 1941~2001*, Burlingtont: Ashgate, 2002; Alan P. Dobson, *Anglo-American Relations in the Twentieth Century: Of Friendship, Conflict, and the Rise and Decline of Superpowers*, New York: Routledge, 1995; 梁军、章博：《试论大国霸权的和平转移——以英美互动为个案》，《社会主义研究》2008年第4期；潘兴明：《英美霸权转移的历史考察》，《北京大学学报》（哲学社会科学版）2015年第5期。

[2] 参见［美］查尔斯·金德尔伯格：《西欧金融史》（第二版），许子健等译，中国金融出版社2010年版；Charles P. Kindleberger, *Power and Money: The Economics of International Politics and the Politics of International Economics*, New York: Palgrave Macmillan, 1970.

[3] 封永平：《认同变迁：英美权力的和平转移》，《国际政治科学》2005年第3期。

善于运用国际贷款的历史数据做定量分析。巴里·艾肯格林（Barry Eichengreen）、迈克尔·汤姆斯（Michael Tomz）、奥德特·李恩奥（Odette Lienau）等经济学家研究国际债务历史发现，大量国际贷款流向了有债务违约记录的国家，这并非债权国忘记历史，而是贷款因强烈的政治性忽视了经济收益。简言之，国际借贷与政治密不可分。同时，国家需要对内进行银行监管，以控制信贷规模，对外展开国际合作，从而维持信贷合作的信誉。这样，要维持国际信贷体系的稳定，前提就是维护国内、国外政治环境的稳定。[①] 作为国际贷款的制度环境，一旦国际、国内政治体系发生结构性变迁，无疑将诱发债权国与债务国关系的调整。克里斯蒂安·苏特（Christian Suter）等发现，当国际体系的核心国之间竞争加剧、权力结构多中心化时，债权国对债务国的经济和政治影响将更加明显。[②] 而在既定的国际体系中，因国家债权具有权力与责任的双重面向，债权大国就需要承担更多的国际责任。大国角色是十分昂贵的。[③] 查尔斯·金德尔伯格（Charles P. Kindleberger）在《权力与金钱：国际政治的经济学和国际经济政治学》一书中提出，在"一战"后的国际关系中，避免支付战债是英法两国和美国关系紧张的来源。[④] 战后，英国承担了包括支付战债、重建资本等过多的负担，而美国却从战争中获得大量收益的同时，没有承担债权国应有的责任，参与更多的国际合作。这是

[①] Barry Eichengreen, "Historical Research on International Lending and Debt", *The Journal of Economic Perspectives*, Vol. 5, No. 2, Spring, 1991, pp. 149 – 169；关于国际信贷的经济史研究参见 Barry Eichengreen, *Golden Fetters: The Gold Standard and the Great Depression, 1919 ~ 1939*, New York: Oxford University Press, 1996; Michael Tomz, *Reputation and International Cooperation: Sovereign Debt Across three Centuries*, Princeton: Princeton University Press, 2007; Odette Lienau, *Rethinking Sovereign Debt: Politics, Reputation and Legitimacy in Modern Finance*, Cambridge, MA: Harvard University Press, 2014.

[②] Christian Suter and Hanspeter Stamm, "Coping with Global Debt Crises Debt Settlements, 1820 to 1986", *Comparative Studies in Society and History*, Vol. 34, No. 4, Oct., 1992, p. 655.

[③] Charles P. Kindleberger, *Power and Money: The Economics of International Politics and the Politics of International Economics*, p. 105.

[④] Charles P. Kindleberger, *Power and Money: The Economics of International Politics and the Politics of International Economics*, p. 92.

导致"一战"后大国经济对抗与竞争主要根源。① 上述研究对债权问题虽有涉略，也开始从政治视角观察债权，但是研究的落脚点集中于如何避免债务危机重现，重点仍是以金融视角看待国家之间的信贷关系。

偏重政治视角的研究则旨在建构金融关系的政治理论。这些研究普遍认为金融权和政治权不但高度相关，而且具有一致性（convertibility）和可转化性（fungible）。② 本杰明·科恩（Benjamin J. Cohen）更进一步提出政治与经济实现转化的路径为"联系战略"（linkage strategies），即将不同问题领域的议题合并解决。③ 这样，在不同问题领域内优势越大，其权力形态之间的力量就越具有相互加强的可能性，总体权力就越强。换言之，越是大国，就越有可能将通过结构性和联系性优势将权力状态锁定，并且借助体系的全面优势把结构调整的成本转移至弱国。因此，大国在国际金融体系内具有延迟调整的能力，这是它的特权。④ 但同时，不能对金融权力的可转化性过分高估，因为研究发现，相比政治策略和手段，金融权力的使用不仅频次比政治权力少，且使用效果差距大。乔纳森·柯什纳（Jonathan Kirshner）提出，历史上不同条件下采取金融强制措施的效果有显著差异，这可能导致金融权力使用的成功或者失败。⑤ 上述两类研究是本书展开的理论逻辑前提，只有在承认一国债权可以转

---

① Charles P. Kindleberger, *Power and Money: The Economics of International Politics and the Politics of International Economics*, p. 100.

② 关于金融权和政治权的可转化性以及相关性参见 Benjamin J. Cohen, *Currency Power: Understanding Monetary Rivalry*, Princeton and Oxford: Princeton University Press, 2015; David M. Andrew ed., *International Monetary Power*, Ithaca, N. Y: Cornell University Press, 2006; Benn Steil and Robert E. Litan, *Financial Statecraft: The Role of Financial Markets in American Foreign Policy*, New Haven: Yale University Press, 2006; David A. Baldwin, "Exchange Theory and International Relations", *International Negotiation*, Vol. 3, No. 2, Feb., 1998;［英］苏珊·斯特兰奇：《国家与市场》，杨宇光等译，上海世纪出版集团2006年版。

③ Benjamin J. Cohen, "International Debt and Linkage Strategies: Some Foreign-Policy Implications for the United States", *International Organization*, Vol. 39, No. 4, Autumn, 1985, p. 701; Benjamin J. Cohen, "US Policy on Dollarisation: A Political Analysis", *Geopolitics*, Vol. 7, No. 1, Summer, 2002.

④ David M. Andrew ed., *International Monetary Power*, Ithaca: Cornell University Press, 2006, pp. 36 – 39.

⑤ Jonathan Kirshner, *Currency and Coercion: The Political Economy of International Monetary Power*, Princeton: Princeton University Press, 1997, pp. 21 – 23.

化为对债务国政治外交实际控制力的前提下,从史学角度探究美国通过债权与英国展开政治博弈的历史进程才有意义。

2. 英美战债与霸权转移的相关研究

在第一次世界大战结束后的国际经济关系中,英美战债问题是事关战后重建的重点经济议题。彼时,英美作为国际社会最重要的债权国,分别拥有数量庞大的债务国。在此基础上,英国还是美国的债务国。因此,在战争结束后不久,参战各国财政部行政人员、金融专家、金融利益集团以及众多政治家,或基于减免债务的需求,或基于政治任务,都曾从不同的立场出发整理、研究战争债务问题,这为世人留下了大量关于战债的财政部档案文件、内阁会议记录、专家文稿和研究专著。

鉴于从1934年之后英国曾停止偿付美债,其他国家也效仿英国纷纷违约,因此早期的整理性研究并没有预见战债对英美权力转移产生的影响,而是将工作重点聚焦于复杂债务关系的系统性梳理,其目的是为政府决策提供参考,具有鲜明的时代性和民族性。例如,第一次世界大战结束不久,英国经济学家凯恩斯就撰写了大量与战债相关的报告、论文。他从英国政府立场出发,认为战债支付体系与重建世界贸易存在冲突,因此欧洲不可能清偿战债,建议美国取消债务。[①] 而詹姆斯·泰勒·杰罗德(James Thayer Gerould)等则以英美合作互动视角整理了双方的官方文件,并开始从战略上反思本国战债政策的失误。[②] 同时期,美国方面也有对战债的整理性研究,哈维·菲斯克(Harvey E. Fisk)从展示世界大战为主权国家带来的财政负担视角,对协约国财政收支、债务状况进行汇

---

① 关于凯恩斯对战债的论述参见 Austin Robinson and Donald Moggridge, *The Collected Writings of John Maynard Keynes*, Volume IV: A Tract on Monetary Reform, New York: Cambridge University Press, 2013;以及英国外交档案文献 Kenneth Bourne, D. Cameron Watt, eds., British Documents on Foreign Affairs: Reports and Papers from the Foreign Office Confidential Print, Part II, From the First to the Second World War, Series C, North America, 1919~1939, Vol. 11, Pecuniary Claims and War Debts, 1919~Nov. 1932, University Publications of America, 1991, pp. 1-4. 本书根据文献名缩写,此后引用时将此文献简称 BDFA。

② James Thayer Gerould and Laura Shearer Turnbull, eds., *Selected Articles on Interallied Debts and Revision of the Debt Settlements*, New York: H. W. Wilson Company, 1928.

总整理。① 几年后，随着道威斯计划实施，德国赔偿正式启动，哈罗德·莫尔顿（Harold G. Moulton）等在此基础上进一步将德国赔偿问题纳入世界战债支付体系，从支付转移的视角简述了美国提供战债与战后欧洲繁荣的关系。② 总体看上，这一阶段英国方面的研究为取消战债服务，重在强调战债的破坏性。而美国方面则着力描述战债对重建世界经济的建设性作用。

第二次世界大战以后，战债问题开始散见于研究英美霸权更迭的文献中。威廉姆斯发现，美国为了把新兴日本和德国纳入它所倡导的先进工业国家体系，利用削减战债平息了老牌资本主义国家英、法的反对；③ 弗兰克·科斯蒂哥里拉（Frank Costigliola）则指出，英国的债务国身份使其在涉及黄金、汇率等问题上受制于美国的战债政策，这凸显了美国债权在20世纪20年代英美经济竞争中扮演的重要角色；④ 英美关系史学家麦克切尔认为，不合理的债务支付体系对英国形成的竞争压力是英国让位于美国的重要原因；⑤ 罗伯塔·艾伯特·戴耶（Roberta Allbert Dayer）则发现，美国通过私下将削减战债作为诱饵，迫使英国放弃英日同盟，因此战债还是美国与英国展开军事竞争的重要手段。⑥ 可见，在美国战略崛起的过程中，债权杠杆活跃于战略布局、货币夺权、军事竞争等众多领域。因此，战债是美国金融货币史、全球化史、商业史、经济政策史中不可或缺的组成部分。⑦ 对此，美国学者迈克尔·赫德森（Michael

---

① Harvey E. Fisk, *The Inter-Ally Debts: An Analysis of War and Post-War Public Finance, 1914~1923*, New York: Bankers Trust Company, 1924.

② Harold G. Moulton and Leo Pasvolsky, *War Debts and World Prosperity*, New York: The Century Company, 1932, pp. 139 – 174.

③ William Appleman Williams, *The Tragedy of American Diplomacy*, p. 143.

④ Frank Costigliola, "Anglo-American Financial Rivalry in the 1920s", *The Journal of Economic History*, Vol. 37, No. 4, Dec., 1977, pp. 911 – 934.

⑤ B. J. C. McKercher ed., *Anglo-American Relations in the 1920s: The Struggle for Supremacy*, London: Macmillan Press, 1991, p. 191.

⑥ Roberta Allbert Dayer, "The British War Debts to the United States and the Anglo-Japanese Alliance, 1920~1923", *Pacific Historical Review*, Vol. 45, No. 4, Nov., 1976, pp. 569 – 595.

⑦ ［美］乔纳森·赫休斯、路易斯·P. 凯恩：《美国经济史（第7版）》，邱晓燕、邢露等译，北京大学出版社2011年版，第455—466页。

Hudson）更激进地提出，包括对外债权的金融权力是美国霸权兴起和霸权护持时最重要的政策工具。① 同时，不少国内外学者在研究战后国际关系史时也关注到了战债问题的价值。张振江、王宏波在研究经济权力转移、德国赔偿问题时论及美国借助战债议题给英国施加压力；② 梁军、王立新在阐释霸权更迭的宏观叙事中提及战债问题。③ 尽管上述研究的重点在较为宽泛的货币金融领域，尚未专门聚焦至战债与债权，但在溯及美国霸权来源时，已经开始将美国对英国的债权作为一项重要研究对象。这些研究成果展示了战债与其他权力互动的研究视野，是对战债进行系统性研究的基础。

第二次世界大战后，英国在相当长时期内仍然处于债务违约状态，战债问题上的研究热度也随之逐渐退去，这导致以战债为中心议题论文或专著并不多见。这一时期以罗伯特·席夫（Robert Self）对战债与英美关系的研究最为深入。他以战债为主线，展现了两国从斗争走向合作的历史画面。他提出，战债压力是英国唯恐破坏两国关系的经济根源，它迫使英国在对美外交中尤为慎重，并由此促进了英美"特殊关系"的形成。④ 威廉·乔治·普伦（William George Pullen）也承认，因战债一度是美国最大的国内政治，导致美国外交政策在一定时期内受国内战债舆论的制约。⑤ 此外，胡毓源、徐振伟等国内学者对专门第一次世界大战后的

---

① ［美］迈克尔·赫德森：《金融帝国：美国金融霸权的来源和基础》，嵇飞、林小芳等译，中央编译出版社 2008 年版，第 19 页。

② 参见王宏波《第一次世界大战后美国对德国的政策（1918—1929）》，社会科学文献出版社 2008 年版，第 188—189 页；张振江：《从英镑到美元：国际经济霸权的转移》，人民出版社 2006 年版，第 59 页，第 171 页。

③ 参见梁军、章博《试论大国霸权的和平转移——以英美互动为个案》，《社会主义研究》2008 年第 4 期；王立新：《踌躇的霸权：美国崛起后的身份困惑与秩序追求（1913—1945）》，中国社会科学出版社 2015 年版，第 118—119 页。

④ Robert Self, *Britain, America and the War Debt Controversy: The Economic Diplomacy of an Unspecial Relationship, 1917~1941*, New York: Routledge, 2006, pp. 1–9.

⑤ 参见 William George Pullen: World War Debts and Untied States Foreign Policy, PH. D. Dissertation, University of Georgia, 1991.

战债问题进行了历史回顾。①这些以战债为主题的研究多角度地呈现出同一历史进程中战债的不同面向，有助于从总体上把握战债的历史特征。

3. 中国债权策略研究

自1991年中国成为净债权国以来，到目前已经发展为国际社会公认的债权大国。②债权即是财富，也是权力。因此，研究应当以何种视角看待中国债权、应当维持何种规模的债权以及应当如何分配和使用债权，是中国IPE学者应有的责任与义务。

鉴于中国为"不成熟债权国"，货币错配导致中国债权存在资产风险，既有研究提出了优化投资结构，扩大私人证券投资；③提高外部财富管理能力，稳定人民币汇率；④降低对美元体系的依赖度，通过经济结构转型克服经济的外生性等手段维护中国的债权国利益。⑤可见，国内多数研究主要是从经济安全视角对中国对外债权深感担忧，而非将其看作一种政治权力。

但随着中国国家债权规模以及分布范围的扩大，美国对中国债权增长的忧虑却不断发酵，甚至在美国国家安全评估中都对中国债权影响力不惜笔墨。⑥有美国学者认为，中国持有美债增加了在汇率问题上的否决权。对此丹尼尔·德雷兹内（Daniel W. Drezner）表达了不同的意见，认为对于美国来说，尽管中国持有美债规模较大，但若中国使用美债武器

---

① 胡毓源：《一次大战后的战债问题与美国的对外关系》，《上海师范大学学报》（哲学社会科学版）1985年第4期；徐振伟、徐园园：《一战后英美战债问题评析》，《云梦学刊》2009年第5期；巴曙松：《中国的债权国地位被明显夸大》，国务院新闻办公室官网，http://www.scio.gov.cn/zggk/gqbg/2010/Document/722655/722655.htm，2010年08月03日。

② 虽然学界对其地位仍有一定争议，但从持有美债数量来看是无可争议的债权大国。参见巴曙松《中国的债权国地位被明显夸大》，国务院新闻办公室官网，http://www.scio.gov.cn/zggk/gqbg/2010/Document/722655/722655.htm，2010年08月03日；石巧荣：《中国债权国地位与国际投资调控策略》，《国际金融研究》2010年第4期。

③ 石巧荣：《中国债权国地位与国际投资调控策略》，《国际金融研究》2010年第4期。

④ 廖泽芳、詹新宇：《不成熟债权国、估值效应与中国的财富流失风险》，《当代经济科学》2012年第1期。

⑤ 项卫星、王冠楠：《中美经济相互依赖关系中的"债务人逻辑"》，《世界经济研究》2014年第9期。

⑥ Nicholas C. Malokofsky, *Blood and Treasure: The U. S. Debt and its Implications for National Defense and Security*, United States Navy: California Naval Postgraduate School, 2012, pp. 37-41.

将是一种得不偿失的行为，而且终归会因无法得到多边合作而遭遇失败。① 而埃里克·赫莱纳（Eric Helleiner）和乔纳森·柯什纳则持较为中立的看法，在两人编著的《金钱长城：中国国际货币关系中的政治与权力》一书中提出，虽然包括中国、日本在内的新兴国家对美国实施债权总是困难的，但中国塑造国际货币体系要强于日本。② 尽管如此，基于防范中国债权的考虑，布拉德·赛斯特（Brad W. Setser）、丹尼尔·贝尔特伦（Daniel O. Beltran）等学者还是主张美国应当加强对美债外国持有比例的研究和监控。③

相应地，就中国债权是否足以威胁美国经济安全这一问题，中国大量研究持否定态度，认为债权的作用很大程度上受美国货币特权抑制，因此有很大的局限性。④ 但是，在谈及中国未来的货币策略时，亦有研究主张应在必要时抛售美债，以牵制美国。⑤

从总体上看，中美学者都在中国债权问题上力图为本国规避风险。差别在于，中国学者在思考如何减少持有债权的经济成本时，美国学者已经对中国债权抱有强烈的政治警惕。这种现象可以理解为美国学者在未雨绸缪，但更深刻的原因是在美国金融史中，美国曾经在债权国和债务国两种身份中多次切换，在金融市场上积累了大量的实践经验。因此，探究英美权力更迭中美国实施债权政治的策略、厘清国家债权的效用，

---

① Daniel W. Drezner, "Bad Debts: Assessing China's Financial Influence in Great Power Politics", *International Security*, Vol. 34, No. 2, Fall, 2009, pp. 7–45.

② Eric Helleiner and Jonathan Kirshner, eds., *The Great Wall of Money: Politics and Power in China's International Monetary Relations*, New York: Cornell University Press, 2014, p. 5.

③ Daniel O. Beltran, Maxwell Kretchmer, Jaime Marquez and Charles P. Thomas, "Foreign Holdings of U. S. Treasuries and U. S. Treasury Yields", *Journal of International Money and Finance*, Vol. 32, Feb., 2013, pp. 1120–1143; 以及 https://www.cfr.org/blog/secrets-safe-part-1-look-uk-find-some-chinas-treasuries-and-agencies, 2009 年 1 月 3 日, https://www.cfr.org/blog/did-russia-really-dump-its-us-debt, 2018 年 8 月 13 日。

④ 宋国友：《中国购买美国国债：来源、收益与影响》，《复旦学报》（社会科学版）2008 年第 4 期；张启迪：《抛售美国国债对美国影响的分析》，《金融理论与教学》2017 年第 4 期；巴曙松：《中国的债权国地位被明显夸大》，国务院新闻办公室官网，http://www.scio.gov.cn/zgk/gqbg/2010/Document/722655/722655.htm, 2010 年 08 月 03 日；廖泽芳、詹新宇：《不成熟债权国、估值效应与中国的财富流失风险》，《当代经济科学》2012 年第 1 期。

⑤ 陈平：《世纪博弈：国际货币权力与中美金融关系》，时事出版社 2018 年版，第 220 页。

可以为中国债权战略提供历史经验和理论依据。

综上所述，国内外已有研究成果为本书写作提供了有力的支撑和重要的参考，但对于英美霸权转移中美国债权政治的研究仍显薄弱，主要体现在以下几个方面：

（1）研究内容上，伴生性研究较多，专题性研究较少。多数研究未将债权作为独立变量予以考察，而将其视为货币权力或者国际货币体系变迁的一部分。这导致对两次世界大战期间美国债权问题的多数研究散见于文献中，对英美两国的战债政策连续性缺乏统一认识。相应地，国内对中国债权战略的探讨也多是纳入人民币国际化、货币权力的分析框架下做国际金融分析，对国家债权与政治权力之间互动，特别是中国的债权战略缺乏系统研究。

（2）研究视角上，既有研究更重视债权的物质力量维度而对债权的关系维度仍存在很大的研究空间。主要体现在以下三个方面：首先，对美国通过债权政治建立债权与不同问题领域（军备、领土、国际贸易）联系的能力，尚待进一步研究。其次，需要深入探讨美国作为债权国如何建立和控制债权交易网络，控制债权政治实施的国内外观众成本。最后，既有研究缺乏对美国作为政策实施国与英国目标国之间政策反馈的分析。

（3）研究文献使用上，美国文献运用多，英国文献发掘少。既有研究重点关注美国视角，因此重视美国国会文献集，尤其是美国外交文献集（Foreign Relations of the United States，FRUS）中涉及战债主题档案材料的价值，但是对大量英国内阁会议文件中涉及战债议题的多元档案，特别是《英国外交档案文献北美系列》中"财政声明和战债卷"的文本分析尚显薄弱，因而对包括英国在内的债权目标国对战债问题的脆弱性和敏感性尚待挖掘。

四　研究设想和方法

1. 研究设想

关于债务问题的外交考量会增加或削弱一个国家的权力。[1] 因此，一

---

[1] 参见 Benjamin J. Cohen, "International Debt and Linkage Strategies: Some Foreign-Policy Implications for the United States", *International Organization*, Vol. 39, No. 4, Autumn, 1985, pp. 699–703.

国拥有的对外债权可能成为其实现战略目标的政策工具，形成一种债权政治。所谓债权政治，是债权国以其债权优势，通过明示或暗示的、官方或者非官方的行为，与债务国在债务关系之外的博弈行为。[①] 外交实践中，无论是债权国还是债务国都必须考虑债权政治的外部性，保持政策上的审慎。回顾美国成为英国债权国之后的外交史，会发现当时历任美国总统对战债问题的官方表态都极为强硬，要求英国和其他欧洲债务国必须欠债还钱，但是实际操作过程中却削减了部分战债。战债削减既反映了英美两国博弈的状态，也是美国善用债权换取实际利益的现实主义考量。二者斗争与妥协的结果，则是彼此力量的消长。若将这一过程置于变动世界体系中债权国与债务国外交博弈的宏观视野下，则英美经验又是最具典型意义的案例。

因此，本书的初步设想是在经验研究上探索英美霸权转移中美国债权政治的历史经验，厘清债权与其他问题领域联系战略的实现过程；在理论研究上寻找债权国与债务国互动博弈的内在逻辑，建立一个包括体系结构与债权结构、债权交易网络关系、债权发展阶段三个维度的国家债权效用理论分析框架；最后，在政策研究部分基于中国债权的现状，提出从宏观到微观层面提高中国债权效用的策略。

首先，在历史分析部分，将重点描述英美霸权转移进程中，美国如何以通过"爱国主义动员"减少债权政治的成本，进而以债权设置外交议程，换取了对欧洲事务的参与权，加速了美元国际化；致使英国金融告急，在英美两国军备竞赛中显示出经济脆弱性。本书认为，美国对英国使用债权政治客观上达到了两个效果：一是将债权渗透至其他领域，帮助美国实现权力的渐进转移，最终实现美国整体实力的飞跃。二是美国与其欧洲债务国因债权关系形成的相互依赖状态，增加了英美两国的合作议题，为规避美国作为新兴国家与英国作为霸权国之间的战争提供了合作基础。

在理论研究部分，本书在建立债权效用的评价体系时，将采用三组

[①] 康欣：《国家债权与霸权转移——美国对英国的债权政治研究（1917—1945）》，博士学位论文，复旦大学，2014年，第11页。

核心自变量：体系结构与债权结构、债权交易网络关系、债权发展阶段（时间序列）。在第一组变量中，体系结构是指国家在债权以外不同问题领域内的总体权力及其分布状态，是债权运行的外部环境；债权结构是指国家拥有债权或债务的规模和分布状态，是债权运作的内部生态。

第二组变量债权交易网络关系是指因国际信贷市场逐利交易活动而产生交易节点的建立与消失。国家间随借贷行为产生债权与债务关系，建立交易节点，也因债务清偿或彻底减免导致交易节点的减少以及交易关系的终止。债权交易网络关系活跃、易变，债权影响力也随着这种变动而发生相应变化。

第三组变量债权发展阶段是指债权形成时期、债权维持时期、（债务重组时期）以及债务消解时期（彻底清偿），① 这是影响债权关系和效用的时间序列。

上述三组自变量结合因变量国家债权影响力，形成了以下几组基本判断：

第一，国家债权影响力受该国在国际体系结构中地位影响，该国在国际体系地位越高，其债权影响力也越大。在债权结构中一国债权的规模越大，债权分布越集中，对债务国的影响力越大。（纵向权力）

第二，国家在债权交易网络关系中的中心度越高，在整个交易体系中越重要，它将债权转化为政治影响力的能力越强。（横向关系）

第三，在具体的债权发展阶段中，债权国在债权形成时期、债务重组时期的影响力较强，在清偿和违约阶段债权影响力较弱。（时间序列）

这三组自变量和三个基本判断分别处于评价债权效用的三个维度。第一组体系结构与债权结构是观察债权影响力的纵向维度。国际体系的等级性是国际社会的重要特征，国家因总体实力不同而产生了国际地位和影响力的差异，"极"的概念就是等级性的具体化。相应地，债权结构也具有等级性，因此它和体系结构是观察债权影响力的纵向维度。第二

---

① 在国家间不同的信贷关系中，债权发展阶段可能存在变化。有些简单债权关系仅经历了债权形成、维持和清偿消解三个阶段，但有些国家间的债权关系会因债务危机或者是需求变化出现重新谈判、债务重组等阶段。

组债权交易网络关系是观察债权的横向维度。判断关系是否重要重点在于建立关系的幅度和亲疏度，因此具有横向属性。最后一组债权发展阶段是观察债权影响力的时间序列。本书认为，判断一国债权影响力的大小应该是三组依次递进的关系，分析一国债权的效用需要先判断该国在国际体系与债权结构中的权力与位置，再具体到债权关系追踪交易网络中该国的节点多少和中心度强弱，最后在具体的债权关系中根据所处的债权阶段判断债权实施的效果。

在政策建议部分，本书将重点考察当今中国在宏观体系环境与美国的历史情形存在的异同，在借鉴美国经验时应当采取审慎原则，进而探索将债权作为政策工具在微观手段和具体效用上的一致性。本书认为目前中国在债权策略上应当首先基于以下原则：

第一，美元霸权存在的长期性以及债权转移的迟滞效应，客观上需要继续维持中国对美国债权的规模，这使得中国的债权政策需要具有长期性、连续性。

第二，债权效用会依据需求变化呈现出边际效用递减的规律，这要求中国作为债权国对债务国的需求、时间的权变保持高度敏感，在把握债务形成期的时机和债务清偿规则制定权的同时，根据债权对不同问题领域的溢出效应，扩展债权在不同问题领域的正式与非正式联系的实现形式，以债务关系为契机拓宽国际合作渠道。

第三，面对"主权豁免"原则与中国"不成熟的债权国"地位引发的债权强制困境，中国应当从债权交易网络出发，灵活选择债权合作的对象，探索如何实现合作的途径，以维护中国的债权国利益。

2. 研究方法

（1）历史研究。集中考察两次世界大战期间美欧债务关系的演变过程，追溯战债委员会的成立、美英两国在债务问题、军备问题的核心决策过程，发现债权政治作用的因果机制。

（2）文本分析。对涉及英美霸权转移中美欧债权关系的重要档案文献进行文本分析，通过对核心文献进行文本挖掘和文本解读，以窥测其特征和意涵。

（3）案例研究。将英美之间债权变化、债权转移与军备竞赛分别作为溢出效应和联系战略的典型案例，分析英美在战后国际体系调整上的竞争与合作。

五　内容安排

本书在内容上共分六章：第一章为导论，第二章是本书的理论基础，第三章、第四章、第五章为历史案例，第六章为现实策略。

其中，第二章笔者将从国家债权的概念入手，分析国家债权的特征，详细阐释体系结构与债权结构、债权交易网络关系、债权发展阶段三组自变量与因变量国家债权效用之间的关系，构建一个国家债权的理论分析框架。

第三章、第四章为英美两国在债权领域内的外交互动。它包括了英美债务关系发展的形成、维持（重组谈判）以及消解三个阶段。其中，第三章系统梳理从美国对外投资的兴起到英美战债形成历史过程。在此基础上从宏观上归纳第一次世界大战世界债务体系结构以及交易网络关系。侧重描述英美战债形成过程中，英国因融资需求向美国借款，导致英国在整个债权交易体系中由处于顶端"银行家"变成了信贷"中转站"的债权交易网络变化。

第四章重点考察美国对英国债权的维持、重新谈判到违约和最后清偿阶段的变化，集中叙述美国在战后成立"世界大战外债委员会"开始敦促各国偿债，到各国偿债困难胡佛总统发表《延债宣言》，直至大部分国家最终违约的历史过程。同一历史进程中的债务国——英国则在努力取消战债的过程中屡次受挫而逐渐被动纳入美国解决战债问题的轨道。面对金融危机英国反思自己的战债政策，联合债务国共同抵制支付战债，集体走向违约。这导致美国对债权交易网络的控制随着欧洲偿债的困难逐渐减弱。

第五章为本书的核心章节，系统阐释英美以战债议题为核心在其他问题领域内的外交博弈，即债权权力形式转换的历史过程。在此过程中，美国以战债为切入点，建立债权与币权、国际贸易、德国赔偿、军备竞赛等议题的联系，迫使英国在上述问题上对美国妥协。美国的战债虽然遭到削减甚至大部分遭遇违约，但用金钱换来了实际的权力。

第六章是对中国债权政治运用现实策略的思考。本章首先总结美国的经验对中国的历史启示，进而分析中国"不成熟债权国"的困境，以探讨美国债权政治经验对中国的适用度。其次，从体系结构、交易网络、目标国融资需求等角度分析中国使用债权需具备的前提条件，最后探讨中国分别在中美关系、"一带一路"倡议应该使用何种债权战略。

第 二 章

国家债权的政治理论

除去中立国家拒绝给好战国贷款之外,我不知道更好的阻止战争的办法。
——美国国务卿威廉·詹宁斯·布赖恩（William Jennings Bryan）1914[①]

偿债困难是培育联系战略的天然沃土。
——国际政治经济学大师本杰明·科恩（Benjamin J. Cohen）1985[②]

第一节 国家债权：内涵、特征与结构

一 国家债权的内涵

所谓国家债权，是指一个主权国家因对另一个主权国家或地区贷款而产生的权力。它与债权国（地位）、金融权力有着一定的区别与联系。金融上的债权国地位是根据国际投资净头寸来确定，当一国对外资产大于其对外负债，出现对外净资产时，该国即为债权国。[③] 因此，债权国是一个国家国际收支的一种状态，而国家债权更多指向它的权力属性，即

[①] 转引自 Zane M. Kelly, Finance at War: Debt, Borrowing and Conflict, PH. D. Dissertation, University of Colorado, 2010, p. 1.

[②] Benjamin J. Cohen, "International Debt and Linkage Strategies: Some Foreign-Policy Implications for the United States", *International Organization*, Vol. 39, No. 4, Autumn, 1985, p. 703.

[③] 石巧荣:《中国债权国地位与国际投资调控策略》,《国际金融研究》2010 年第 4 期。

通过债权令其他行为体做不愿意做的事情的能力。①

国家债权是国家金融权力的一部分。本杰明·科恩认为：国际金融包括所有国家间货币关系的主要特征——其中既包括金融过程、金融中介及其机制，也包括货币的创建和管理过程。② 桑德拉·黑普（Sandra Heep）进一步总结道，"国际金融包括国际信贷的进程、机制以及国际交易中货币的价值及其分布"。③ 可见，国际信贷关系是国际金融的组成部分，它衍生出的国家债权自然是国际金融权力（或者货币权力）的组成部分。长期以来，国际金融权力一直是国际政治经济学的研究重点，国家债权也作为金融权的组成部分出现在大量论著中，但遗憾的是，国家债权极少获得作为独立变量的地位，并对它进行专题研究。

这决定了本书必须关注的两个部分：第一是国家债权与国际金融权力之间的区别，也就是它的特殊性。第二是它作为国际金融权力组成部分而具有金融权力的一般特征，即它与金融权力的共性。无论是区别特殊性还是把握共性，首先需要明确国际金融权力的概念和内涵。经过本杰明·科恩、苏珊·斯特兰奇，乔纳森·柯什纳等国际政治经济学者的阐释，学界对国际金融权力已经形成基本共识：一般认为，国际金融权力指一个国家通过金融关系影响其他国家的能力，它包括结构性、关系性以及制度性三个维度，内部权力与外部权力两个层面。其中结构性权力指一个国家间接地通过国际金融体系的结构影响别国的权力。需要指出的是，按照乔纳森·柯什纳的定义，结构性是一种公开的权力，即国家从体系规则中获得的权力，或是从相互依赖关系中获得的权力。而关系性权力是指一个国家直接通过施加金融压力影响别国的权力。制度性权力则是一个国家国际金融机构的决策影响别国的能力。（如图 2-1 所示）

---

① 也有文章将国家债权称为国家对外债权，其含义大体相似。参见杨媛、赵子晗、骆玲《基于"一带一路"倡议下银行对外债权管理研究》，《西部金融》2019 年第 7 期；还有学者认为尚未形成对外债的统一概念，参见王钦《外债的定义与相关的问题》，《国际金融研究》1988 年第 4 期。

② 转引自 Sandra Heep, *China in Global Finance*：*Domestic Financial Repression and International Financial Power*, Switzerland：Springer International Publishing, 2014, p. 15.

③ Sandra Heep, *China in Global Finance*：*Domestic Financial Repression and International Financial Power*, p. 15.

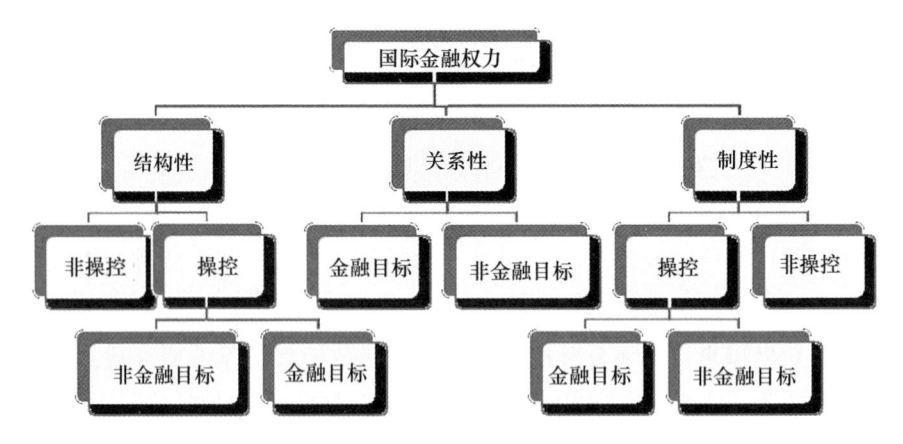

图 2-1 国际金融权力的结构

资料来源：转引自 Sandra Heep, *China in Global Finance: Domestic Financial Repression and International Financial Power*, p. 21.

同时，内部权力根据行动的能力来定义，而外部权力一般指控制他者行为的能力。①

按照上述逻辑，鉴于国家债权是国际金融权力的组成部分，因此国家债权的权力范围划分，也应该包括内外两个层面：一是在债权领域范围内的权力。一般指以获取经济利益的对外贷款投资。判断此类债权效用的主要指标是投资回报率，也就是说，对外债权规模越大，持续时间越长，回报率越高，一国的债权就越显著。二是外部权力，即债权的溢出效应。它是国家将债权作为战略杠杆而产生的能力，判断此类债权效用的主要指标是债权渗透力，债权对其他问题领域的影响力越大，债权的效用也就越大。

除了内外两个层面，国家债权也具备国际金融权力的关系性，并且金融权与债权互为表现形式，二者密切联系。例如，当一个国家对另一个国家贷款、签订借债协议时，两国就形成了借贷关系。而贷方对借方在协议形成前，通常会对借方国内经济、政治环境提出要求，这就是一

---

① Sandra Heep, *China in Global Finance: Domestic Financial Repression and International Financial Power*, p. 20.

种关系性权力。此外，国家的债权国地位是国际金融权力的重要来源。例如，埃里克·赫莱纳（Eric Helleiner）提出，国际金融权力的关系性体现在债权国提供贷款、撤销和拒绝贷款、抛售债务国的货币以操控汇率等方面。这些被赫莱纳视为金融权力的举措，本质上是债权国给债务国施加压力的手段，因而它们也是国家债权的表现形式。赫莱纳进一步认为，债权国的关系性金融权力又取决于三个因素：资本外流的规模与持久性、国家控制资本外流的能力以及债务国对债权国的脆弱性。[1] 这说明债权强弱与整体金融环境密切相关。

另外国家债权也具备制度性。国家间因借贷行为，形成了金融相互依赖，相互依赖状态可以成为权力的来源。而无论是在贷款初期协商，还是在债务重组讨价还价的过程中，债权国与债务国之间依赖关系往往都是非对称的，[2] 因为权力重力通常会侧重于债权国一方。例如，若比较欧洲货币体系中的德国和尼德兰，显然后者比前者在系统中更加脆弱。这种权力不对称的现象是因为很多债权国拥有在整个货币体系中的重要性。它们具有利用整个交换网络优先服务于自身资本的网络优势；它们可以塑造流动性政策议题的讨论框架，进而获得讨价还价的权力。不仅如此，债权国还可以设置政策评估的规范性标准，或者通过在国际谈判时推动议题前置、设置议程更改而获得权力。简言之，债权国在与债务国讨价还价过程中，债权国具有的权力优势主要体现在建立或者阻挠新的制度性协议和规则的能力。因而相较于维持制度的现状，债权国对既有的制度与协议仅有低强度的偏好，可以通过威胁退出以重塑既有谈判协议。[3] 因此，国家债权也具有一定的制度性。

应该注意到，国家债权虽然具有关系性、制度性等金融权力的共同特征，但它也有自身的特殊性。不是所有的净债权国都将国家债权看作

---

[1] Sandra Heep, *China in Global Finance: Domestic Financial Repression and International Financial Power*, p. 20.

[2] 张嘉明：《超越与重塑：中国参与国际金融体系改革》，上海人民出版社2019年版，第37—39页。

[3] Reurieth Dyson, *States, Debt and Power: Saints and Sinners in European History and Integration*, New York: Oxford University Press, 2014, p. 5.

一种权力资源，国家债权与金融权的发展并不协调。例如，一些净债权国可能为了维持关系性金融权力的自主性，并不从事大量的对外贷款活动。同时，当一个净债务国处于为国际金融提供流动性的地位时，债务国也可以行使关系性金融权力。经济史研究表明：对国际投资颇具信心的大国一直在借钱，以打败信贷不良和财政困难的对手。① 因此，无论是净债务国还是净债权国，都可能利用借贷为本国经济发展提供资金，世界债权债务关系的结构和国际资本流向并不完全一致。总之，债务结构并不一定和货币结构相吻合，债务大国可能也拥有金融权力，这造成了国家债权相对于国际金融权力的特殊性。

二 国家债权的特征

在一般意义上，金融是理解国家经济行为的重要变量，但它也可以是理解国家政治行为的重要变量。② 这是因为"一个国家对于债务问题的外交权衡会增加或削弱本国的实力"③。在私人债务和部分国家间债务中，如果贷方只关注贷款的成本与收益，而借方将贷款用于生产性投资，那么借贷关系就仅是一种重视经济利益的投资行为。但国际关系中更多的信贷关系并不属于此类，很多研究表明：基于国家间的借贷行为经常是一种政治—军事投资。它通常与军事上的战争融资、政治上的选边站队、外交上的结盟有密切联系。④

1. 政治性

征税、借债甚至直接掠夺都是历史上为战争融资的手段。⑤ 例如美国

---

① Matthew Digiuseppe, "Guns, Butter, and Debt: Sovereign Creditworthiness and Military Expenditure", *Journal of Peace Research*, Vol. 52, No. 5, Sept., 2015, p. 681.

② Zane M. Kelly, Finance at War: Debt, Borrowing and Conflict, PH. D. Dissertation, University of Colorado, 2010, p. 1.

③ Benjamin J. Cohen, "International Debt and Linkage Strategies: Some Foreign-Policy Implications for the United States", *International Organization*, Vol. 39, No. 4, Autumn, 1985, pp. 699 – 701.

④ 参见 Zane M. Kelly, Finance at War: Debt, Borrowing and Conflict, PH. D. Dissertation, University of Colorado, 2010, pp. 1 – 20；以及 Sandy Brian Hager, *Public Debt, Inequality and Power: The Making of a Modern Debt State*, Oakland: University of California Press, 2016, p. 1.

⑤ 任琳：《金融与霸权关系的悖论》，《国际政治科学》2020 年第 1 期。

因独立战争融资而债台高筑，积累了 5400 万美元的债务，这些债务部分来自法国和荷兰，而其中四分之一掌握在外国贷款人手中。① 显然，对于美国的债权国法国、荷兰来说，为美国独立战争提供资本并非仅出于经济考虑，更多具有地缘政治平衡的意义。因为对外贷款具有干预政治进程的功能。第一次世界大战期间美国对欧洲的贷款，就是在战争冲突中通过金融手段干涉战争结果的典型案例。彼时美国国务卿警告总统威尔逊，借钱给法国不仅违反中立原则，还可能因贷款激起美国国内力量对欧洲战争中相互敌对势力的支持，从而导致美国国内政治分裂。因此，为规避风险，美国在战争初期给协约国提供了超过 20 亿美元的贷款，同时对同盟国贷款 2700 万美元，② 这反映了"一战"初期美国在政治上"两面下注"，但又有所侧重的策略。

即便是对债务国的生产性投资，债权国也可能存在经济与政治的双重目的。19 世纪末俄国铁路建设的投资者，其投资驱动力虽然主要是铁路运营股份分红，但投资铁路为日俄战争和第一次世界大战提供了便利。可见，历史上大量对外贷款都自然地与国家发展战略、地缘政治布局存在关联。在世界经济进入"美元本位制"时代后，主权国家对外贷款的政治性更加显著。例如，在 1973 年美元与黄金脱钩后，美国之外的不少国家经历了由货币错配导致的债务危机。如果按照金融逻辑，理性的债权国拯救债务国的基本前提，是确信受援债务国拥有获得美元资产，用以清偿美元债务的能力。因此，债权国再次投放的贷款是一种补充手段，它不仅可以缓解债务国暂时困难，还应该可以提升其赚取美元的能力。但应该注意到，当纾困资金流入债务国，会在原有债务的基础上增加新的债务负担。如果一个国家收支正在遭遇包括公共和私人领域的货币错配，那么贷款只能够延缓其债务违约，而不会自动帮助一个国家平衡国际收支。但是，美国在挽救拉美地区债务危机的过程中，明知拉美国家不具备清偿能力，依然在"华盛顿共识"下对拉美国家提供巨额美元贷

---

① Sandy Brian Hager, *Public Debt, Inequality and Power: The Making of a Modern Debt State*, Oakland: University of California Press, 2016, p. 1.

② Zane M. Kelly, Finance at War: Debt, Borrowing and Conflict, PH. D. Dissertation, University of Colorado, 2010, p. 2.

款,"华盛顿共识"提出了全方位的政治经济改革要求,并设置改革议程,从而将债务问题政治化。按照美国意志打造拉美地区的结果是,美元贷款非但没有帮助这些拉美国家有效地平衡国际收支,反而强化了拉美地区对美国融资的依赖性,进而帮助美国提升了对拉美地区的地缘政治控制。可见,对于债权国而言,通常在以何种条件下给谁借贷、借多少等问题上,并非出于经济收益而是存在审慎的政治考量。① 相应地对债务国而言,向谁借贷、借多少通常意味着将国家经济未来的控制权分摊给谁。因而,主权国家对外贷款与对外贸易、汇率调整等其他国际经济关系存在显著差异,它具有强烈的军事—政治性。②

2. 契约性

国际借贷通常都有严格的借款协议作保障,借款协议是借贷双方可以顺利履约的先决条件和法律依据。协议中借贷双方会对贷款币种、金额、期限、支付方式甚至是贷款用途和清偿条件做严格规定。当债务国无法顺利履约时,又需要通过谈判进行债务减免甚至债务重组,用新的借贷协议取代原有的债务清偿机制。这些协议是确保债权国可以顺利回收债务获得收益的法律保障,也是债务国在一定时期内维护其融资稳定性的法律依据。在一些不存在贷款协议的国际借贷行为中,国家主权信用是影响其在国际金融关系中地位的重要因素。因为相较于国内债务协议在法律关系上的强制力,主权债务一旦违约,会存在"主权豁免"的困境。③ 理论上说,债权国可以通过征用债务国资产或是自然资源迫使其偿债,但是实际上却难以执行。此时,债务国在国际信贷体系中的信用及其履约历史就发挥了作用。这也是一些缺乏借贷协议但仍可以形成国际贷款的主要原因。因此,无论国家间的借款行为是否具有法律保障,国家债权都具有鲜明的契约性。契约性是国家债权的法律来源。

---

① Benjamin J. Cohen, "International Debt and Linkage Strategies: Some Foreign-Policy Implications for the United States", *International Organization*, Vol. 39, No. 4, Autumn, 1985, pp. 699 – 703.

② 关于国家债权的政治性问题,参见 Odette Lienau, *Rethinking Sovereign Debt: Politics, Reputation and Legitimacy in Modern Finance*, Cambridge, MA: Harvard University Press, 2014.

③ Manuel Amador, "A Political Economy Model of Sovereign Debt Repayment", *Manuscript, Stanford University Job Market Paper*, January 09, 2003, p. 1.

同时，尽管契约性强调双方的义务与责任，但对于债权国与债务国来说，双方在契约中的地位并不平等。例如契约中结算货币是借贷双方约定的重要内容，但多数情况下，债权方不仅可以规定用于结算和核算的货币种类，而且还会使用债权方的货币。[1]而对于大量欠发达国家（LDCs）来说，获得发达国家贷款较为困难，这些国家获得贷款通常需要两个先决条件：债权国与债务国存在法律保障，或者它拥有在债务关系外威胁债务国的政治权力。[2]

3. 对象性

相对于国家贸易关系，国家间信贷关系具有更强的对象性。具体而言，双边贸易伙伴关系的形成源于国家间资源互补或者是国际分工的经济考量，是国际市场优化资源配置的结果，仅有较弱的对象性。国家间资源禀赋的多样性，使中小国家之间也可能形成相对稳定的双边或多边贸易关系。但国际信贷关系却极为不同。相比起中小国家间的国际贸易，它们之间的相互借贷更加罕见。如果仔细观察不发达或者欠发达国家的融资结构，会发现对外贷款的权力通常是掌握在债权大国和受它们影响的国际金融机构手中。在国际体系中，债权国数目会远少于债务国的数目。而拥有债权国地位的国家往往同时拥有相当程度的政治地位，这便于债权国将对外贷款作为维护或者增强其国际地位的工具。金德尔伯格认为，国际社会中的超级大国经常会扮演赞助者的角色。在这个意义上，维持超级大国身份与地位颇为昂贵。[3] 超级大国通常也是资本盈余国，而它的对外贷款是其履行国际责任的一种形式。这样，霸权国可以通过贷款维持治理的经济结构与秩序，债务国也通过借款承认了大国的领导权。同时，霸权国之外的其他债权国可以通过对外贷款达到两个目的：要么通过对外贷款帮助霸权国分摊维护体系的成本，要么通过与霸权国的贷款竞争改变治理结构与体系。这使得国家债权不仅有高度政治性，也因

---

[1] 参见［德］H. J. 哈恩、黄列：《国际货款协议》，《环球法律评论》1991年第6期。

[2] 转引自 Manuel Amador, "A Political Economy Model of Sovereign Debt Repayment", *Manuscript*, Stanford University Job Market Paper, January 09, 2003, p. 2.

[3] Charles P. Kindleberger, *Power and Money: The Economics of International Politics and the Politics of International Economics*, New York: Palgrave Macmillan, 1970, p. 105

此具有较强的对象性。

4. 互惠性

国际关系中的"互惠"是解释主权国家间国际合作的重要维度。① 罗伯特·基欧汉发现，互惠关系不仅有国际经济中常见的贸易互惠合作，在大国间的政治合作中也屡见不鲜。② 而国家间的信贷关系同样是基于双边或者多边关系的国际合作。经济上，以信贷行为为纽带形成的合作关系，确保了债权国与债务国获得稳定的经济与政治收益。其中，债务国期望维持其未来进入资本市场的权利，债权国则期望从对外贷款中获得稳定的投资回报。经过长期的合作，双方形成相互依赖的经济、政治与心理模式。特别是在政治—军事领域，获得稳定的贷款是赢得战争的前提，在战争中给他国借款是政治结盟、击败对手的重要方式。赞恩·凯莉（Zane M. Kelly）发现，若无强大的借贷体系，就不可能赢得战争的胜利。例如，尼德兰和英国可以分别战胜西班牙和法国很大程度上是源于它们拥有强大的借贷体系。③ 另外作为回报，大国会对在战争中为其贷款的国家提供军事保护。因此，相互持有债务的国家间极少发生战争，这与贸易相互依赖的资本主义国家间，可以维持和平的逻辑相一致。④ 而无论是因借贷关系形成了经济或是政治相互依赖，合作关系的建立会加深两国社会心理的亲近感。这种国际金融关系的心理和政治因素，导致借贷双方易动感情。⑤ 这种现象在战时筹款以及债务危机处理的应急心理中表现尤为明显。贷方扮演了"救急者"的角色，使得借方产生了依附与感激之情，从而使两国因借贷关系产生心理上的"互惠"情感连接。因

---

① Timothy C. Johnson, "Reciprocity as a Foundation of Financial Economics", *Journal of Business Ethics*, Vol. 131, No. 1, Sept., 2015, p. 46.

② 互惠是国际贸易中的核心概念，例如在世界贸易组织中互惠是重要的规范。Robert O. Keohane, "Reciprocity in International Relations", *International Organization*, Vol. 40, No. 1, Winter, 1986, p. 1.

③ Zane M. Kelly, Finance at War: Debt, Borrowing and Conflict, PH. D. Dissertation, University of Colorado, 2010, p. 55.

④ Zane M. Kelly, Finance at War: Debt, Borrowing and Conflict, PH. D. Dissertation, University of Colorado, 2010, pp. 10 – 11.

⑤ ［美］罗伯特·吉尔平：《国际关系政治经济学》，杨宇光等译，上海人民出版社 2011 年第 2 版，第 282 页。

此，在国际社会中可能观察到因债权国对债务国违约产生的惩罚性措施，但债务国主动挑起对其债权国战争的非理性行为却极为罕见。正因如此，新兴国家与霸权国之间的关系可以在维持一定规模债权债务关系的情况下，突破既有现实主义的零和博弈模式，形成金融关系中的互惠，从而起到缓解新兴国家与原有霸权国之间的焦虑感，实现共赢合作。第一次世界大战后英美关系就属于上述情形。

三 国家债权的结构

外债结构是国际金融中的常见概念。它特指国家外债总额中各种类别的外债所占的比重。[①] 相应地，对于债权国来说也有债权结构。它特指国家债权的分布情况及其相互之间的连接关系。其中包括拥有短期或长期债务类型比例、债权分布的地理区域、债权的期限结构以及债权网络交换关系等。

债权国在对外贷款时会针对不同的国家采取不同的贷款投资策略，这些投资策略影响了国家债权的结构。具体而言，债权国在对外贷款前通常会对债务国进行综合评估，从债务国的政治体制、军事冲突的可能性，到债务清偿的历史、信贷信用评级，甚至是该国国内法是否利于债权人权益。在综合评估基础上，测算债务国违约的可能性，估算债权国成本与收益，再确定投资组合与策略。以美国的对外贷款投资结构为例：美国在20世纪20年代的对外贷款多属于长期贷款，短期贷款的数额不超过长期贷款的四分之一。[②] 但这种贷款组合结构到80年代已经发生了极大改变。1982—1996年，美国大部分的对外贷款属于短期债务。62%的对外贷款是一年内即期债务，16%的对外贷款是5年以上的长期借款。[③] 从总体上看，对于那些非经济因素影响投资稳定的国家，美国更愿意投

[①] 外债结构包括外债形式结构、来源结构、利率结构、期限结构、货币结构。关于其概念和内涵参见何盛明：《财经大辞典》，中国财政经济出版社1990年版。

[②] Barry Eichengreen, "International Lending in the Long Run: Motives and Management", in Richard M. Levich ed., *Emerging Market Capital Flows*, New York: Springer, 1998, p. 51.

[③] Neven T. Valev, "Uncertainty and the Maturity Structure of International Credit", *SSRN Electronic Journal* 7, No. 516043, March 2003, p. 5.

放短期贷款。鉴于短期贷款的不可持续性是引发金融风险的重要原因,债权国通常会在债务国出现债务清偿危机时,采取进行债务重组、重新谈判或者在债务国经济衰退时单方面改变债务协议等措施,形成了一系列通过不同的策略尽快从危机中抽身而退、规避风险的方案。① 这也是近些年短期债务在国际信贷中比重不断攀升的重要原因。

不仅如此,美国对外债权的推动者和主导者也随着时代变迁发生了结构性变化。例如,20世纪80—90年代美国对外债权的特点是政府部门主导对外债权的收缩和私人部门对外债权的急剧扩张。美国私人部门对外债权占美国对外债权的比重由20世纪80年代的68%增至97%。② 这种变化产生,既有利于官方以私人部门商业投资为由拒绝债务国要求政治性债务减免,防止债务国之间的政治协作,同时也有助于私人投资者与官方形成配合,扩张美国的政治经济利益。

此外,债权国为确保投资收益,在投资策略上经常显示出鲜明的区域特征。多数债权国会选择在区域上与其毗邻的国家进行投资,一方面便于获取债务国的政治经济信息以确保投资的有效性,另一方面利于债权国设立金融分支机构对贷款的用途和过程进行监管,降低违约的风险。因此在国际金融市场上,经济规模小、地理位置偏远国家获得融资的难度远超于经济规模较大、与大国毗邻的国家。③ 同时,债权国在对外贷款投资时充分考虑到地缘因素是维护国家安全的手段。历史上,大国的邻国通常是主要大国进行战争或确保安全的缓冲带,促成邻国在政治与经济上对自身的依附往往是主要大国综合安全观的结果。因此债权国的对外信贷扩张首先是从周边开始。20世纪80年代到90年代,美国的对外投资中对拉美地区贷款占了很大比例,这有助于美国扩大在该地区的地缘优势。而同一时期日本将对外贷款援助的重点置于亚洲,其目的之一

---

① Neven T. Valev, "Uncertainty and the Maturity Structure of International Credit", *SSRN Electronic Journal* 7, No. 516043, March 2003, p. 5.

② 李石凯:《美国国际投资头寸的规模与结构变迁》,《广东金融学院学报》2007年第3期。

③ Atif Mian, "Distance Constraints: The Limits of Foreign Lending in Poor Economies", *The Journal of Finance*, Vol. 61, No. 3, Jun., 2006, p. 1465.

是推动日元国际化进程。

主权国家对外债权的结构特征是判断该国投资策略、地缘政治利益以及债权影响力强弱的重要指标。鉴于国家债权的结构是由债权规模、币种、地缘、关系等多重面向构成，这增加了对国家债权进行综合判断的复杂性。例如，在2010年后亚洲新兴经济体经常项目顺差以及外汇储备规模不断提升，债权不断扩大，但很难因此简单推断出亚洲国家债权影响力显著提升的结论。在整个国际债权的币种结构中，美元贷款仍然比重最大。2010年美国境外持有的美元债务达到了5.8万亿美元，同时期欧洲以外的欧元债务也达到2.1万亿欧元。但除中国、日本外，鲜有亚洲国家在境外拥有本币债务。因此，在国家债权结构中的币种比例是衡量债权影响力的重要因素。

第二节　国家债权影响力：结构、关系、时间三个维度

一　国家债权的币种结构与债权影响力

国家债权结构既是判断一国债权影响力的重要指标，也是反映该国与既有国际金融体系关系的重要依据。作为国际金融关系的重要组成部分，国家债权结构是内嵌于国际金融体系中的。具体地说，国际货币体系中的币种分布情况与世界债权结构中的币种比例在总体上保持一致。美元是当今世界主要的国际结算货币，而世界信贷关系中的主要交易货币也是美元。但也会出现个别国家债权的币种结构与国际货币体系结构存在差异的情况。例如拿破仑战败后到1925年之前，英镑是主要交易货币，但是美国在1917年参加"一战"后的对外贷款却是美元计价。国家对外贷款的币种并非世界主要结算货币的情况，反映了美国作为新兴大国对英国主导的国际货币体系形成的冲击。

一般而言，在一定历史时期内占主导地位的国际金融中心数量较少，相应地在国际结算中占支配地位的币种也极为有限，这是长期国际贸易中减少交易成本产生的必然结果。由于能够获得国际收支顺差的债权国数量经常超过主要结算货币的数目，因此信贷币种与国际金融主要结算

货币的货币错配十分常见。债权国可以在以本币贷款、以国际通用货币贷款以及使用借方货币贷款中做选择，这些币种选择会帮助增加所用货币在国际流通中的份额。因此，国家债权的币种结构，可以作为判断该国投资策略和金融风险的指标，同时也是反映该国在国际体系中身份的坐标位。例如，从20世纪50年代开始，日本就以日元贷款与发行日元债两种形式为国际债务市场提供日元。1958年，日本与印度签署了第一批日元贷款协议。① 此后日本给中国的贷款也以日元贷款为主，截至2007财年，日本对华ODA中日元贷款占总量的91.6%。② 而在20世纪70—80年代，日本还通过亚洲开发银行向亚洲发行了大量的日元债。在上述举措实质性地推动着日元国际化进程的同时，日本在1997年、1998年亚洲金融危机中又对印度尼西亚、韩国、马来西亚等国家提供了210亿美元。③ 日本对外债权中的日元与美元结构，是日本在谋求正常国家以及寻求与美国合作之间两种政策取向的投射。

  国家债权的币种结构与该国债权影响力高度相关。不少研究认为，能否以本币进行贷款，是判断该国债权影响力的核心指标。根据这一指征，有学者将无法用本币进行贷款的债权国称为"不成熟债权国"。④ 例如当前很多东亚债权经济体，包括中国、韩国、马来西亚、新加坡以及海湾地区是通过产油获得贸易顺差的债权国。它们的共同特征表现为大部分对外贷款是美元而非本币。⑤ 这与历史上保持资本市场开放，并用本币为整个货币体系提供流动性的主要大国形成鲜明对比。例如英国在19世纪用英镑在世界范围内对外贷款，第二次世界大战结束25年后，美国

---

  ① 蔡亮：《后日元贷款时代日本对华ODA的特征、影响及走势》，《国际论坛》2011第5期。
  ② 许祥云：《日元国际化及其对人民币的启示》，博士学位论文，复旦大学，2011年，第114—115页。
  ③ 蔡亮：《后日元贷款时代日本对华ODA的特征、影响及走势》，《国际论坛》2011第5期。
  ④ Ronald McKinnon and Gunther Schnabl, "The Case for Stabilizing China's Exchange Rate: Setting the Stage for Fiscal Expansion", *China & World Economy*, Vol. 17, No. 1, 2009, p. 12.
  ⑤ 相关论述参见［美］罗纳德·麦金农、张晓莹：《不成熟债权国的困境：中国汇率弹性之反思》，《中国金融》2010年第22期。

获得大量经常账户盈余并以美元对外投资。而当今的德国也属于此类，经常使用欧元贷款为经常账户顺差融资。这些国家属于"成熟的债权国"。

"不成熟债权国"更多以美元贷款反映了它们被美元结构性权力约束的被动局面。若这些国家以本币贷款，那么会因世界上大宗商品的结算货币是美元，导致使用范围受限。如果没有建立贷方货币的回流机制，那么借方国家即便获批贷款也会"借无所用"。这样一来，"不成熟债权国"不可避免地面临着在对外贷款币种上的两难：以美元贷款则帮助美元的进一步流通，会巩固美元霸权地位；若以本币贷款则需要提高本币国际化程度，但此举会诱发美国的焦虑。因此，"不成熟债权国"的债权效用在美元体系下会大打折扣。

二 国家利益、体系结构与债权影响力

既有研究认为，如果没有其他强制性权力的作用，债务国则在获得贷款后更倾向于"赖账"。当债权国资本注入债务国后，债务国履约的动力仅来自三种情形：（1）担心破坏自己在国际信贷市场上的信用，从而对未来借款产生影响。（2）在债权国内尚存大量海外资产。（3）债务违约成本高，尤其是对债权国实施国际贸易制裁心存恐惧。[①] 而大量国际借款协议形成之时，并不存在上述三种约束力。因此，尽管在贷款时双方曾签订国际信贷协议，但是债务国"拿钱即走人"的现象时有发生。此刻，借款协议中债务国为获批贷款应允的种种承诺，多数成了一纸空文。[②] 而有效制裁债务国，则需要债权国承担制裁的成本。现实情况中，并非所有债权国都具备惩罚债务国的能力，因此，债务违约不符合债权国或债权人的利益。

可见，尽管国际借贷关系的形成和发展是国际合作的重要形式，但债权国与债务国不仅在信贷依赖关系中存在地位上的不对称，在一定情

[①] 参见 Andrew K. Rose, "One Reason Countries Pay Their Debts: Renegotiation and International Trade", *Journal of Development Economics*, Vol. 77, No. 1, Jun., 2005, pp. 189–206.

[②] Desha M. Girod and Jennifer L. Tobin, "Take the Money and Run: The Determinants of Compliance with Aid Agreements", *International Organization*, Vol. 70, No. 1, Winter, 2016, p. 209.

况下还存在利益上的冲突。（如表2-1所示）

表2-1　　　　　　债权国与债务国利益关系（笔者自制）

债权国—债务国利益		债务本息	未来贷款	其他领域权力
债务国	最大利益	不偿还	获得	不损害
	最小利益	清偿债务本息	未能获得	受到损害
债权国	最大利益	回收本息	持续借贷	获得权力
	最小利益	未能回收	持续贷款	受到损害

利益冲突时刻，信贷关系之中隐藏的权力关系被激发出来，到底是债权国压倒债务国，还是债务国反制债权国，不仅取决于两国在信贷关系中的地位，还取决于它们分别在其他权力结构内所处的位置。

首先，对于债务国而言，其最大利益是既能获得债权国的贷款投资、又能赖账不偿还贷款，同时未来还能在不损害债务国其他利益的情况下继续获得该国贷款。在上述情况下，仅从经济收益来看，债权国可能会认定上述情形违背投资规律。因此，这种情形在实际情况下极为罕见。目前美国作为世界主要债务国的做法与上述情况较为接近。美国在国际市场上发行债券，允许日本、中国等债权国认购美债，建立信贷关系。随着美国对外贸易赤字的不断扩大，美债发行量有增无减，但日本仍然在认购美债，并于2019年下半年成为持有美债最多的国家，等于在美国并未清偿债务本息的情况下继续给美国贷款。日本此举在金融上未必获利，意在获得美国的政治支持。相应地，对美国而言，继续通过发行美债进行国际融资的做法，对美国在国际金融体系中的信用有所损害。此时，虽然日本是美国的最大债权国，但其债权影响力较弱。日本非理性投资与美国的疯狂借贷，实际上是货币、贸易和政治结构在债权债务关系中的投射。

其次，对于债权国而言，其最大利益是既能回收债务本息，又能够与债务国形成长期稳定的信贷关系，持续对债务国继续贷款，同时还能通过国家债权获得在其他问题领域内对债务国的影响力。显然，这种单方面利于债权国的不平等发展模式并不符合债务国的利益，其结果是债务国在政治经济上对债权国的全面依附。债权人通过设立债务管理委员会，以及由债权人代理控制债务国的公共财政。① 例如，20世纪80年代，撒哈拉以南许多非洲国家陷入债务陷阱中。这些国家在独立后大量举债用于国内公共设施和基础建设，大力发展工业，力图通过出口工业产品清偿债务，繁荣经济。但是，20世纪70年代石油危机导致的经济萧条使得这些国家的产品出口受挫，自然无法顺利清偿债务，许多国家的外债支出占商品和服务出口额由1970年的8%猛增至1985年的34%，不得不以新债抵旧债，撒哈拉以南许多非洲国家走上了一条高负债的泥泞道路。与拉美国家的债务结构不同的是，这些非洲国家约75%的外债属于双边与多边债务，因此一些债权大国对撒哈拉以南债务国的政治经济拥有极强的影响力。就撒哈拉以南的非洲国家而言，则陷入高负债、低增长的经济模式，长期身处极度贫困的境遇，至今仍然是联合国重点扶持的最贫困地区之一。

再次，对于债权国和债务国来说，都有在借贷关系中极力避免的现象。债务国试图避免在顺利清偿债务的情况下其自主性受到债权国的渗透，损失了在其他领域内的权力。例如，20世纪70年代东欧国家债务的增长就为80年代末90年代初的政治巨变埋下了隐患。1987年波兰、匈牙利和南斯拉夫的债务问题凸显，这使得西方强势债权国以信息不透明、政治体制为由对这些国家进行施压。而最终西方"以压促变"的策略是导致东欧政治剧变的一个重要因素。这里的压力，既指意识形态对立，也指债权国施压的强势之态。② 对于债权国而言，最值得警惕的现象是自身过度卷入债务国的债务危机，导致贷款血本无归，并不得不持续给债务国贷款以新债偿旧债的局面。为避免上述情形，债权国在干涉债务国政治经济时变得谨慎。查尔斯·利普森（Charles Lipson）发现，"一战"前的英国和"二战"后的美国同样作为债权国和霸权国，它们对债务国施加政治影响力的态度和行为模式却不同，英国干预债务国政治的行为明

---

① Christian Suter and Hanspeter Stamm, "Coping with Global Debt Crises Debt Settlements, 1820 to 1986", *Comparative Studies in Society and History*, Vol. 34, No. 4, Oct., 1992, p. 655.

② Stephen P. Riley, *The Politics of Global Debt*, New York: The Macmillan Press, 1993, pp. 151–154.

显少于美国。①

最后，上述分析表明，债权国和债务国在信贷关系中的最大利益并不一致，因此在整个债权债务关系中都可能存在斗争与妥协。而斗争的过程和结果可能控制在债权领域内，也可能外溢到其他问题领域中。这使得债权的效用主要受到两个方面的制约：（1）债权国与债务国内部权力结构稳定性的影响。盖里·考克斯（Gary W. Cox）研究了政治稳定与债务清偿之间的关系，他发现尽管债权国具备通过惩罚债务国迫使其偿债的能力，但在同样的债权压力之下，有些国家选择继续清偿债务，而一些国家却选择赖账。通过分析65个国家的数据，他的结论是，债务国在处理债务危机时的政府效率和政权形式对是否违约密切相关，而民主国家显然更倾向于还债。② 该研究也说明，债权国对债务国施加压力的效用是与债务国内在特性密切相关。（2）两者在国际体系中地位的影响。国际体系的权力分布结构会影响中心国家与边缘国家的关系，而世界债务体系则是国际体系的次级结构，自然会受到权力格局带来的结构性影响。有学者通过分析债务危机历史发现，单一霸权国的体系中，处理债务危机的效率较高。但从债务国利益上看，政治多极化更有利于提升债务国讨价还价的地位。③

三 国家债权的交易网络与债权影响力

国际金融市场的流动性需求，使得借贷关系逐渐走向复杂多元，从而形成了密切联系的债权交易网络。金融市场中信贷交易的形成与反复

---

① Charles Lipson, "International Debt and National Security: Comparing Victorian Britain and Postwar America", in Barry Eichengreen and Peter H. Lindert, eds., *The International Debt Crisis in Historical Perspective*, Cambridge, MA: MIT Press, 1989, pp. 189 – 226.

② Gary W. Cox, "Sovereign Debt, Political Stability and Bargaining Efficiency", *Unpublished Typescript*, https://www.researchgate.net/publication/228427367_Sovereign_debt_political_stability_and_bargaining_efficiency, May 1, 2011, pp. 1 – 3.

③ 参见 Christopher Chase-Dunn, *Global Formation: Structures of the World Economy*, Cambridge, MA: Basil Blackwell, 1989; 以及 Christian Suter and Hanspeter Stamm, "Coping with Global Debt Crises Debt Settlements, 1820 to 1986", *Comparative Studies in Society and History*, Vol. 34, No. 4, Oct., 1992, pp. 645 – 678.

易手现象极为频繁，使得换手率成为衡量信贷市场发育程度的重要指标。以美债的交易为例，其日交易额就达到了5000万美元。频繁的交易行为导致双方关系变化的同时，债权流转促成权力的聚合与流散。因此，在债权交易网络中观察追踪交易行为，是分析债权影响力的另一个路径。

因债权交易而产生的权力变迁属于关系性权力变化，它与结构性权力不同的是，前者来源于一个给定的体系，而后者来源于对体系本身的控制力。① 因此，观察交易网络的变迁重点是可能导致结构变化的关系特征。相对稳定的交易关系，能够塑造并约束行为体的行为。因而，识别在整个交易网络中的节点、小集团以及破坏者就尤为重要，这是分析交易网络的形成、维持、退化过程的基本要素。

在债权交易的关系网络中，存在着链接多边关系的关键节点，它们在交易网络里的中心度较高。一般认为，一个国家在债权债务关系中链接的国家数目越多，它在交易网络中的位置也越重要。鉴于债权国的数目通常低于债务国数量，因此债权国与债务国的交易图景呈辐射状，这样债权国比债务国拥有的节点会更多，也更加拥有权力优势。通过控制交易网络的进入权、中间人或者是退出机制，强势的债权国可以实现对部分乃至整个交易网络的控制。丽莎·马丁（Lisa L. Martin）认为，要想让金融权的影响力成为现实，必须是债务国没有信贷的替代来源，以及主要债权人采取强制性措施时，得到其他国家的制度化多边合作。② 这种观点就观察到了债权国影响力与控制交易网络之间的关系。

国家债权的关系性特征，可以将国家债权划分为两种类型：离散型与聚合型。所谓离散型，即债权国拥有多个债务国的情形；而聚合型特指债权国拥有较少债务国的情形。债权国与债务国之间的聚合与离散，可以形成四种不同的组合（如表2－2所示）。

---

① Skylar Brooks and Domenico Lombardi, "Private Creditor Power and the Politics of Sovereign Debt Governance", in Martin Guzman, José Antonio Ocampo and Joseph E. Stiglitz, eds., *Too Little, Too Late: The Quest to Resolve Sovereign Debt Crises*, New York: Columbia University Press, 2016, p. 58.

② Lisa L. Martin, *Coercive Cooperation: Explaining Multilateral Economic Sanctions*, Princeton: Princeton University Press, 1992; Daniel W. Drezner, "Bargaining, Enforcement, and Multilateral Economic Sanctions", *International Organization*, Vol. 54, No. 1, Winter, 2000, pp. 73 – 102.

表2-2　　　　　　债权关系类型与债权影响力（笔者自制）

债权组合		债权影响力
债权国（离散型）	债务国（离散型）	弱
债权国（离散型）	债务国（聚合型）	强
债权国（聚合型）	债务国（离散型）	弱
债权国（聚合型）	债务国（聚合型）	强

在第一种组合中，债权国的对外贷款分散于不同国家，而债务国信贷来源较多，使得债权国与债务国之间的相互依赖关系较弱，削弱了债权国对债务国的影响力。一方面，在债权形成时，债务国拥有获得资本来源的多边渠道，暗示了该国与既有国际货币体系以及大国之间的友好关系。因此一旦发生债务不可持续面临破产威胁时，则可以通过既有国际机制重新进行债务谈判。另一方面，债权国数目越多，利益分歧就越大，多边协调的成本越大导致债权国集体行动的困境，从而降低了单一债权国的债权效用。因此，这种债权债务关系形成的交换关系的连接点多，结构松散。在结构松散的交易关系中实施债权，债权国与债务国都会因存在替代选择而降低合作的意愿，从而使债务国可以轻易摆脱债权国对其经济政治的约束。例如，哈萨克斯坦是中亚五国中地缘政治、资源禀赋最为重要的国家。因此在整个中亚五国中，它受到的国际关注最多，能够获得外债的能力也最强。从2004年到2006年，该国的外债迅速攀升，增幅高达68.73%。这些贷款主要来自国际组织、银行借贷、欧洲债券和外国政府贷款，其中荷兰、英国、美国、法国、中国和日本为主要债权国。[①] 而这些来自欧洲、美洲、亚洲的债权国作为国际金融中的主要贷方，其债权分布极为广泛，它们极少给哈萨克斯坦施加金融压力。尽管投资于哈萨克斯坦同样存在地缘和金融风险，但中亚大国哈萨克斯坦外交却呈现左右逢源、与谁都好的局面。

在第二种组合中，债权国利益分布范围广、贷款投资渠道多样化，

---

① 郭新明、郐志坚：《哈萨克斯坦外债问题分析》，《俄罗斯中亚东欧研究》2009年第6期。

拥有较多债务国，而债务国仅能从极为有限的国家中获得贷款，信贷来源有限。此时，债权国与债务国形成了最不对称的相互依赖关系，使债务国处境艰难。一旦两国关系恶化，债权国则可以将贷款转移至其他国家，但债务国却会因债务不可持续而引发债务危机，威胁国内政治经济安全。因此，债务国对债权国的政策变化极为敏感。例如在抗日战争时期，国民政府急需外部援助支持其抗日行动。在此期间，国民政府从海外获得了 25 笔贷款，这些贷款主要来自美国、苏联和英国。其中美国在此期间对华贷款总额为 6.7 亿美元，约占中国贷款总额的 53.4%。[①] 而美国的对外贷款并不局限于中国，它还通过对外援助支持欧洲反法西斯力量。这种不对称信贷关系映射到中美双边关系上，则呈现出抗日战争期间国民政府在外交上对美国的过度依赖，进而导致战争后期国民党统治区经济上的过度"美化"。

在第三种组合中，债权国拥有较少的债务国，显示了债权国的对外贷款具有较强的对象性和目的性。同时债务国的信贷来源却是多元化的，说明既有国际货币体系中存在债权国之间的国际竞争。蔡司·邓恩（Christop Chase-Dunn）研究发现，债权国之间的竞争通常会加剧它们对债务国施加政治经济控制的努力。但是从效果上来看，债权国解决债务纠纷的谈判却因各方利益之争，导致债务国讨价还价的地位上升，债权的效用不及单一债权国时的状态。[②] 例如，当今美国是世界上的债务大国，主权国家可以通过购买美债成为美国的债权国。但是美国债务国身份是美元作为国际金融公共物品为世界提供流动性的结果，因此作为债务国的美国并不缺乏融资渠道。2019 年，约有 29.5% 的美债为境外持有，其债权国遍布全球。但是 2020 年美国的主要债权国中，尚存巴西这样债权规模与投资渠道有限的国家。据 2020 年 4 月的报道，巴西经常账户的

[①] 杨雨青、程宝元：《对抗战时期美国对华借款的比较研究》，《史学月刊》2007 年第 6 期。

[②] Christian Suter and Hanspeter Stamm, "Coping with Global Debt Crises Debt Settlements, 1820 to 1986", *Comparative Studies in Society and History*, Vol. 34, No. 4, Oct., 1992, p. 648.

盈余比2019年进一步缩水，仅有9亿美元。① 因此，巴西的对外信贷的总体规模和地缘分布都十分受限。这样的情况下，巴西作为美债持有大国却难以对美国产生债权影响力。

在第四种组合中，债权国重点对少数债务国进行贷款投资。同时债务国也较难从国际资本市场上获得其他国家的贷款。在此情形下，债权国与债务国之间形成了较为稳定的双边金融关系，但债务国也会因对债权国资本的高度依赖形成对债权国的依附关系。一旦债务国爆发债务危机，则会因缺乏其他信贷来源在债务谈判中处于被动地位。在一些时候不得不将部分权力让渡给债权国以获得未来贷款或者是债务减免。但也应该注意到，在这种组合中，债权国与债务国在彼此债务交易网络中的中心度较高，增加了破坏两国信贷关系的成本，形成两国信贷合作的路径依赖。例如，苏联与经互会东欧成员国在20世纪70年代以前的借贷关系中，苏联基于冷战背景的战略竞争考虑，对社会主义国家进行信贷投资。而这些国家在经互会管理之下较难从资本主义国家获得贷款，从而形成了一种高度依附于苏联经济的外债结构。在此情形下，苏联对社会主义国家的政治经济具备极强的干预能力。

上述四种基础类型的债权—债务的组合模式表明：债权国与债务国的交易网络类型会极大影响到债权效用。其中，判断债权影响力强弱的一个关键变量是债务国信贷交易类型。当债务国具备广泛信贷来源、拥有离散型交易网络时，债权国对债务国的影响力相对较弱。当债务国信贷来源受限，为聚合型信贷交易网络时，债权国对债务国影响力较强。

为何是债务国的交易网络类型，而非债权国的交易网络类型会成为影响债权效用至关重要的因素？因为国际信贷形成的互惠合作中，"需求"是理解国际合作的重要因素。债权债务关系形成与维持更多取决于债务国是否需要持续的贷款融资。贷方国家虽然拥有在借给谁、借多少等方面的自主裁量权，但是这种权力的基础是借方国家的贷款需求。例

---

① 资料来源参见 "Brazil: Current Account Records First Surplus in Nearly three Years in March", FocusEconomics, https://www.focus-economics.com/countries/brazil/news/current-account/current-account-records-first-surplus-in-nearly-three-years-in, April 24, 2020.

如，在人际关系中"救急不救贫"原则，暗示了信贷关系形成的时间、规模在很大程度上受借方需求影响。因此，债务国对债权国的依赖度主要取决于债务国自身的条件。如资源禀赋、地缘重要性、政治自主程度和外交关系等。显然，越是政治稳定、经济平稳发展、外交独立自主的债务国，就越有能力摆脱债权压力。

四 债务关系阶段特征、时间权变与债权影响力

国家债权的发展具有鲜明的阶段特征。1984 年，日本依据国际收支的变化情况，将一个国家债权发展划分为不成熟债务国、成熟债务国、债务减少国、不成熟债权国、成熟债权国、债权减少国六个阶段。[1] 这与世界银行的划分方式基本一致。这种划分反映了债权债务国之间的身份与关系可能会随着国际收支变化在国家间流转，国家债权存在发展与变化的生命周期。同时，债权国对债务国的影响力也会随之演化。

具体到双边或者多边信贷关系的生命周期中，简单的债权发展阶段包括了从债务国发出借款要约，开展债务谈判形成债务合约，再到债权国注资，债务国分阶段清偿利息债务，最后到债务完全清偿，债权流散的整个过程。因此可以将信贷关系划分为：债权形成期、债权维持期、（债权重组期）、债权流散期。其中，对债权债务国而言，债权重组时期是一个非必要但极为关键的阶段。尽管债权国在贷款之初会系统评估信贷的成本与收益，但由于信息的不对称性，以及惩罚债务国的成本过高，债权国对债务国清偿债务能力的误判现象屡见不鲜，债务国违约甚至赖账的风险极高。[2] 例如，在大萧条时期，近三分之二美国投资者持有的海外债券发生债务违约。[3] 又如，1982 年墨西哥发生债务违约，在帮助墨西

---

[1] ［日］宫崎義一、金洪云：《债务国美国和债权国日本——霸权国家的交替会发生吗?》，《社会科学战线》1987 年第 3 期。

[2] Desha M. Girod and Jennifer L. Tobin, "Take the Money and Run: The Determinants of Compliance with Aid Agreements", *International Organization*, Vol. 70, No. 1, Winter, 2016, p. 209.

[3] Barry Eichengreen, "The U. S. Capital Market and Foreign Lending, 1920~1955", in Jeffrey D. Sachs ed., *Developing Country Debt and the World Economy*, Chicago: University of Chicago Press, 1989, p. 242.

哥债务重组的布兰迪计划中，美国主导债务谈判，重启了违约国债务重返债券市场的计划，这是20世纪20年代以来首次进行如此调整。在此过程中，虽然墨西哥的债务大幅削减，但该做法也为下一轮的主权债务危机埋下了隐患。这样，由于原先的偿债计划被打破，债务违约的后果就是债权国与债务国权力关系发生变化。

此外，债权国在信贷关系形成时还拥有选择贷款对象的自主裁量权，以及预先设置债务清偿先决条件的主导权。一旦信贷关系业已形成，债务国已经获得资本后，如果债权国再启动债权干预进程，其影响力就与贷款形成时产生差异。因此，根据债权发展周期阶段掌握因时间权变导致债权影响力的变化，是充分发挥国家债权效用的前提。

债权关系发展演化的不同阶段中，债权国对债务国拥有的权力优势体现在以下几个方面：

1. 债务形成时期的谈判权

一般情况下，在债务形成初期阶段，债权国在借给谁、借多少、多少利息、贷款用途，以及债务清偿的时间、支付形式、限制性条件等一系列问题上拥有较大影响力。并且针对不同的债务国，债权国会采取不同的贷款投资策略。对于有债务违约历史的国家，债权国越来越倾向于减少贷款数额、收取更高的额外费用，或者发放短期贷款的形式以确保债务回收的顺利进行。[①] 同时，即便都是在债务形成期，债权国的谈判优势也会因目的和情势的差异发生变化。因此，根据贷款的目的可以分为两种类型。一种是当信贷关系形成时，若债务国身处军事—政治危机，或是金融危机时的贷款。另一种是债权国对债务国基于发展援助目的的贷款，如日本对外援助贷款。[②] 在前一种情况下，由于债务国处于紧急状态中，亟须注入资本为战争融资，或是避免因债务问题引发更激烈的社会动荡，因此，债务国会因问题的严重性和时间的紧迫而削弱其讨价还价的能力。这时，债权国处于绝对优势地位，拥有在借贷协议形成时附

---

① Anna J. Schwartz, "International Debts: What's Fact and What's Fiction", *Economic Inquiry*, Vol. 27, No. 1, Jan., 1989, p. 8.

② 这种划分参见 Mauro Megliani, *Sovereign Debt*, New York: Springer, 2015, p. 79.

加苛刻清偿条件,甚至超出信贷议题以外附加条件的权力。而在第二种情形下,债权国对债务国的借贷主要用于债务国长期发展问题,非紧急状态下的债务国保持了较为充裕的争取贷款的时间,便于它们在包括债权国、多边信贷机构甚至私人银行中选择信贷来源,引发债权人之间的竞争,获得与债权国进行讨价还价的空间。

2. 债务维持时期的监督和调整权

当债权国与债务国的贷款协议形成后,债权国可以出于确保投资安全的目的,要求对贷款的具体使用情况、债务国的国际收支情况进行综合评估。这是债权国在借贷关系形成后进行过程监管的重要手段。债权国的监管举措通常基于三个原因:一是债权国很难在贷款前获得债务国的所有信息,跨国银行则更难。对贷款的过程监控便于债权国金融机构进入债务国,根据进一步披露的信息及时调整贷款策略。二是部分债权国作为贷方愿意给债务国贷款是出于政治或者军事考虑,对贷款进行过程控制是为了增强对债务国的政治军事影响力。三是债务国获得贷款后如何使用贷款,很大程度上影响了债权国的对外贷款是否可以顺利回收。菲利普·维尔伦斯(Philip A. Wellons)认为债务国将贷款用于政治—军事等非生产性投资是债务国忽视贷方利益的表现,这也是债务国债务危机频发的原因。[1] 可见,当债务国将贷款用于生产性投资时,贷款则成为促进债务国经济繁荣、增加国际收支盈余的积极力量。当债务国将贷款用于军事投资,则是在放任国际收支状况恶化,引发债务危机。[2] 20世纪80年代拉丁美洲国家债务违约的部分原因就是债务国并非将大部分贷款用于生产投资,而是从事金融消费,其中包括购买石油和其他消费性产品,甚至有大量贷款用于腐败官员的过度消费。[3]

---

[1] Philip A. Wellons, "International Debt: The Behavior of Banks in a Politicized Environment", *International Organization*, Vol. 39, No. 3, Summer, 1985, pp. 441–471.

[2] George W. Edwards, "Foreign Investment Policies and Their Relation to International Peace", *The Annals of the American Academy of Political and Social Science*, Vol. 126, The United States in Relation to the European Situation, Jul., 1926, pp. 95–97.

[3] Anna J. Schwartz, "International Debts: What's Fact and What's Fiction", *Economic Inquiry*, Vol. 27, No. 1, Jan., 1989, p. 5.

因此，考虑到债权国资产安全问题，债权国在借贷协议签订时，会将保护债权利益的条款纳入其中，其重点就是当债务国履约能力发生变化时，债权国有重新签订信贷协议的权利。通常，债权国在债务维持时期实施监控和调整权的手段包括：减少贷款规模，缩短债务期限，调节贷款利息等。[1] 这些举措需要债权国的国际银行在债务国分支机构搜集信息，或通过对债务国国内金融机构的监管来评估债务维持期间的违约风险，确定最后贷款人，加深金融合作。[2]

3. 债务危机时的主导控制权

债务危机是债务国政府面临的严重政治经济考验。危机爆发之后，债务国的融资需求会随危机的深入增至顶峰。相反，此刻的债权国尽管与债务国存在共渡危机的共同利益，但是其资本优势与债务国的资本短缺呈现出两极化趋势，这种情况在危机爆发时被高度放大。由于债权国扮演着最后贷款人的角色，权力关系的重力更加倾斜于债权国。因此，债权重组时期的国家债权效用最高，影响力最大。

以20世纪80年代的波兰债务危机为例。早在1970年，波兰的经济发展便停滞不前。70年代末80年代初波兰GNP更以每年5%的速度下滑，政府开始向西方国家举债度日。结果，1978年以及1982年波兰的外债增加了近一半，从180亿美元增加至约260亿美元。负债率甚至从79%上升至173%。到1981年，波兰债务危机爆发，政府告知其债权国波兰已无法保证继续清偿债务。危机之下，作为债权国的美国对波兰的政策目标是：在力图维持波兰金融、政治稳定的基础上，迫使波兰改变其人权政策。这是美国将债务危机与人权、改革等政治上采取"联系战略"的一种尝试。为推行这一政策，美国加入了由15个工业国家组成的债权国集团，表示同意波兰在四年内推迟数额高达23亿美元的1981年即期官方债务，并在12月初开始了与波兰的债务重组谈判，将24亿美元的西方商业银行贷款重组。尽管美国政府并非波兰的最大债权国，但里根

---

[1] Kee-Hong Bae and Vidhan K. Goyal, "Creditor Rights, Enforcement, and Bank Loans", *The Journal of Finance*, Vol. 64, No. 2, Apr., 2009, pp. 823–824.

[2] Connie M. Friesen, "The Regulation and Supervision of International Lending: Part I", *The International Lawyer*, Vol. 19, No. 4, Fall, 1985, p. 1056.

政府向波兰提出了废除死刑、释放政治犯、恢复民主水平等多项政治要求。在此过程中，美国甚至单方面重组了部分波兰债务，以减轻波兰的金融压力。最终，美国部分实现了其政治目标，波兰在两年后开始废除死刑，并且在1984年释放了政治犯。① 这是在债务危机中债权国用国家债权作为政策杠杆实现其他领域对外政策目标的典型案例。

因此，正如社会心理学中毒品对吸毒者的影响力在瘾君子毒瘾发作时最强，在债务危机中进行政治经济干预是国家债权最具影响力的时机。② 而在整个债务危机过程中，债务国对资本需求的急迫性和债权国干预危机谋求权力的欲念均被极度扩大，其结果就是一些债权国甚至可能单方面采取行动。正如本杰明·科恩的描述："偿债困难是培育联系战略的天然沃土。"③ 当主要债务国陷入困境时，部分债权国政府会自然认为，它们有责任对危机表明态度并做出回应。尽管极不情愿削减债务国债务，但是更不能忽视的是债务国对债权国的战略重要性。美国参议院外交关系委员会成员毫不掩饰地说："美国的债务国对于美国而言，存在重要的安全利益，因此不能在这些国家面临经济危机时选择置身于外，或任其经济窘境发展至破坏这些国家政治稳定的程度。"④ 在1982年墨西哥金融危机中，美国为墨西哥量身打造金融救市计划，承诺30亿美元的援助。其中10亿美元用于食品出口的金融担保，18.5亿美元作为"过渡贷款"，由国际清算银行负责。⑤ 当拉美债务危机继续演化时，美国又在1985年推动了"贝克计划"，对包括墨西哥在内的拉美国家提出了一系列的宏观与微观经济改革要求，包括促进增长、减少通胀、调节国际收支等措施。

---

① Benjamin J. Cohen, "International Debt and Linkage Strategies: Some Foreign-Policy Implications for the United States", *International Organization*, Vol. 39, No. 4, Autumn, 1985, pp. 708–712.

② Alvin Toffler, *Power Shift: Knowledge, Wealth, and Violence at the Edge of the 21st Century*, New York: Bantam Books, 1990, p. 13.

③ Benjamin J. Cohen, "International Debt and Linkage Strategies: Some Foreign-Policy Implications for the United States", *International Organization*, Vol. 39, No. 4, Autumn, 1985, p. 703.

④ Benjamin J. Cohen, "International Debt and Linkage Strategies: Some Foreign-Policy Implications for the United States", *International Organization*, Vol. 39, No. 4, Autumn, 1985, p. 703.

⑤ Benjamin J. Cohen, "International Debt and Linkage Strategies: Some Foreign-Policy Implications for the United States", *International Organization*, Vol. 39, No. 4, Autumn, 1985, p. 715.

值得注意的是，拉美国家债务持有者更多是国际投资者而非美国，但是美国以拉美债权国的身份仍然与 IMF 合作干预了拉美债务危机。① 综上所述，尽管危急之时债权国利用债权达成战略目标，在行动道义上有"于乞丐钵中取食"之嫌，但债权国选择债务危机为干预时机的效用却是最高。

4. 债务清偿时期的优先权

当贷款协议形成、债权国注资债务国后，债务国开始面临的首要问题是如何清偿即期债务。此刻，债务国处于国际金融与国内金融双层博弈的两难中：是应该将贷款后产生的盈余优先用于持续投资本国，以推动国内社会经济发展，改善国际收支，还是优先用于清偿外债。特别是当债务国的收支盈余不足以平衡国内外融资需求时，债权国在债务国清偿债务的顺序问题上就拥有干预权力。这回应了经济自由主义的观点："国际债务是政府在国内经济和国际经济关系上进行干涉的产物"。②

例如 1985 年，巴西通过对外贸易获得了较大的贸易顺差，GDP 增速为 8.3%，巴西经济走向复苏，完全有能力其清偿外债利息。但是军政府却没有与 IMF 达成协议，因此未能推进 453 亿美元的债务重组计划，减轻外债负担。相比外债利息带来的金融压力，巴西政府此时还受制于国内政治斗争的压力。执政党需要平衡国内政治势力的斗争，获取民众的选票，若为支付外债利息而采取经济紧缩政策，则并不符合巴西政府的利益。1986—1987 年，巴西经济出现了高通胀的局面，贸易顺差下降至 2 亿美元，外汇储备从 110 亿美元下降至 38 亿美元。巴西依旧在内政主导的思路下对外宣布暂缓利息支付，这触动了债权国、IMF 以及外国债权人的利益。为迫使巴西重新支付债务利息，以美国为首的国际债权国以及国际组织集体采取了一系列措施：首先将巴西债务归为不计息债务，并评为次级债务。其次，为防止债务国之间发生连锁反应，债权国开始主动给包括智利等债务国采取债务利息缓解的措施，以孤立巴西。最后，切断通往巴西的贸易线，对巴西采取贸易制裁。当制裁开始，巴西在短

---

① Mauro Megliani, *Sovereign Debt*, p. 34.
② Stephen P. Riley, *The Politics of Global Debt*, p. 54.

期债务压力下暴露出对外债的脆弱性。债权国与债权人联合与巴西进行较量的结果是，巴西面对国内经济政治压力和外部债权人压力，最终选择了部分妥协，于1987年签订协议重启外债利息支付。[①]

综上所述，在债权债务关系发展的整个周期内，债权国都拥有干涉信贷关系发展和走向的权力，甚至可能采取"联系战略"将债权与其他政治、经济议题结合起来干涉债务国内政。因此，国家债权本质上是国家整体权力的一部分，它给予债权国处理国际事务的自信。同时，债权国地位成为一种国家实力的象征，它不仅暗示着该国巨额的外汇储备赋予其调节汇率、平衡国际收支的能力，也显示其具备干预债务国政策选择的能力。相应地，债务国的政治经济外交则可能因外债压力而被迫对债权国妥协。

当然，国家债权的影响力在不同债权发展阶段呈现出明显差异。当借贷关系形成之时，债务国的资本需求迫使其将获得外债作为首要战略目标，必要时以国内政策的让步以便达成债务协议。类似的情形也会出现在债务危机爆发之时，由于债务的不可持续性和破产的危险，短时间内缓解外债压力成为债务国压倒性议题。因此在借贷关系形成期以及债务危机爆发期，债权的影响力同步扩张，达到顶峰。在债权维持期，如果债务国履约清偿债务本息，则债权国缺乏对债务国进行干预的依据，此时债权国影响力减弱。如果债务国无法按照合约清偿债务，则赋予了债权国重新调整债务，开展与债务国谈判的能力，通过重启债务谈判或者是采取严厉的过程监控，债权国得以避免出现债务国"拿钱即走人"的现象，此时债权国的影响力上升。随着债务国支付外债本息的持续，债权规模开始减小，如果最终债务国顺利清偿债务，债权国不再对债务国拥有债权影响力，债权流散。

[①] Howard P. Lehman and Jennifer L. McCoy, "The Dynamics of the Two-level Bargaining Game: The 1988 Brazilian Debt Negotiations", *World Politics*, Vol. 44, No. 4, Jul., 1992, pp. 600 – 644.

第三节　国家债权影响力评估：三重维度的互动机制与反馈路径

如果说在国际体系中全球性和区域大国是国际政治的主要战略棋手，它们之间的关系决定了国际政治体系的结构。那么在国际信贷体系中，跨国银行、国际金融机构、主要债务国和债权国则是信贷关系中的主要行为体，它们的行为互动塑造了国际信贷体系间联盟与瓦解，导致信贷权力发生变化。在这个体系中，获取贷款的能力也可以被视为重要的权力。这与美国传统谚语"如果你欠银行10万美元，那么银行拥有你的财产。如果你欠银行1亿美元，那么银行归你"的逻辑相一致。[1] 可见，国际信贷主体的运行与互动有明显区别于政治体系的独立规则与逻辑。前一节的分析已经表明，体系结构、交易网络关系、债权时间权变是判断债权影响力的三个维度。那么，接下来的问题是：如果将结构、关系、时间作为自变量，债权影响力作为因变量，这三个自变量之间存在何种关系，如何互动？这些关系与互动又将导致债权效用的何种变化？

一　体系结构、国家结构与联系战略的协同效应

国际政治中，国家战略实现的首要前提是明确自我能力和他我地位。这两种判断的形成基础是国内结构体系与国际总体结构体系的基本现实。因此，体系作为结构性变量是理解国际债务关系及其互动作用的第一个层次。肯尼思·华尔兹认为，系统的结构不仅具有静态稳定性，而且充当了约束性和支配性力量。[2] 国际信贷体系作为国际体系的一个子集，其国家单元的债权债务关系内嵌于国际权力的分配格局之中。因此，研究国家债权需要掌握信贷行为发生的背景和环境，这是国家债权实施的前提和基础。掌握既有国际体系的总体权力分布状态，有助于对债权国以

---

[1] David Graeber, *Debt: The First 5,000 Years*, New York: Melville House, 2011, p.1.
[2] [美]肯尼思·沃尔兹：《国际政治理论》，信强译，上海人民出版社2008年版，第92—93页。

及债务国在体系中的地位进行战略定位，进而对国家债权影响力做出科学的预测。

而国家权力结构则影响到使用国家债权作为政策工具的意图和能力上限。例如，许多研究认为，债权国对债务国是否贷款的决策和模式与债务国国内法中债权人地位有密切关系。有学者通过分析48个债务国所获信贷的形式与其国内法对债权人财产保护法律的相关性时发现，对与那些国内施行弱债权人利益和财产权保护的国家，债权人更倾向于减少贷款数量、缩短贷款期限、分散信贷投资的模式来防止债务违约。因此，债务国的政治与法律结构对其所获贷款的结构和价格可能产生重大影响。[1]

不仅如此，债权国的政治结构也影响了该国政府在信贷领域的行为和效率。政治自主性强的国家更倾向于使用国家债权实现外交目的，而政治自主性差的国家则可能成为债权施压的目标。[2]

鉴于国际债务体系通过嵌入式与国际总体结构体系融为一体，而国内体系结构与国际债务体系本身具有一定的系统关联，因此，"联系战略"成为国际债务与国际政治、国内政治与国外信贷两类关系实现关联的主要策略。在这里的"联系战略"指同时讨论两个以上不同领域的问题，以形成合并解决方案的战略。[3] 使用联系战略时，政治家可以不限制联系的领域和议题，甚至在某些情况下可以忽略议题之间的相关性。实践中，为增加本国谈判筹码，将几乎毫无关联的问题合并解决是外交策略中广为接受的手段。[4] 例如，汇率政策与债权高度相关，无论是债权国还是债务国都可能通过汇率调整增强或者削弱债权，贸易制裁与债务清偿也存在类似的战略联系。迈克尔·汤姆斯（Michael Tomz）分析了三个

---

[1] Kee-Hong Bae and Vidhan K. Goyal, "Creditor Rights, Enforcement, and Bank Loans", *The Journal of Finance*, Vol. 64, No. 2, Apr., 2009, p. 823.

[2] Jonathan Kirshner, *Currency and Coercion: The Political Economy of International Monetary Power*, Princeton: Princeton University Press, 1997, p. 21.

[3] Paul Poast, "Issue Linkage and International Cooperation: An Empirical Investigation", *Conflict Management and Peace Science*, Vol. 30, No. 3, Jul., 2013, p. 286.

[4] Paul Poast, "Issue Linkage and International Cooperation: An Empirical Investigation", *Conflict Management and Peace Science*, Vol. 30, No. 3, Jul., 2013, p. 287.

世纪的债务回收问题后,发现将贸易与金融领域建立联系是债权国政府的普遍做法,如果债务国不能顺利清偿债务,那么债权国更容易通过控制债务国商品,管制进出口商品,干扰对方的贸易网来对债务国进行打击。[1]但也有问题领域相关性极弱的案例,如美国将人权问题与波兰债务违约问题合并解决。玛莎·芬尼摩尔(Martha Finnermore)还观察到,回收债务的军事化在19世纪是一个广为接受的行动,这种原则在1907年第二次海牙和平会议后才逐渐退居边缘。[2]

联系战略使得债权国在使用债权时反复权衡利弊得失,将权力运用置于总体权力结构的框架中,综合考虑不同问题领域的权力外溢到信贷体系产生的影响。这是对信贷关系的分析从单一问题领域扩展至涉及总体权力格局,从内源性变量扩展至外源性变量的综合战略思考模式。

二 信贷结构、交易网络关系与国家债权的影响力

信贷结构与交易网络关系是考察债权影响力的第二个层次。切入点是债权国与债务国作为主要行为体在世界信贷体系中各自的债权或债务规模、地位以及分布状态。

与政治、军事权力结构相比,信贷结构的层次更加复杂,单元互动更加频繁。具体而言,国际收支上,净债权国的数目远超政治上"极化"国家的数目。同时,大量国际金融组织、私人投资者和国际银行也是信贷关系的行为体,这增加了信贷体系复杂多样性。而复杂交易网络中极为普遍的现象是:一个对外负债的债务国也可能将外贸盈余用于投资他国,从而成为另一个国家的债权国。不仅如此,由于行为主体多元化,国家债权可以通过在二级市场上买卖债券交易实现权力的再分配,这可能导致部分债权流转和分配的不完全透明。这样,信贷结构的易变和复杂性给国家债权的使用带来了不确定性,也设置了技术障碍。从历史经验上看,20世纪之前的国际借贷中,债权国将债务违约与军事侵略合并

---

[1] Michael Tomz, *Reputation and International Cooperation*:*Sovereign Debt Across three Centuries*, Princeton:Princeton University Press,2007,p. 8.

[2] Michael Tomz, *Reputation and International Cooperation*:*Sovereign Debt Across three Centuries*, p. 7.

解决的现象屡见不鲜。很大程度上是因为当时的信贷体系与结构相对简单，为债权使用创造了条件。20 世纪后，由于行为主体多元化以及国际信贷市场投资渠道多元化，债权国入侵债务国的现象逐渐减少，甚至在债权国之间都形成了"集体行动的困境"，使得国家债权进一步弱化。①而为规避权力使用的风险，准确判断债务违约时使用惩罚措施导致的反制措施，则是国家在使用债权作为政策工具时不可或缺的环节。因此，在信贷体系中使用权力的前提是对信贷结构及运行规则的充分了解。

复杂的信贷结构也催生了盘根错节的交易网络关系。从信贷结构还是交易网络去分析债权的区别在于：前者关注债权债务行为体在体系中地位和互动产生的权力关系，后者关注由于行为体之间交易连接点的数量和方式变化导致的权力关系。例如，在发生结构性信贷体系变迁前，区域性债务危机的传导更多是通过交易网络变化体现的。一国债券二级市场价格变化可能是债务危机的晴雨表。这样，在信贷交易网络关系中，催生了因关系中心度高而产生的权力，例如 IMF、世界银行等各类全球和区域性的金融中介机构是借方市场和贷方市场的桥梁，它们为各国提供贷款，调动资本在全球范围内进行配置的行为，也是债权重新分配的过程。因此，跨国金融中介机构也参与分配了国家债权。

以债权交易网络关系作为债权影响力的分析观测对象，则需要观察债权国之间、债务国之间、债权国与债务国之间，以及它们分别与金融中介机构合作与对抗的关系演化。债权国的强势权力不仅暗示着在结构中位置的重要性，也暗示着债权国对金融中介的操控力。债权国与主要金融中介的协同合作，无疑将加强对信贷交易网络的控制力，增强本国债权的效用。相反，若债务国与主要金融中介的实现合作，则金融中介可以帮助债务国获得更多信贷来源，或者部分减免债务负担，从而削弱债权国的影响力。因此，债权国会通过合作机制建立债权卡特尔实现对交易网络的控制，从而使自己对债务国的威慑与强制行动达到既定的战略目的。有研究指出："特别是在经济制裁方面，当债权人通过联合行

---

① Michael Tomz, *Reputation and International Cooperation: Sovereign Debt Across three Centuries*, pp. 6 – 8.

动,剥夺债务违约国的新贷款或者是限制国际贸易时,其成效最为显著。没有集体协作,债务国可能利用金融和贸易禁运的漏洞,或者是债权国之间的矛盾。"①

三 时间权变与国家债权的影响力

国家债权的时间权变是影响具体的双边或者多边债权债务交易关系的纵向序列。它是判断债权影响力的第三个层次。若脱离债权债务结构和关系,单独去分析债权国在某个债权时间阶段的影响力,难免会发生战略误判。因此,对时间权变的考虑必须建立在厘清本国以及目标国在第一层次的国际体系、第二层次的国际信贷体系的结构与关系的前提下。在前述的理论分析中,已经说明了在债权的形成期以及债务危机时期,债权国对债务国的政策压力最大。因此,若从广大债务国,特别是中小国家减轻债务负担立场上看,在积极促进经济发展时适度利用对外贷款,平衡本国的国际收支才是避免陷入债务危机,进而侵蚀本国在其他领域权力的长远之策。

综上所述,本章介绍与分析国家债权效用的三个层次、各层次之间的关系以及分析次序(如图2-2所示)。

从三个层次出发,可以发现国家债权影响力受该国在国际体系结构中地位影响,该国在国际体系地位越高,其债权影响力也越大。在债权结构中一国债权的规模越大,债权分布越集中,对债务国的影响力越大。在债权交易网络关系中,国家在债权交易网络关系中的中心度越高,在整个交易体系中越重要,它将债权转化为政治影响力的能力越强。在具体的债权发展阶段中,债权国在债权形成时期、债务重组时期的影响力较强,在清偿和违约阶段债权影响力较弱。在分析步骤上以希腊主权债务危机为例:确定世界总体权力结构中主要大国、欧盟以及希腊分别在总体实力上处于何种地位、相互关系是分析债权国的策略和影响力的第一层级;掌握包括德国、IMF在内的希腊主要债权国以及葡萄牙、西班

---

① Michael Tomz, *Reputation and International Cooperation: Sovereign Debt Across three Centuries*, p. 196.

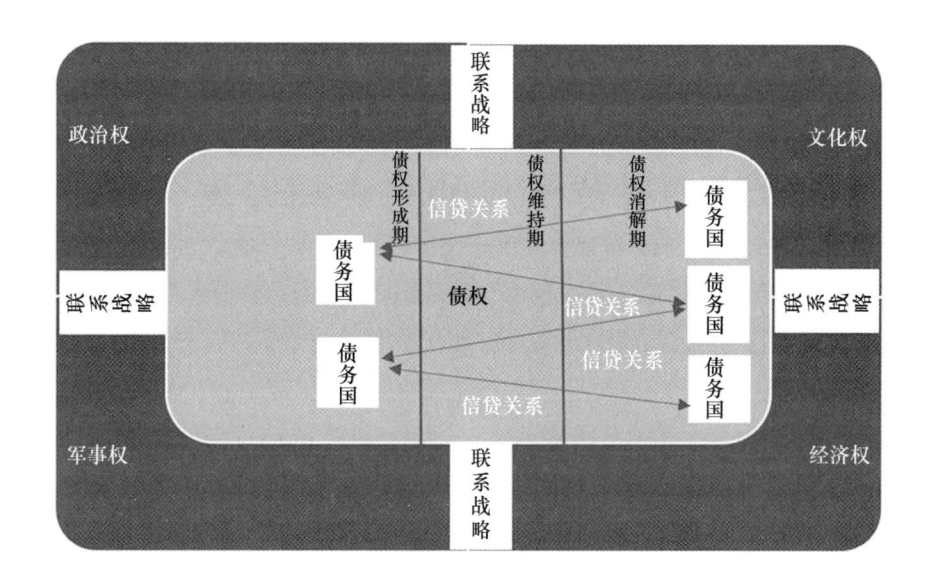

图 2-2　国际体系、债权体系、信贷关系和债权阶段（笔者自制）

牙、希腊等其他债务国在整个债权债务交易体系中的地位和相互关系是第二层级；而在希腊债务危机爆发后，债权国在哪个阶段对希腊债务危机进行干预、重启债务谈判、对希腊施加债权影响力是第三层级。其中，第一步骤和第二步骤之间的相互作用、相互关联是债权国或者是债务国通过联系战略建立的，观察债权影响力的时间权变是分析债权的最后一步。

第三章

美国对英债权的形成与发展

> 对外贷款是走向侵略外交政策的第一步。
> ——美国经济学家亨利·卡特·亚当斯（Henry Carter Adams）1887①

> 我们是在金钱的驱使下投入战争的。
> ——美国参议员乔治·诺里斯（George Norris）1917②

> 金融力量通常是建立政治友谊或同盟的工具，在借与不借之间总有精明的政治算计。
> ——美国历史学家赫伯特·费斯（Herbert Feis）1930③

第一节 美国工业的崛起与私人信贷的扩张

一 美国工业的崛起与英国的相对衰落

19世纪90年代，美国的工业革命迅速赶超英国，成为世界上生产效

---

① Era Dabla-Norris ed., *Debt and Entanglements between the Wars*, Washington, D. C.: International Monetary Fund, 2019, p. 1.
② Era Dabla-Norris ed., *Debt and Entanglements between the Wars*, p. 1.
③ Herbert Feis, *Europe: The World's Banker, 1870~1914: An Account of European Foreign Investment and the Connection of World Finance with Diplomacy before the War*, New Heaven: Yale University Press, 1930, p. xvi.

率最高的经济体，并在后续几十年中巩固了在劳动生产率领域对英国的比较优势。高效的生产成为美国经济发展的动力，刺激了美国对生产资料消费的需求，商品产量也随之迅速攀升。1895 年，美国的棉花消费第一次超过英国。到 1900 年，美国尽管在纺织品数量和市场份额上依旧落后于英国，但是纺织沙锤的产出远超同时期的英国。① 这说明美国已经开始打破英国传统优势产业——纺织品业的垄断优势。

美国锐意进取的结果是，在 1900 年已成为世界上最大的商品生产国，世界产值的 30% 是由美国创造的，而到 1907 年，这一数字跃升至 35%。② 其中，助力美国赶超英国的主要产业是制造业。仅以汽车制造为例，美国企业很早采用了适合批量生产的轻型轿车，便于降低成本以及促进企业规模扩张。由此产生了以福特公司为代表的技术型和生产型汽车制造商。同时在生产管理领域，弗雷德里克·温斯洛·泰勒（Frederick Winslow Taylor）倡导的科学管理推动了公司规模的扩大和企业之间的兼并。③ 20 世纪初，美国从事大规模生产和销售的企业开启全球化进程，不仅在国内建立了自己的销售网络，而且在海外建立了分支机构。这些跨国公司成为在世界范围内拓展业务的活跃主体，为贸易和金融的海外扩张奠定了基础。

从 1889 年到 1913 年，美国制造业出口总额翻了近 9 倍，从 8900 万美元上升至 80500 万美元。④ 经济学家将美国制造业崛起的原因归纳为两点：一是美国大规模生产方法的改进提高了劳动生产率；二是公司经理人协商制度兴起。遗憾的是，这些生产和制度领域的革新却在英国进展缓慢。英国传统工业的发展反倒成为技术和组织制度变革的负担，致使

---

① Peter J. Hugill, "The American Challenge to British Hegemony, 1861~1947", *Geographical Review*, Vol. 99, No. 3, Jul., 2009, p. 407.

② Fareed Zakaria, *From Wealth to Power: The Unusual Origins of America's World Role*, Princeton: Princeton University Press, 1998, p. 410.

③ 参见 Mark Rupert, *Producing Hegemony: The Politics of Mass Production and American Global Power*, Cambridge: Cambridge University Press, 1995, pp. 77-78.

④ Fareed Zakaria, *From Wealth to Power: The Unusual Origins of America's World Role*, p. 416.

其工业在 1870 年以后就开始走向衰落。① 英国工业工人的劳动生产率在 1890 年仅为美国工人的 54%，农业工人劳动生产率为美国工人的 63%。② 到 20 世纪初，尽管英国依旧可以依靠海外纺织品贸易，勉强维持其在贸易总量上的优势，但钢铁需求在英国增长缓慢，进而导致严重依赖钢铁产量的制造业举步维艰，无论是产量还是劳动生产率，都明显落后于新兴的美国和德国。③ 而到第一次世界大战前夕，原本英国在历史上具有绝对优势的棉花业，甚至也进入了"平稳下降"阶段，棉花业占出口的份额从 1882—1884 年的 82%，下降至 1910—1913 年的 58%。④

美国工业的迅速崛起需要强大的金融后盾。在第一次世界大战爆发前，美国获取外资的主要方式是借款。政府通过在伦敦金融市场上兜售美国债券，吸引英国、德国等国的投资者认购美债，从而获得巨额的国际贷款。美国也因极强的融资能力在 1914 年成为世界上最大债务国。当时，美国的长期外债就达到了 71 亿美元。巨额外债对美国来说不是风险而是机遇，因工业发展而获得的出口盈余加之关税收入足以使美国平衡收支，清偿债务。良好的借贷信誉和发展潜力进一步刺激了国外私人投资者对美国的贷款，使纽约资本市场逐渐发展成为最活跃的借方市场。⑤ 因此，在美国经济发展史中，美国具有调集欧洲资本为自身经济增长服务的丰富历史经验。而在此过程中，作为债务国的美国不仅能够帮助其债权人实现经济收益，还可以在海外贸易和海外利益扩张的同时，悄然开始对加拿大和墨西哥等周边国家进行投资，成为他们的债权国。在 1914 年，作为当时世界最大债务国的美国竟然还持有不到 25 亿美元的外

---

① 参见 Bernard Elbaum and William Lazonick, "The Decline of the British Economy: An Institutional Perspective", *The Journal of Economic History*, Vol. 44, No. 2, Jan., 1984, p. 568; 以及 Michael Dintenfass, *The Decline of Industrial Britain, 1870~1980*, New York: Routledge, 1992, p. 2.

② Mark Rupert, *Producing Hegemony: The Politics of Mass Production and American Global Power*, p. 67.

③ Michael Dintenfass, *The Decline of Industrial Britain, 1870~1980*, pp. 18-20.

④ Michael Dintenfass, *The Decline of Industrial Britain, 1870~1980*, p. 21.

⑤ Mira Wilkins, "Foreign Investment in the U. S. Economy before 1914", *The Annals of the American Academy of Political and Social Science*, Vol. 516, No. 1, Jul., 1991, pp. 9-21.

国债券。① 拥有债权与债务双重身份的经验，是美国在"一战"爆发后大规模对欧洲贷款的前奏。

二 美国私人投资的全球化与霸权野心的初现

美国工业革命后迅速积累的财富，成为美国通过海外资本扩张拓展商业版图的基础。此后经历了由工业卡特尔发展到金融帝国的渐进过程。制造业内工业兼并浪潮催生了跨国企业的出现，企业卡特尔对融资的数额和范围提出更高的要求。为给工业兼并重组提供方便，位于纽约金融中心的投资银行诞生后，开始在世界范围内进行金融扩张。早在"镀金时代"，美国的勘探者、工业资本家、商业交易者和银行家已将其势力渗入墨西哥、古巴、夏威夷、加拿大及其周边领域。② 从1897年到1914年，美国的对外投资是过去100年的5倍，直接投资是原来的4倍。对外长期投资中的四分之三都流向了美洲国家。③

通过对拉美地区和加勒比海地区的贷款投资，美国正式介入原有欧洲债权国与拉美债务国之间的交易结构中。而这些拉美债务国的弱势政府，纵容美国以回收债务为借口将美国经济模式和监管方式植入本国。在多米尼加，美国甚至接管了圣多明哥的海关，通过直接剥夺部分关税以实现对该国的控制。"多米尼加模式"提示美国继任统治者：对外扩张的模式未必需要通过军事征服来实现，金融管制则是更为隐蔽经济的控制模式。④ 因此，在西奥多·罗斯福和塔夫脱时代，更多使用"美元子弹"，通过金融监管而非领土征服来控制周边国家，这成为美国20世纪前后在世界舞台上显示金融权力的强势表达。⑤ 而在这个过程中，私人银

---

① Frances Klamt, "The British War Debt to the United States and its Settlement", Master. Dissertation, University of Southern California, 1930, pp. 1-2.

② Scott Nearing and Joseph Freeman, *Dollar Diplomacy: A Study in American Imperialism*, New York: B. W. Huebsch and the Viking Press, 1925, p. 1.

③ [美]乔纳森·赫休斯、路易斯·P. 凯恩：《美国经济史》（第7版），邱晓燕、邢露等译，北京大学出版社2011年版，第433页。

④ Fareed Zakaria, *From Wealth to Power: The Unusual Origins of America's World Role*, p. 170.

⑤ Emily S. Rosenberg, "Revisiting Dollar Diplomacy: Narratives of Money and Manliness", *Diplomatic History*, Vol. 22, No. 2, Apr., 1998, p. 160.

行财团和金融专家一直承担着为美国资本开疆扩土的使命。

包括法利德·扎卡利亚（Fareed Zakaria）以及艾米莉·卢森博格（Emily S. Rosenberg）在内的美国经济史研究者都认为，美国官僚体系的专业化是美国经济外交的一个显著特征。① 具体到金融全球化的过程中，私人银行集团和金融专家的发展，以及他们在拉美地区金融扩张的专业经验是美国金融帝国崛起的先决条件。

在提供专业意见的金融专家中，最为活跃的人物是查理斯·科南特（Charles A. Conant）以及埃德温·凯末尔（Edwin Kemmerer），其主要活动是在世界范围内推广金本位制。因为19世纪末20世纪初，美国发现汇率剧烈波动会严重影响到出口商品的价格，进而损害美国海外利益。如果商品货币价格无法预测，国际收支的主导权将继续掌握在伦敦手中，美国企业很难在与英国的商业竞争中取胜。为提高纽约银行在汇率交易市场上的地位，1898年，科南特在其论文《帝国主义的经济基础》中系统论述了资本主义发展过程中生产过度、汇率低估、利润下降的问题，并从墨西哥、菲律宾到巴拿马开始了将银本位转换为金本位制的改革实践。而执教于普林斯顿大学的国际金融学家凯末尔，继承了科南特提倡金本位制的思想，在此基础上系统研究了英国金汇兑本位制思想的优劣，亲自指导了菲律宾的汇率改革。金融专家在国内外极力推销金本位制的结果是：1900年，美国成为采用金本位制的国家，其国库也"被黄金填满了"。② 这不仅为美国对外贷款投资提供了制度保障，也为美国在"一战"后建立以美国为主导的货币体系提供了历史经验和物质基础。

同时，金融专家还为私人投资银行保驾护航。这些银行是资本市场上的舵手，当银行将贷款投资于充满不确定性的外国政府时，金融专家会通过正式和非正式方式介入整个借贷过程。一旦遭遇金融风险，金融

---

① 参见 Emily S. Rosenberg, "Revisiting Dollar Diplomacy: Narratives of Money and Manliness", *Diplomatic History*, Vol. 22, No. 2, Apr., 1998, pp. 158–159; Fareed Zakaria, *From Wealth to Power: The Unusual Origins of America's World Role*, pp. 119–120.

② 参见［美］乔纳森·赫休斯、路易斯·P. 凯恩：《美国经济史》（第7版），第401页，第423页。

专家会重启目标国的债务重组进程并实施行政管理,而政府行政官僚负责将这些私人干预行为纳入到国家利益体系和国家外交战略布局中。①例如,约翰·皮尔庞特·摩根(John Pierpont Morgan)就是通过对铁路、采矿、制造业的兼并和重组服务,在纽约市场上发行金融票据进行交易,逐渐发展壮大。②这些投资银行不仅为本国工业兼并筹集资金,也从事对美洲的贷款业务。1899年,当J. P. 摩根成为美国第一笔国际贷款的联系经理人后,美国投资银行家开始纷纷效仿涉足欧洲债券市场。

私人银行为确保在国内外投资中获得稳定的收益,他们必须和美国政府进行有效的合作。这是由于:第一,私人银行在进行海外投资时,其投资对象是主权国家,因此扫除主权障碍通常需要与政府配合。在这一时期,当私人银行对海外投资的监管失效后,美国政府会通过武力手段确保私人投资纳入国家战略轨道。第二,私人银行与美国政府存在着维护金融市场稳定、增强美国金融权力的共同利益。例如,1907年纽约市场股票价格急剧下跌造成了金融恐慌,经济危机来临。为避免纽约股票交易市场关闭,J. P. 摩根带领主要投资银行家采取救市计划,他在短时间内筹集了3800万美元以维持机构运转。摩根公司在美国缺乏中央银行的情况下力挽狂澜,充当了危机中的最后贷款人。J. P. 摩根能够临危受命肩负重任,固然有其个人优势,比如他每年在伦敦居住一段时间,学习观察英国货币政策以及英格兰银行的危机处理经验,有助于他采取果断措施帮助美国减少损失,③但纽约市场摆脱危机的根本原因,仍然是美国财政部对摩根公司不遗余力的支持,以及政府与投资银行家维持金

---

① Emily S. Rosenberg, "Revisiting Dollar Diplomacy: Narratives of Money and Manliness", *Diplomatic History*, Vol. 22, No. 2, Apr., 1998, p. 159.

② 参见 [美] 乔纳森·赫休斯、路易斯·P. 凯恩:《美国经济史》(第7版),第401页,第405页。

③ 参见 [美] 乔纳森·赫休斯、路易斯·P. 凯恩:《美国经济史》(第7版),第401页,第402页。

融秩序的共同利益。①

因此，在19世纪末20世纪初美国金融势力海外扩张的过程中，美国政府官僚、金融专家、投资银行家之间的密切配合，形成了三位一体的金融外交集团，看似私人性质的对外投资服从和服务于美国国家战略。正如赫伯特·费斯（Herbert Feis）所言："金融力量通常是建立政治友谊或同盟的工具，在借与不借之间总有精明的政治算计。"② 从实质来看，美国金融的海外扩张是美国帝国主义政治扩张的先驱。

第二节 第一次世界大战爆发与英国对美债务的形成

一 美国中立立场与英国从纽约私募市场上筹钱

1914年7月第一次世界大战爆发后，英国和法国对战略物资需求急速攀升，需要大笔贷款为采购军需品进行融资。但美国政府遵循首任总统乔治·华盛顿留下的政治训诫："避免与任何国家建立永久联盟的政策"，③ 并在战争初期奉行中立原则。政府官方警告银行家："任何外国的贷款投资都不符合美国的中立原则"。④ 时任美国国务卿威廉·詹宁斯·布莱恩（William Jennings Bryan）也表明，金融利益将贷款与投资对象绑定在一起，这将影响到战争的结局，导致我国最终难以维持中立。⑤ 但投资银行家小J. P. 摩根却笃定，战争的胜利必然属于英法。尽管彼时美国对英国的出口额仅为6亿美元，但他相信一年内这一数额必

---

① 1913年J. P. 摩根在西欧去世，其子小J. P. 摩根接管了摩根公司。参见［美］杰瑞·马克汉姆：《美国金融史（第二卷）：从J. P. 摩根到机构投资者》，高凤娟译，中国金融出版社2018年版，第57页。

② Herbert Feis, *Europe: The World's Banker, 1870~1914: An Account of European Foreign Investment and the Connection of World Finance with Diplomacy before the War*, New Heaven: Yale University Press, 1930, p. xvi.

③ Era Dabla-Norris ed., *Debt and Entanglements between the Wars*, Washington, D. C.: International Monetary Fund, 2019, p. 2.

④ Era Dabla-Norris ed., *Debt and Entanglements between the Wars*, p. 2.

⑤ Edward M. Lamont, *Ambassador from Wall Street: The Story of Thomas W. Lamont, J. P. Morgan's Chief Executive*, Lanham: Madison Books, 1994, p. 70.

然会超过 10 亿美元。同时摩根公司认为，英法作为战前的债权国具备债务清偿能力，对其优级贷款不仅可以确保投资回报，而且可以扩大对欧洲事务的影响。因此，摩根公司对美国总统的警告和国家政策倾向置若罔闻。

早在 1914 年 10 月 29 日，摩根公司就与国家城市银行联合出售了为期 1 年、价值 1000 万美元的法国债券，并告知国务院将继续出售 3000 万美元的债券。摩根公司为法国在美国市场上销售的债券属于私募债券，美国政府并没有介入，此后摩根公司就开始为英国和法国在美国市场上商品采购进行融资。由于英国财政部以及英格兰银行当时没有建立英美之间的海外支付体系，"一战"初期英美之间的贸易融资几乎都是通过摩根公司进行的。随着战争的持续，英国对美国食品、棉花、原油和其他军需品采购的数额不断攀升，这导致了 1915 年 7 月英镑汇率下跌。为稳定英镑的汇率，英国授权摩根公司帮助英国稳定英镑汇率。在此过程中，摩根公司为英格兰银行提供了 5000 万美元的贷款。摩根公司大力资助协约国的做法引起德国激进主义者的强烈不满，甚至在 1915 年 7 月派人暗杀小 J. P. 摩根，最终小 J. P. 摩根虽身中两弹，但伤势不重幸免于难。[①]这样，在美国国内的大部分银行仍然认为投资于战争中的国家风险过大的形势下，摩根公司购买了上亿美元的英国和法国政府债券，并将这些债券在市场上转售给美国公民。通过转售英法政府债券，摩根公司一举成为欧洲债券在美国的最大经销商。[②]

摩根公司虽然财力雄厚，但其在美国的融资能力并不足以完全为协约国融资。1915 年 8 月 14 日，摩根公司电告伦敦：汇率已经从战前的 4.86 英镑跌至 4.74 英镑。英国购买商品的价格已经高达 1700 万美元，此时摩根公司已经无法继续为英国政府垫付开支。摩根公司对英国政府支付能力的担心，刺激了英国的自尊心。因此经过与法国协商后，决定派英法联合使团共赴美国协商借款事宜。

[①] Edward M. Lamont, *Ambassador from Wall Street: The Story of Thomas W. Lamont, J. P. Morgan's Chief Executive*, pp. 72–73.

[②] Era Dabla-Norris ed., *Debt and Entanglements between the Wars*, p. 2.

1915年9月，由英国大法官雷丁勋爵（Lording Reading）带领的使团抵达美国。使团的任务是在美国私募市场上筹集2亿英镑或者是10亿美元的贷款，该贷款没有抵押物，并且五年利率不高于4.25%。当使团抵达美国与银行家展开谈判后，才发现筹款的现实困难超乎想象。虽然大部分美国民众对英、法等国抱以同情，但普遍认为战争结果未知，为规避风险不愿贸然出资。尽管有上千家美国小银行愿意承销英法债券，南部、中部、西部的大银行家却不愿意投资支持，加之美国移民中有德裔、爱尔兰裔美国人也强烈反对支持英国。一番努力之后，使团好不容易说服部分美国银行家，以5%利率承销5亿美元的债券，但是又在销售方面遭到冷遇。到1915年12月仅售出了3300万美元的债券，以至于英国财政部被迫另派代表监督这些债券在美国的销售。[①]

此时，英国才真正意识到了海外筹款的困难。英帝国的辉煌导致其对战争融资困难的估计不足，特别是英国首相劳合·乔治。他不仅错判了战争持续的时间，低估了战争的开支，还对美国对英国的支持态度过分乐观。[②]劳合·乔治认为，只要美国希望协约国一方获胜，美国自然会想办法为英国提供军需品。因此当战端一开，消费持续上升，便在英国形成了浪费型开支，英国财政部早已对战争支出失去监管。[③]纵观整个战争期间的融资状况，英国国内税收为战争所做筹款仅为战争融资所需的三分之一。其余的三分之二，大约有80%的借款是从英帝国内部筹集的，大约有5%是通过外国市场发行债券贷款，这部分主要来自美国，另有大约15%向盟友和其他政府的借款，仍然主要来自美国。[④]融资的困难和对美国的依赖，这是英国在战争初期始料未及的。

除战争融资外，到1916年10月，英国以及盟国在整理战略物资清单

---

① Kathleen Burk, "The Diplomacy of Finance: British Financial Missions to the United States 1914~1918", *The Historical Journal*, Vol. 22, No. 2, Jun., 1979, p. 354.

② Francis Wrigley Hirst and John Ernest Allen, *British War Budgets*, London: Oxford University Press, 1926, p. 22.

③ Kathleen Burk, "The Diplomacy of Finance: British Financial Missions to the United States 1914~1918", *The Historical Journal*, Vol. 22, No. 2, Jun., 1979, p. 355.

④ Harvey E. Fisk, *The Inter-Ally Debts: An Analysis of War and Post-War Public Finance, 1914~1923*, New York: Bankers Trust Company, 1924, pp. 80-81.

时才恍然发现，包括枪炮弹药、石油、汽油、棉花食材、原材料和谷物在内的大部分物资都来自美国。为了支付在美国采购商品产生的费用，1916年9月英国已经开始将部分黄金运送至美国，甚至在英国将持有的美国债券卖回给美国的情况下，又通过摩根公司筹集了2.5亿美元的贷款。

这些战略物资采购的费用实际上并不完全是英国的开支。因为伦敦在第一次世界大战期间世界金融中心的地位，使其充当了英帝国的金融家，同时也是盟友的银行家。在英国看来，帮助帝国内部及其盟友面对和解决在战争融资方面的问题是英国当仁不让的责任。第一次世界大战爆发后，英国既倾举国之力为自己利益参战，也为盟友大量战争消耗积极融资。[①] 简言之，英国参战后金融状况的恶化与其身上肩负过重的金融负担有密切关系。

英国要从美国获得贷款，就需要协调与美国的外交关系，但1916年英美关系一度恶化。原因来自两个方面，一是美国对英国的禁运措施十分不满，二是英国对美国电报和邮件采取审查制度，激起美国的愤怒。在此背景下，英国又以怀疑美国与同盟国有贸易往来为由，将87家美国公司和350家拉美公司列为封锁对象。

这一举措彻底激怒了美国总统威尔逊，他在7月23日给朋友的一封信中写道，"我必须承认，已经快要对英国及其盟友耗尽耐心，这个禁运清单就是最后一根稻草……我正在考虑要求国会授权禁止给协约国贷款以及限制出口"。[②] 为报复英国，美国国会和政府通过了收入修正案，对所有美国军需品生产商增加12.5%的盈利税。税收自然转移到了商品价格上，导致英国从美国进口商品价格飙升，这进一步增加了英国的战争开支。

美国反制措施之激烈令英国诧异，英国开始审视美国对英国强硬的政策依据。1916年10月，英国政府草拟了一份关于对美国商品依赖程度

[①] Harvey E. Fisk, *The Inter-Ally Debts: An Analysis of War and Post-War Public Finance, 1914~1923*, pp. 80–81.

[②] Kathleen Burk, "The Diplomacy of Finance: British Financial Missions to the United States 1914~1918", *The Historical Journal*, Vol. 22, No. 2, Jun., 1979, p. 356.

的调查报告，报告显示：战争中英国每日所需的 500 万英镑商品中，约有 200 万英镑的商品来自北美。据保守估计，即便在支出不增加的情况下，未来 6 个月内，英国每月大概仍需要从美国进口价值为 2.5 亿美元的商品。而完全支付这些费用，英国不仅需要把结余下来的黄金以及最后一点美债抛售，并且还将欠美国 12.5 亿美元的贷款。现实情况终于促使英国开始反思对美外交是否需要转向。[①]

正当英国准备再次发起英法联合贷款之时，英国金融问题雪上加霜。1916 年年底，英国爆发了严重的英镑危机。危机缘于摩根公司的一位高级合伙人亨利·戴维森（Henry Pomeroy Davison）的一次"失误"。在英国融资吃紧，摩根公司打算给英国提供无抵押短期贷款时，这位合伙人将消息告知了美国联邦储蓄委员会。美联储担心摩根的做法会导致市场被来自英国的短期债券充斥，不利于美国的金融稳定，同时美国经济也会面临过度依赖战时经济发展模式的危险。因此在美国总统威尔逊的敦促下，1916 年 11 月 27 日，美联储公开劝告美国公民不要再购买英国和法国政府债券。[②] 此举导致本来就难以销售的英国债券面临无人包销的尴尬局面。在通告发布的当天，协约国股票、美国战争股票暴跌。尽管后面美联储采取了拯救措施，但因英国信用遭到破坏而无济于事。

英国经济学家凯恩斯在回忆 1916 年的经历时说，"我记得 1916 年年底的可怕经历……每天所需资本在短期内超过了 5 百万美元。财政部部长并没有向首相透露实情，尽管他们曾经警告过首相。他们担心一旦禀实相告，我们就必须放弃固定汇率。"[③]

但英国官方却认为，美国阻止其公民购买英法债券是一种可以理解的经济举动。美国私人银行已经过度投资于战争，继续纵容美国银行家获利的结果可能是，当英国、法国面对"没有胜者的和平"局面，却让

---

① Kathleen Burk, "The Diplomacy of Finance: British Financial Missions to the United States 1914~1918", *The Historical Journal*, Vol. 22, No. 2, Jun., 1979, pp. 356-357.

② Era Dabla-Norris ed., *Debt and Entanglements between the Wars*, pp. 2-3.

③ Kathleen Burk, "The Diplomacy of Finance: British Financial Missions to the United States 1914~1918", *The Historical Journal*, Vol. 22, No. 2, Jun., 1979, p. 358.

银行家成了唯一的胜利者。因此,英国政府认为此次汇率事件仅是小小挫败。①

在美国方面,总统威尔逊明知英国脆弱之处——即在美国的金融信用,却有故意给英国施压之嫌。实际上,随着战争对融资需求不断扩大,美国方面越来越清楚,尽管战争胜利在即,但是只有美国持续给协约国提供贷款和商品,协约国才能最终获胜。

即便英国政府不认为汇率事件多么严重,英国还是需要应对稳定汇率和继续为战争融资的问题。单就英国而言,军费开支占 GDP 的比重已经从 1913 年的 4% 上升至 38%,政府总体开支占了国家收入的一半。②但是英国政府的税收在 1916 年并没有增加,导致英国政府在经济上更为窘迫。

同时,在英国看来,小 J. P. 摩根此次犯下的错误应该提醒政府,美国人摩根尽管在战争中帮助英国融资,但他并不能完全代表英国政府的利益。于是英国政府在 1917 年 1 月 13 日决定派财政部使团到美国进行借款谈判。2 月,时任英国财政部长哈德门·利佛(S. Hardman Lever)抵达美国协商贷款事宜。由于英国在上年年底的融资压力并无丝毫缓解,利佛已经开始以取消部分订单的方式,竭尽全力帮助英国顺利清偿债务。面对着每周在北美 8300 万美元的开支,英国政府艰难度日,经常处于支付一周花费后就所剩无几的窘境。到 1917 年 3 月中旬,财政部得出结论:即便尽力拆东墙补西墙,恐难以再维持一个月了。③

在邦国殄瘁之际,英国终于等到了美国宣布与德国断交的时刻,美国参战指日可待,这使得原本不愿给英国贷款的美国中西部银行家在态度上大为缓和。1917 年 4 月,美国终于宣布参战。这样,从 1914 年 8 月各国宣战到 1917 年 4 月美国参战,英国获得美元资产共计 32.41 亿美元,其中包括出售黄金所得 9.26 亿美元,出售持有的美国债券所得 8.35 亿美

---

① Era Dabla-Norris ed., *Debt and Entanglements between the Wars*, p. 3.
② Charles H. Feinstein, Peter Temin and Gianni Toniolo, *The World Economy between the World Wars*, New York: Oxford University Press, 2008, p. 22.
③ Kathleen Burk, "The Diplomacy of Finance: British Financial Missions to the United States 1914~1918", *The Historical Journal*, Vol. 22, No. 2, Jun., 1979, p. 359.

元，以及从美国私募市场上融资 14.8 亿美元。①

二　《自由借贷法》与美国官方对英贷款的形成

1917 年美国参战，这是美国过度投资于协约国的必然结果。尽管历史学家曾经强调过德国无限制潜艇战对美国参战所产生的作用，但在金融上，英美之间通过战争投资形成了经济相互依赖关系。显然，英国从美国纽约上借到的钱越多，在美国采购的军需品越多，美国就越可能加入协约国一方。事实上，在 1916 年年底，美国投资者已经在协约国一方下了 20 亿美元的赌注。② 巨大的利益纠葛导致美国无法保持中立，疯狂的投资已经裹挟着美国脚步踏进了战争。

美国参战对于英国来说无疑是振奋人心的消息。在此之前，英国一直在为协约国融资，几乎成为世界上征收附加税最重的国家，但即使这样仍难以覆盖所有军事开支。③ 英国希望美国在帮助协约国融资的过程中，也能适当缓解英国民众的经济压力。因此在美国参战后，英国打算由美国直接接手英国在美国的军需采购任务，而自己继续为盟友融资。为此，英国政府决定派一支更高级别的政治代表团到美国进行交涉。这支代表团成员十分复杂，首领为英国外交部部长亚瑟·贝尔福（Arthur James Balfour），负责融资的官员除前期已经抵达美国的利佛外，又派出了英格兰银行行长坎利夫勋爵（Lord Cunliffe）。这支使团肩负双重使命抵达美国：一是要继续说服美国给英国提供资金；二是希望美国帮助英国稳定汇率，并且从美国官方获得贷款。④ 但英国对美国参战后的目的和野心估计不足。

美国方面负责协调对英贷款的是美国财政部部长威廉·吉布斯·麦

---

① Robert Self, *Britain, America and the War Debt Controversy: The Economic Diplomacy of an Unspecial Relationship, 1917～1941*, New York: Routledge, 2006, p. 17.

② 参见 Adam Tooze, *The Deluge: The Great War and the Remaking of Global Order, 1916～1931*, New York: Viking Penguin, 2014, p. 16.

③ Charles H. Feinstein, Peter Temin and Gianni Toniolo, *The World Economy between the World Wars*, p. 27.

④ Kathleen Burk, "The Diplomacy of Finance: British Financial Missions to the United States 1914～1918", *The Historical Journal*, Vol. 22, No. 2, Jun., 1979, p. 361.

卡杜（William Gibbs McAdoo）。1917年春，麦卡杜表明：希望用美元取代英镑储蓄货币的地位。① 这显示了美国的金融野心。但在英国看来，麦卡杜并非金融专家，负责和英国具体接洽的其秘书克罗斯比（Oscar P. Crosby）也是位工程师，不精通金融。英国方面一直觉得和美国沟通存在严重的困难，大有鸡同鸭讲之感。但实际上，麦卡杜的原则十分简单，就是防止英国在获得美国援助的基础上，用美国资本为英国继续控制世界金融服务。为达到这个目的，麦卡杜需要在不影响战争结果的前提下削弱英国的金融地位，这样的立场也使得他对摩根公司缺乏好感。因为长期以来，摩根公司致力于为英国进行战争融资，不顾及美国总统的命令私下给英国筹钱。当英国提出美国政府给英国贷款2亿美元一解燃眉之急时，麦卡杜提出，美国方面已经在考虑官方给英国提供巨额贷款，要英国再耐心等待。英国方面表示，如果美国政府不能立刻贷款，那么英国还将通过摩根公司于4月初在私募市场上筹集资金，这引起了麦卡杜对摩根的进一步反感。1917年4月9日，利佛再次向麦卡杜表示，英国至少需要在6个月内筹集15亿美元，该数字还可能根据情况增加。英国的需求之大几乎震动了整个美国财政部。经过利佛与麦卡杜的几次会面后，美国方面终于答应以官方发行自由公债的形式在美国筹集战债，为盟友（主要指英国）在美采购物资提供资金。②

1917年4月27日，美国总统威尔逊签署了第一个《自由借贷法案》，此后，授予财政部发行价值50亿美元的自由公债，通过美国民众认购的方式来为盟友筹钱。美国政府借助媒体和代言人对这些债券进行广泛的宣传与销售，一时之间形成了民众购买债券的热潮，自由借贷被超级认购。③ 在第一个《自由借贷法案》中，允许给盟友提供不超过30亿美元的贷款。该法案通过后提供的这笔借贷，正式拉开了影响未来十五年欧

---

① 参见 Adam Tooze, *The Deluge*: *The Great War and the Remaking of Global Order*, *1916 ~ 1931*, p. 24.
② Kathleen Burk, "The Diplomacy of Finance: British Financial Missions to the United States 1914 ~ 1918", *The Historical Journal*, Vol. 22, No. 2, Jun., 1979, pp. 361 - 362.
③ 参见 [美] 杰瑞·马克汉姆：《美国金融史（第二卷）：从J. P. 摩根到机构投资者》，第57页，第78页。

洲经济秩序的战债问题序幕。

在第一个借贷法案通过后，美国又于1917年9月24日、1918年4月4日、1918年7月9日、9月24日通过了剩余四个《自由借贷法案》，授权美国政府购买不超过100亿美元的英法等国债券。① 这样共五笔自由借贷构成了美国对盟友借款的主要部分，贷款利率均不超过4.25%（如表3-1所示）。

表3-1　　　　　　　　　自由与胜利的贷款　　　　　单位：10亿美元

	票面利率	发行日期	买回日期	到期日	是否可转换	发行价（十亿）
首次自由贷款	3.5	1917年6月	1932年6月	1947年6月	是	$2.0
第二次自由贷款	4	1917年11月	1927年11月	1942年11月	是	3.8
第三次自由贷款	4.25	1918年5月	—	1928年9月	否	4.2
第四次自由贷款	4.25	1918年10月	1933年10月	1938年10月	否	7.0
胜利自由贷款	3.75, 4.75	1919年5月	1922年6月	1923年5月	否	4.5
						$21.4

资料来源：美国财政部公债月度报，转引自 Era Dabla-Norris ed., *Debt and Entanglements between the Wars*, p.4.

自由贷款在美国国会通过后，英国方面在如何获得这些贷款上却尚存困难。受命筹款的利佛尝试与麦卡杜沟通，希望美国能够承诺在自由借贷中给英国一个固定的数额，但沟通效果不佳。1917年5月2日，在贝尔福使团与美国财政部官员的第一次正式会谈中，麦卡杜答应分三期预付给英国2亿美元。此后，美国拒绝作出给英国更多贷款的承诺，英美谈判陷入僵局。其中部分原因在于，财政部部长麦卡杜本人十分反感美国对盟友有求必应的假设，他更不喜欢由盟友设定数额让美国去支援。相反，他认为不确定性能让盟友体会到更大的修正压力。因此给总统的

---

① Robert Self, *Britain, America and the War Debt Controversy: The Economic Diplomacy of an Unspecial Relationship, 1917~1941*, p.18.

去信中表明，他在与盟友的融资协议中特别加入了一些修辞，如"财政部所授予的自由借贷是美国总统批准的授予购买……条件是……财政部会进入安排这些债券的程序"。① 这些修辞的目的是便于美国对贷款的使用增加限制性条件，体现美国作为债权国的特权。

除希望获得固定贷款外，停留在美国的英国使团还另有英国汇率问题尚待解决。英国声称，因英国为盟友急需的小麦垫付了大量资金，以及自由借贷法出台后，美国私人银行家从伦敦撤资，导致英镑汇率不断下跌，英国需要美国伸出援手，帮助其筹集资金稳定英镑汇率。英方代表坎利夫勋爵在与美国沟通时，重点向美联储和银行家解释了英国的战争贷款和金融政策。为讨好美国，他表示理解美国在1916年年底损害英国信誉的行为；同时竟然向麦卡杜透露，英国手中还剩余一些美国债券；并坚持认为英国应该把所有剩余黄金储备都送至美国。坎利夫此举并不符合英国利益，因为英国政府正在尽力留住剩余的黄金。②

英国方面一直认为，麦卡杜对摩根的不信任和对利佛的反感，导致英美之间交涉存在障碍。但实际上，情感态度只是表面，美国财长麦卡杜真正意图是以美元代替英镑。在他的计划中，包括两个重要内容。一是不允许国会通过的自由借贷款项用于稳定英镑或者法郎。因为从维护美国利益角度来看，稳定汇率之事显然超出军事援助的范畴，它并非基于战争所产生的费用，而是在援助英国经济。二是不允许将对英国的借款用于英国清偿债务。这里主要是指美国参战前由摩根公司为英国透支产生的债务，这笔债券根据美国总统指令已经冻结了。③ 基于上述理由，再考虑到还有其他国家需要援助，美国财政部开始着手压低英国的要价。因此，英国与美国关于稳定汇率和偿还前期透支债务的问题很难取得实际上的进展。

---

① Kathleen Burk, "The Diplomacy of Finance: British Financial Missions to the United States 1914~1918", *The Historical Journal*, Vol. 22, No. 2, Jun., 1979, p. 363.

② Kathleen Burk, "The Diplomacy of Finance: British Financial Missions to the United States 1914~1918", *The Historical Journal*, Vol. 22, No. 2, Jun., 1979, p. 361.

③ 参见 Adam Tooze, *The Deluge: The Great War and the Remaking of Global Order, 1916~1931*, p. 24.

在更为重要的资金筹集方面,英国也进展缓慢。尽管美国已经答应给英国预付2亿美元,但这不足以缓解英国的经济困难。当英国使团离开美国奔赴加拿大时,麦卡杜依然没有对英国承诺给予进一步的援助。5月25日,英国内阁电告贝尔福,如果没有凑到足够的资金,那对英国来说将是一场灾难。尽管贝尔福将电报试图绕过麦卡杜直接转交给美国国务卿,但并没有动摇美国的态度。英国在5月因缺钱而一筹莫展的状态到6月再一次来临。

美国方面虽有打击伦敦金融地位的意图,但当下首要任务仍然是赢得战争胜利。随着对盟友资助力度加大和战争开支的增多,美国也开始担心自由公债是否可以被顺利认购,是否有能力筹集到更多的资金。为给战争融资,美国开始再次向公众出售20亿美元的公债,这意味着盟友也将获得更多的贷款。但美国将筹集的资金转交英国的过程并不顺利,麦卡杜一直拖延,利佛收到的钱仅是杯水车薪。多次协商未果,利佛已经感到绝望,不停致电英国首相,让政府出面与美国进行沟通。日复一日的电话、电报、会面还是起了作用,终于在最后一刻,英国等到了美国的援助。6月28日,麦卡杜终于给英国预付款,若非如此,英国很可能彻底停止在纽约市场上的交易。①

当初美国参战给盟友贷款时,美国在外交辞令上表明这是一种利他行为,正如美国犹他州的参议员里德·斯穆特(Reed Smoot)表态:"如果这些钱都无法偿还,我会说只要每一分钱都将花在我们参战时遵守的原则上,那么无论是美国还是盟友花了它,最终美国都将受益。"② 甚至已经有人预测到这些贷款可能会血本无归。但是在实际的操作过程中,美国并没有放松对贷款的监管。

1917年7月3日,当英国再次与美国财长麦卡杜沟通进一步贷款问题时,麦卡杜抱怨,英国方面总是强调自己承担了盟友的所有金融压力,但却不给美国提供更多的信息和细节。1917年7月12日,麦卡杜在给贝

---

① Kathleen Burk, "The Diplomacy of Finance: British Financial Missions to the United States 1914~1918", *The Historical Journal*, Vol. 22, No. 2, Jun., 1979, p. 364.

② Robert Self, *Britain, America and the War Debt Controversy: The Economic Diplomacy of an Unspecial Relationship, 1917~1941*, pp. 17-18.

尔福的电报中说,"美国金融政策是希望力所能及地为一些与德国交战的国家提供支援,但是美国的合作并不意味着战争所带来的一切金融负担都转由美国来承受"。①

在美国的压力之下,英国不得不将部分对盟友援助的细节分享给美国。英国财政大臣安德鲁·博纳·劳(Andrew Bonar Law)在1917年7月23日通电美国,指出从1917年4月1日到7月14日,英国已经给盟国1.94亿英镑的援助,而美国给盟友的援助仅有0.9亿英镑。在得知美国政府另给英国1.45亿英镑用于支援盟友后,英国再次指出,美国自参战以来,英国给盟友的援助超过美国给盟友的两倍,也超过了英国从美国获得的援助。此外英国进一步指出,美国在给盟友的援助过程中限制盟友在美国的消费,而英国从来没有对盟友采取过类似的措施。接着,博纳·劳将英国如何筹集50亿英镑的资金以及如何使用这些筹款列出一个详细的清单,用请求的口吻对美国表明,英国可以用于支付在美国军需采购的所有资金已经耗尽,如果再不能获得援助,整个协约国的支付体系就会彻底坍塌。英国的电报和声明达到了预期的效果。此后,金融援助终于采取每月预付的形式到付。②

尽管获得了援助,但是对英国财政部使团来说,1917年6月至9月的旅程充满了失望和沮丧,是一场彻底的外交失败。这其中既有获得援助的不易,更是由于英美之间关于贷款是否可以用于稳定英国汇率,以及英国是否可以将贷款用于清偿前期在美透支产生的债务问题,英国没有取得丝毫进展。不得已的情况下,英国政府于1917年6月11日在本国内发起了第三笔世界大战借款。③ 此举一方面是通过国内民众认购的方式为战争融资,另一方面也是试图缓解汇率压力。

1917年7月,英镑汇率持续下跌问题变得更加棘手。在黄金储备即将耗尽,也无法遏制英镑贬值的趋势下,凯恩斯得出一个结论:在面对

---

① Department of State, *Papers Relating to the Foreign Relations of the United States*, 1917, Supplement 2, *The World War*, Washington, 1932, pp. 543 – 545.

② Kathleen Burk, "The Diplomacy of Finance: British Financial Missions to the United States 1914~1918", *The Historical Journal*, Vol. 22, No. 2, Jun., 1979, p. 365.

③ Era Dabla-Norris ed., *Debt and Entanglements between the Wars*, p. 66.

维持一定的黄金储备和维持汇率的两难选择中,英国只能最终选择放弃汇率。这个结论得到了英国内阁和财政部认同,1917年7月31日,英国给美国一份关于汇率问题的备忘录,表明如果有一天英国无法维持英镑在纽约市场上的汇率,那么英国会告知美国。并且,如果无法获得援助,英国只能任由英镑贬值。英国的这份备忘录中草拟了诸多细节,其中最值得注意的一条中表明,英国汇率也是盟友的汇率,如果英镑下跌必然引起连锁反应,那么其他盟友国家的汇率将一并下跌。这实际上暗示美国,英国已经把全部给盟国融资的重任交给了美国。这样,英镑汇率问题将涉及整个协约国经济以及战争结果。

这样一来,英镑汇率问题就事关整个协约国经济而不仅是英国的需求了。事到如今,轮到美国财长麦卡杜必须向国会解释清楚,为何美国要出手援助英国汇率。[①] 实际上,美国国会和财政部一直在战债问题上存在权力斗争。即便财政部改变主意想要援助英国,也难过国会这关。这一情形反而得到了英国方面的同情,两国财政部和议会、国会之间关系紧张几乎是一致的。最终,汇率问题暂时搁浅。整个战争期间,英国汇率也一直维持在4.76的水平上。

同时,美国参战前英国的透支问题也没有进展。赊账问题发生在1917年年初,这是当美国尚未决定发行自由公债之前,英国政府求助于摩根公司产生的费用。但英国开始在美国私募市场上进行融资,并没有得到美国官方的许可。到1917年4月,英国已经从摩根公司透支了4亿美元,英国政府用贷款清偿一部分早期透支的债务。在1917年5月,美国财长麦卡杜在与贝尔福、利佛等人交谈时,曾经表示愿意将英国透支这一事项列入英国需求的清单。但是由于缺乏当时谈话内容的依据和记录,麦卡杜否认此事并在7月底拒绝了英国。到8月,他终于答应通过发行短期财政部债券,以银行家认购的方式帮助英国缓解即刻的财政危机。[②]

---

① Kathleen Burk, "The Diplomacy of Finance: British Financial Missions to the United States 1914~1918", *The Historical Journal*, Vol. 22, No. 2, Jun., 1979, p. 366.

② Kathleen Burk, "The Diplomacy of Finance: British Financial Missions to the United States 1914~1918", *The Historical Journal*, Vol. 22, No. 2, Jun., 1979, p. 367.

至此，英国在4—8月通过艰苦的谈判与交涉，从美国官方获得大批美国贷款。这些贷款占1917年英国从美国获得贷款的四分之三。[1]其间沟通过程的艰难，明显暴露出来英美两国长期存在的不友好关系。据英国方面的分析，主要在于美国方面对小摩根及利佛的不满。这是因为麦卡杜喜欢谈论政治，而利佛更醉心于金融。长期的不融洽导致麦卡杜甚至对利佛避而不见，这极大地影响了两国的金融合作。英国方面绞尽脑汁去寻找能与麦卡杜相处愉快的人。他们先是替换了利佛，由泰晤士报的负责人北岩勋爵（Lord Northcliffe）负责和麦卡杜沟通。虽然两人交谈甚欢，但是都对金融一窍不通。最后，英国方面还是决定派一位可以赢得麦卡杜信任的金融专家去美国。1917年9月，雷丁勋爵（Lord Reading）在凯恩斯的陪同下来到美国。雷丁勋爵用真诚和坦率打动了麦卡杜，一直细致耐心地向麦卡杜提供他所需的任何信息。如此态度终于使英国获得美国财长麦卡杜的保证：可以安排英国到1918年1月的贷款，并暗示未来几个月的贷款也可以获得。这使得英国松了一口气。

雷丁勋爵在美国停留期间，利佛实际上并没有停止工作，他仍然是英国政府在美国的总会计师。1917年11月他重启了与美国政府的谈判工作后，又与美国在美国财政部接管英国政府在美抵押品的问题上产生了冲突。[2]

1917年11月到1918年2月，美国方面突然提出希望接管英国在美国的资产，作为英国贷款以及发行债券的抵押物，这引起了英国的反感。首先，英国对美国的债务很大程度上是因替盟友融资产生，在美国参战后英国也依然在为盟友贷款，甚至给其他国家贷款的数额超过了战争的前一阶段。[3]其次，英国缺乏足够美元一定程度上是美国严重的战时通货膨胀所致。据1916年12月美国劳动局统计，美国的物价水平从1913年

---

[1] Era Dabla-Norris ed., *Debt and Entanglements between the Wars*, p. 71.

[2] Kathleen Burk, "The Diplomacy of Finance: British Financial Missions to the United States 1914~1918", *The Historical Journal*, Vol. 22, No. 2, Jun., 1979, p. 368.

[3] Harold G. Moulton and Leo Pasvolsky, *War Debts and World Prosperity*, New York: The Century Company, 1932, p. 38.

的100，上升至1917年的172，这加重了英国的负担。① 最后，尽管英国对美负债，但是战争结束后，英国实际上还是一个净债权国。而美国试图接管英国在美资产，在英国看来是一种羞辱。美国方面却认为，英国政府在美国的剩余财产和债券已经在与摩根公司的4亿美元透支贷款中用作抵押物了。因此，有权接管英国在美国的财产，甚至有权使用和出售。利佛对此感到十分气愤，声称英国在给其他盟友贷款时从未有过这些要求。1918年1月，麦卡杜和利佛的关系再度恶化。

麦卡杜突然提出接管英国在美资产问题，事出有因。在战争开支越来越大的情况下，美国财政部感受到了国内政治的压力，国内敦促英国清偿美国参战前债务的呼声日益高涨，而投资银行家也希望尽早回收债务。英国方面，利佛表示可以配合美国处理英国在美国的资产，但无法用其偿债。此时，美国方面再次威胁英国，要从未来获得贷款的角度考虑问题。为获得贷款，维持英镑汇率，英国被迫妥协，最终放弃了自己在美国的资产处理权。英国此次退让，被英方视为一次重要的权力转移的象征。此后的英国越来越担心美国对其使用同样的威胁达到自己的战略目的。

为建立和美国良好的信贷关系，1918年2月英国派雷丁勋爵再次回到美国。他成为驻美大使，但在金融谈判中的地位仅为辅助性质。原因在于美国的财政部次长一直在欧洲进行谈判，可以直接与英国财政部交涉，因此雷丁勋爵的作用自然削弱了。

随着时间的推移，英国终于可以在一些中立国家获得美元贷款了，其财政状况稍有缓解，而此刻英美之间的金融矛盾聚焦在应该如何使用贷款。从英国角度来看，英国希望留下一些经费用于清偿对美国的公债。而美国却坚持要英国将资金用于英国当前在美国的消费，这样可以减轻美国财政部的负担。雷丁勋爵见状给英国政府发回报告：英国应该同意将从日本获得的美元贷款用于在美国的消费。这激起了英国财政部的愤怒，凯恩斯说："美国财政部在处理接管问题和清偿债务上，似乎特别满

---

① Harold G. Moulton and Leo Pasvolsky, *War Debts and World Prosperity*, p. 35.

意将我们置于金融上完全无助和依赖于美国的境地"。① 即便极为不满，英国已别无选择，还是在无奈之中认可了美国的做法，这完全是因为英国在未来还需要美国的贷款。

从1917年4月6日美国参战到1918年11月11日停战，英国在给盟友贷款做债权国的同时，也大量从美国借款成为美国的债务国。其中，英国给盟友的借款在此期间不断增加，总额大约32亿美元，但是英国从美国得到的贷款比其给盟友的贷款多了大约5亿美元。美国参战到停战，英国一共从美国获得了官方贷款约36.96亿美元。② 这些债务改变的不仅是英美之间的金融关系，还改变了英美之间的权力关系。

首先，尽管此时英国在总体权力结构上相对于美国仍占有优势，但是在信贷关系中却身处弱势。美国抓住了英国融资困难、军需品高度依赖于美国，以及英镑汇率维持的困境三个弱点，以延迟支付贷款、拒绝未来贷款等手段，迫使英国将大部分黄金运送至美国，将持有的美国债券转销给美国，英国也丧失了部分在美国的资产。到1919年，约有20亿美元的债券回流美国，加上美国的自身资源，作为债权人的权力通过美联储在债券市场上的日益中心化得以强化。③

其次，美国对英国债权还导致英镑汇率稳定问题的搁置，这极大动摇了伦敦金融中心的地位，为纽约争取国际金融中心，以及美国用大量黄金储备争取货币权力奠定了基础。

最后，美国对包括英国在内盟友的贷款都实行了监管，规定贷款应当主要在美国消费，而且应当主要采购美国的产品。④ 这进一步刺激了美国的生产和消费，与受战争严重破坏的协约国形成了鲜明的对比，也为美国总体经济实力的跃进创造了前提条件。

---

① Kathleen Burk, "The Diplomacy of Finance: British Financial Missions to the United States 1914~1918", *The Historical Journal*, Vol. 22, No. 2, Jun., 1979, p. 370.
② Harold G. Moulton and Leo Pasvolsky, *War Debts and World Prosperity*, p. 35.
③ Frances Klamt, *The British War Debt to the United States and its Settlement*, p. 2.
④ Harvey E. Fisk, *The Inter-Ally Debts: An Analysis of War and Post-War Public Finance, 1914~1923*, pp. 172–175.

第三节　战后贷款与世界信贷交易网络关系的变化

一　战后初期的美国对英贷款

美国在战争期间给盟友贷款的法律依据是五部《自由借贷法案》。按照第一个《自由借贷法案》的规定，贷款将随着美国与德意志帝国战争的结束而终止。同时，关于战争结束的时间，在第二个《自由借贷法案》中规定："终止美国与德意志帝国战争的时间由总统宣布"。① 1921 年 11 月，美国总统哈定（Warren Gamaliel Harding）将这个时间设定为 1921 年 7 月 2 日，这也是自由借贷停止的时间。

对于为何在停战后仍然继续给协约国贷款，财政部部长麦卡杜给出了理由。第一，1918 年 12 月他在国会的报告中表明："1918 年 11 月 15 日，在自由借贷法授权下，仍剩余了一些授权有效的国外贷款，这个数字大约 18.28 亿美元"，② 因此继续贷款是遗留问题。第二，尽管停战后美国工厂和政府都应该把对外贷款和商品生产降低到最低程度，但麦卡杜提出参战国家在和平时期仍然需要大量的物资，因此在这些国家生产恢复前应该通过法案授予财政部在一定时期内继续对外贷款的权力。③ 为此，麦卡杜尽力说服国会在战后依旧授权继续对外贷款，但是国会只愿意为美国国内剩余战略融资，不愿意继续给外国政府贷款。最终，通过国会特殊立法，授权陆军部和海军部允许他国以赊账形式购买军需品，这形成了战后对美债务。④

根据 1920 年 11 月美国财政报告，在 1918 年 11 月停战协定签订后，美国的对外贷款仍然达到了 21.7 亿美元。这其中有相当部分以帮助英国

---

① Harvey E. Fisk, *The Inter-Ally Debts: An Analysis of War and Post-War Public Finance, 1914 ~ 1923*, pp. 182 – 183.

② Harvey E. Fisk, *The Inter-Ally Debts: An Analysis of War and Post-War Public Finance, 1914 ~ 1923*, pp. 182 – 183.

③ Harvey E. Fisk, *The Inter-Ally Debts: An Analysis of War and Post-War Public Finance, 1914 ~ 1923*, pp. 182 – 183.

④ Harold G. Moulton and Leo Pasvolsky, *War Debts and World Prosperity*, p. 39.

的贸易重建为由流入了英国。截至 1922 年 2 月，英国在停战后对美负债 5.81 亿美元，加上战争期间对美债务，美国对英国的贷款仅本金就高达 41.66 亿美元，净利息 2.61 亿美元，本息总计 44.28 亿美元。①

二 第一次世界大战与世界信贷网络关系的变化

战争期间，盟友之间为协同作战产生了频繁的商品物资交易，背后形成了纷繁复杂的信贷交易网络。在这个交易网络中，涉及包括欧洲交战国、从原国家分离出来的"新国家"以及欧洲中立国在内的 28 个国家和自治领。这些国家中，有 10 个净债权国、5 个净债务国，其余 13 国兼具债务国和债权国双重身份。② 英美之间的信贷关系嵌入整个参战国的信贷交易体系中，形成了英国与其债务国、美国与其债务国英美之间三种次级交易网络。而英美各自的债务国之间，也可能存在信贷关系，例如匈牙利、罗马尼亚就有 9 个或者 10 个债权国。

美国参战前，英国在协约国的信贷体系中居于中心地位。伦敦作为世界金融中心，具有最具深度的金融市场和最高信用等级。战争爆发后，协约国中唯有英国既具备为本国防御军费融资的能力，又可以帮助其盟友和自治领、殖民地提供战争融资。因此，1915 年 2 月，英国首相劳合·乔治在英国下议院发表演讲，提请议院授权与外国签订重要的金融协议，以便这些国家获得英国的贷款。此后两年多的时间里，英国根据协议为协约国及其自治领提供了价值 38.24 亿美元的预付款。这些贷款主要对象是法国、意大利、俄国、比利时以及英国的自治领。③ 但参战第二年，英国已经力不从心。为给盟友融资，英国政府强迫其公民将私人持有的美国债券转化为政府债券，将其作为英国主权债券的抵押品，在纽约私募市场上贷款。同时，英国通过在国内发行国库券募集资金。在

---

① 资料来源 Robert Self, *Britain, America and the War Debt Controversy*: *The Economic Diplomacy of an Unspecial Relationship, 1917~1941*, p. 216.

② 参战国中的土耳其，中立国中的西班牙不在该体系中。Harold G. Moulton and Leo Pasvolsky, *War Debts and World Prosperity*, p. 5.

③ 另有一种说法是 38.144 亿美元。两种统计的差异可能是由于是否将英国对比利时的贷款纳入其中造成的。参见 Harold G. Moulton and Leo Pasvolsky, *War Debts and World Prosperity*, p. 35.

1916年9月，英国财政部就发行了为期3年，利率为6%的国库券。[①] 即便在1917年，英国政府濒临破产，仍然没有停止对盟友和殖民地的贷款。到1918年，英国对其自治领和殖民地的贷款达到顶峰。数额高达1.94亿英镑的贷款占英国GDP的45%，这些贷款大部分分拨给了澳大利亚、加拿大、新西兰、南非，而小部分流向了纽芬兰、英属圭亚那，斐济等国。因此，战争期间，英国充分发挥了金融市场和自治领殖民地之间的金融中介作用。[②]

由于形势紧迫，英国在战争期间的对外贷款很多是"非抵押贷款"。换言之，英国对这些国家的短期浮动贷款并没有独立的清偿计划。例如，对意大利的战争贷款是在1926年1月27日才转化为长期债务，这为英国战后回收战债造成了不小的困难。在战争结束后，英国作为债权国仍然拥有17个债务国，但已经不再身处协约国信贷交易体系的顶端，而是变成了信贷"中转站"。这一转变，源于美国的参战。

当1914年8月战争爆发之时，英国是美国的净债权国。但到1916年秋，英国政府的抵押债券耗尽，国际金融权力结构开始发生变化。美联储敏锐地发现"美国正迅速成为各地外国政府的银行家"。[③] 通过为英国和法国在美国私募市场上融资，美国逐渐实现从债务国向债权国的逆转。在《自由借贷法案》通过之后，美国对协约国贷款的数额增多、贷款范围扩大。英美之间信贷关系的建立导致了整个协约国的信贷体系发生了结构性转变。（如表3-2所示）

表3-2　　　　　　　停战时协约国之间的债务　　　　　单位：百万美元

债务人	给美国	给英国	给法国	总计
比利时	$ 172	$ 422	$ 535	$ 1129
法国	1970	1683		3653

---

① [美]杰瑞·马克汉姆：《美国金融史（第二卷）：从 J. P. 摩根到机构投资者》，第57页，第73页。
② Era Dabla-Norris ed. , *Debt and Entanglements between the Wars*, pp. 69 – 70.
③ [美]杰瑞·马克汉姆：《美国金融史（第二卷）：从 J. P. 摩根到机构投资者》，第57页。

续表

债务人	给美国	给英国	给法国	总计
英国	3696			3696
希腊		90	155	245
意大利	1031	1855	75	2961
乌戈斯拉维亚（塞尔维亚）	11	92	297	400
葡萄牙		61		61
罗马尼亚		78	220	298
俄罗斯	187	2472	955	3614
总计	$ 7067	$ 6753	$ 2237	$ 16057

资料来源："战争债务增刊"，载《经济学人》，1932年11月12日，第2页。转引自 Era Dabla-Norris ed., *Debt and Entanglements between the Wars*, p. 5.

协约国的主要债权国由英国一国逐渐变成英美两国。1917年至1920年，美国战争和海军部的开支高达200亿美元，美国财政部提供了95亿美元给英国、法国、意大利和其他八个协约国。此后，美国财政部继续给更大范围的国家贷款，用于美国在欧洲剩余军备物资的销售以及美国救济物资的融资。到1922年12月，共计20个国家对美国负有118亿美元的债务，101亿美元为本金，17亿美元为利息。这一数额是美国私人持有的联邦政府债务的52%以及美国1922年GDP的16%。[1] 显然，从交易网络上看，美国比英国拥有更多的交易国，在交易关系中的中心度已经高于英国。同时在英美两国信贷关系中，英国成了美国的债务国，美国已经处于协约国信贷体系的顶端。

法国不仅在战争中遭受了极为严重的破坏，而且其国际收支情况也与英美两国境遇大相径庭，虽然法国也在战争中帮助其他盟友进行融资，在战后帮助欧洲伙伴重建，拥有34亿美元的债权，但是法国从英国和美国获得的贷款远超出其债权。因对美负债39亿美元，对英负债30亿美元，法国变成了协约国中最大的债务国。[2]

---

[1] Era Dabla-Norris ed., *Debt and Entanglements between the Wars*, p. 5.

[2] Robert Self, *Britain, America and the War Debt Controversy: The Economic Diplomacy of an Unspecial Relationship, 1917~1941*, pp. 15-16.

与协约国信贷网络平行的另一个结构则是同盟国的信贷网络。战争期间，两个交易网络因交战状态并不发生很大规模的信贷往来。但战争结束后，由于德国需要给战胜国进行赔偿而加入战后的信贷网络中，成为主要的债务国。同时，协约国一方美国债权地位上升，英国、法国债权规模和地位下降，导致英法希望通过争取更多的德国赔偿来减轻自身债务负担。在这几个大国的处境中，英国最为尴尬和复杂。美国在给盟友借款时，宣称英国的信誉最佳，因此要求以英国信誉为担保为其他盟友借款，这样，英国作为"中转站"，首先需要从信用不佳的欧洲债务国回收战债，再用于清偿对美债务。整个债务清偿链条上的重力都压在英国身上。在英国看来，指望欧洲国家摆脱赖账的旧习并不现实，而自己对美国赖账则将继续损害英国的信誉和伦敦的金融地位，但清偿对美债务势必加重国内负担导致政府执政的艰难。因此，英国沦为美国债务国，成为英国整体实力中的短板，致使其对美外交政策不得不屈从于这个现实。

第 四 章

英国债务的清偿与终结

归根到底，还是不还债好。
——英国经济学家约翰·梅纳德·凯恩斯（John Maynard Keynes）1928 [1]

除非战债能与改善民生的计划进行捆绑，美国绝无可能对欧洲国家在战债问题上进行让步。
——美国总统赫伯特·克拉克·胡佛（Herbert Clark Hoover）1931 [2]

英国无法想象自己永远将屈尊于美国债务国的地位。
——英美关系史学家罗伯特·席夫（Robert Self）2006 [3]

在美国参战前，英国在纽约金融市场上的举债规模已达到32.4亿美元，但英国不甘心屈尊于债务国身份，因此竭尽所能早早地将这些债务全部予以还清。而真正令英国陷入困境的却是英美之间的官方债务即英美战债。在战债形成的过程中，英国饱尝获批美国贷款的艰辛，这令英

---

[1] 转引自 Charles H. Feinstein, Peter Temin and Gianni Toniolo, *The World Economy between the World Wars*, New York: Oxford University Press, 2008, pp. 46–47.

[2] 转引自 Robert Self, *Britain, America and the War Debt Controversy: The Economic Diplomacy of an Unspecial Relationship, 1917~1941*, New York: Routledge, 2006, p. 71.

[3] 转引自 Robert Self, *Britain, America and the War Debt Controversy: The Economic Diplomacy of an Unspecial Relationship, 1917~1941*, p. 36.

国财政部部长、经济学家、外交官感到低人一等。1917年12月，英国众议院中已有意见认为："政府政策已经受到美国逐渐作为'和平条约控制力量'的影响。"① 这种状况在战争结束后愈演愈烈，以至于英国在参与战后利益分配时，屡次因债务国心态干扰了外交议程。是否需要偿付，以及如何偿付战债等问题逐渐成为英国外交的优先议题。

第一节　战后初期英美战债政策的博弈

当第一次世界大战结束军事上的敌对状态后，债务流动性和重新调整的问题接踵而来，英美关于战债问题的官方交涉正式提上日程。围绕着战债的性质、战债是否可以取消、战债与德国赔偿问题之间的关系这几个议题，英美展开了激烈的外交博弈。

一　关于战债性质的辩论

几乎在美国向英国递交2亿美元财政部支票的同时，美国国会就开始了对战债究竟是赠与还是商业贷款的辩论。持"赠与"论的代表人物是伊利诺斯州众议院的代表雷尼·曼恩（Rainey Mann），他的主要论点是：美国提供贷款之初较少考虑战债的回收问题，因为贷款不仅是在帮助盟友赢得战争胜利，更重要的意义在于通过这种方式让"盟友为我们而战"。② 简言之，贷款使美国可以通过经济援助的方式免于美国本土士兵的牺牲。新任美国财政部部长卡特·格拉斯（Carter Glass）表达了他的认同，"毫无疑问没有对盟友的贷款，战争会持续更久，如果输掉这场战争，也会导致美国生命和财产的损失"。③ 但上述观点遭到了宾州代表马登·摩尔（Madden Moore）的反对，"我不认为任何国家在为我国而

---

① Bruce Kent, *The Spoils of War: The Politics, Economics and Diplomacy of Reparations, 1918~1932*, Oxford:: Clarendon Press, 1989, p. 31.

② Harvey E. Fisk, *The Inter-Ally Debts: An Analysis of War and Post-War Public Finance, 1914~1923*, New York: Bankers Trust Company, 1924, p. 163.

③ Harold G. Moulton and Leo Pasvolsky, *War Debts and World Prosperity*, New York: The Century Company, 1932, p. 49.

战，我也不认为我们没有能力为自己战斗。当我们提供贷款时，我们是在帮助盟友而非帮助自己"。这种回应得到了热烈的掌声。① 双方各执一词，争论不休，但美国官方最终定调：自由借贷的本质是商业贷款，而非礼物。尽管美国贷款实际上起到了助人助己的作用，但是美国1917年财政部的贷款说明中曾明确表示，贷款仅用于援助信用良好但暂时缺乏现金的国家。② 这显示了贷款的商业性。

关于贷款性质的争论如此激烈的背后，则是贷款是否需要清偿的考量与商酌。显然，若战债是赠与性质，那么债务国只需象征性的偿还或者将负债一笔勾销；若是商业贷款，美国就应当行使债权国权力督促和监督各国偿还本息，一旦出现债务国不能顺利清偿战债的现象，则美国完全有正当权利对债务国进行经济制裁。而战争借贷被当做礼物当做具有赠与性质，在欧洲历史上并不鲜见。例如，1793—1816年英国与拿破仑进行战争期间，英国为帝国内部及其盟友提供了超过6000万英镑的贷款。这些贷款仅有200万英镑得以回收，其余债务全部免除，这种做法将贷款投资作为战争补助而非商业贷款。基于欧洲传统，战后负债最重的法国在战事刚刚结束后，就第一个向美国提出要取消战债。③

二 英法联合取消战债的请求

在巴黎和会前期，法国财政部长路易·吕西安·克罗兹（Louis Lucien Klotz）提出将战债问题与巴黎和会上的其他问题一起合并解决，并建议彻底取消战债。这一主张得到了英国的强烈支持。美国财政部部长助理奥斯卡·克洛斯比（Oscar T. Crosby）果断以无权讨论该问题为由拒绝了法国的请求。在巴黎和会期间，英法两国又多次向美国提出类似的要求，都遭到美国代表的严词拒绝。当时美国外派参加巴黎和会的官方代表中，负责财政政策的是托马斯·拉蒙特（Thomas W. Lamont）。此人是摩根公司的高级合伙人，曾经主持过1917年美国参战前英法在美国的

---

① Harvey E. Fisk, *The Inter-Ally Debts: An Analysis of War and Post-War Public Finance, 1914~1923*, p. 163.
② Harold G. Moulton and Leo Pasvolsky, *War Debts and World Prosperity*, p. 50.
③ 康欣：《债权杠杆与华盛顿海军军备会议上的英美博弈》，《美国研究》2019年第5期。

贷款。与他共赴巴黎参加会议的是年仅31岁的国际法专家约翰·福斯特·杜勒斯（John Foster Dulles），其职责是处理法务问题。显然，这支团队的地位并不足以对美国战债政策负责，其权力受到来自美国国会的限制。国会要求他们在谈判中必须坚持两点：一是美国拒绝对欧洲重建提供任何金融支持；二是盟友必须清偿战债。① 美国总统威尔逊与其他代表保持了一致的立场，凡涉及战债问题一概拒绝回应。

这样，尽管法国曾经在美国独立战争期间给予了帮助，美国国会内部也确实存在过把对法贷款当作馈赠的声音，但是美国坚决态度的结果是，法国债务与其他国家的债务一样，在战后初期都被视为短期债务。② 而偿债日期的步步逼近，使英法两国在战债问题上的焦虑持续发酵。虽然美国拒绝了英法联合提议，但是美国暗示日后将在华盛顿讨论将短期债务转化为长期债务，使英法重燃减轻负担的一丝希望。③ 这是美国战债外交布局的重要一步。

为明确英国政府在战债问题上应该持有的立场和政策，凯恩斯于1919年3月27日给英国财政大臣提交了一份关于如何对待协约国战债问题的详细报告。这篇报告从协约国复杂债务的现状入手，提出了以下几个核心观点。首先，战债问题是影响国际金融稳定和国际贸易的巨大破坏性力量，这一问题将逐渐政治化。无论是债务国还是债权国，其利益都通过支付体系绑定在一起。其次，美国在战争期间的贷款对象国都属于经济状况较好的国家，主要是英国和法国。美国虽然在金融上付出较多，但是美国在战争中的收益更大，比战前更加富裕，相对英国的总体实力也大幅提高。而英国的债务国却是贫穷国家，因此，战债问题久拖不决对英国更加不利。再次，从世界支付体系、贸易体系分析，如此大规模、长时间债务清偿既不符合人性也不符合当前的文化，因此债务本息的支付不可能长久。最后也是最重要的问题，他提出将德国赔偿问题

---

① Bruce Kent, *The Spoils of War: The Politics, Economics and Diplomacy of Reparations, 1918~1932*, p. 31.

② Harold G. Moulton and Leo Pasvolsky, *War Debts and World Prosperity*, pp. 58-59.

③ Benjamin D. Rhodes, "Reassessing 'Uncle Shylock': The United States and the French War Debt, 1917~1929", *The Journal of American History*, Vol. 55, No. 4, Mar., 1969, p. 789.

与战债问题合并解决。①

凯恩斯的总结是巴黎和会上英国所持态度的基本写照，英国和法国都急于解决债务问题。但是美国的态度一直坚定和明确：美国不认为尽早解决战债问题是巴黎和会上其他问题顺利解决的前提。如果债务国想和美国单独讨论如何还债、何时偿债，美国随时欢迎各国代表在会议结束后再到华盛顿去讨论。这样在巴黎和会期间，尽管英法在私下通过非正式外交做了各种努力，战债问题甚至都没能正式进入会议的议程。

三　美国1919年偿债计划的提出

为彻底打消英法的念头，1919年下半年，美国财政部提出了具体的战债清偿计划，由美国财政部部长助理罗思本（Rathbone）转交给英国在巴黎和会上的金融代表巴兹尔·布莱克特（Basil P. Blackett）。计划内容是：美方将协约国对美负债划为两类，即美国财政部根据第一自由公债法案对债务国的预付金，以及第二、第三、第四自由公债法案的预付金。第一类贷款的到期时间为1947年6月15日；第二类在1938年10月15日到期。这些贷款的利息均为5%，半年一付。同时，允许债务国前三年完全不偿付本息，但是第四年开始必须定期偿付利息。延迟支付利息将单独计息，其费用分摊到第四年直至第十五年。从第十年开始以每年分期支付沉没资本的方式偿债，每年支付本息都将逐年提高。②

美国要求偿债的方案成为之后几个月英美战债谈判的草本，英国方面最初表示愿意以此为基础进行两国的战债协议谈判，但认为沉没资本和分期付款的数额需要进行调整。然而几个月后，英国态度急转直下，官方正式对美国提出了直接取消战债的请求。1920年2月4日，在布莱克特给罗思本的信中，英国第一次提到了想取消战债。5天后，英国财政部长正式向美国财政部部长助理提出取消债务的要求。理由是考虑到一旦美国发生金融危机，整个欧洲大陆都将陷入无政府状态，导致世界进

---

① 英国内阁档案文件，文件编号：11213；也可参见 BDFA, part Ⅱ, Volume. 11, pp. 1 - 4.
② Harold G. Moulton and Leo Pasvolsky, *War Debts and World Prosperity*, pp. 58 - 59. 相关内容也可参见 Robert Self, *Britain, America and the War Debt Controversy: The Economic Diplomacy of an Unspecial Relationship, 1917 ~ 1941*, p. 24.

入艰难境地,因此应该将战债问题与其他问题一起考虑并彻底取消战债。如果美国取消战债,道德示范的意义更大,它会唤起世界的新生,但如果债务问题持续存在,恐怕会给国际关系带来困扰。①

对此,美国国务卿休斯答复道,"取消战债不是缓解欧洲当前面临的金融经济困难的途径"。他提出,目前欧洲问题主要在于并没有采取足够的税收政策,私人投资没有恢复,裁军无进展,贸易壁垒尚存。同时,他指责英法建议取消战债并不是基于对等牺牲的原则,而是美国单方面牺牲。在答复中,休斯特别强调美国方面正在考虑给欧洲进一步贷款,"取消战债的结果是欧洲国家以后一美元都得不到。"② 显然,美国已经开始采取债权威慑,以拒绝给欧洲国家贷款进行威胁,迫使英国放弃取消战债的要求。

四 英法将战债与德国赔偿挂钩的努力

美国财政部以坚决态度拒绝取消战债以后,英法两国首脑立即在英格兰的林普尼会面,决定将两国的债务问题联系在一起并与德国赔偿问题挂钩。英法合谋时并没有知会美国,他们原定在双方形成一致立场后再采取行动,但林普尼会议暴露了英法两国财政部意见的分歧。1920年5月21日,英国财政大臣告知美国财政部决定推迟战债问题的谈判,并直接由首相出面与美国总统威尔逊沟通战债事宜。

1920年8月5日,英国首相劳合·乔治致信美国总统威尔逊,信中表示:英法已经就债务问题和德国赔偿问题进行了协商,一致认为应该在德国赔偿能力范围内尽快确定德国赔偿的具体方案和办法。但是不解决战债问题,法国就无法确定赔偿的数字,英国对此也表示认同。英方还认为,不能单独由英国做出牺牲,因此希望美国取消债务,共同承担责任。当然,考虑到美国大选前美国国会取消战债可能性较小,英国可以等到美国政治稳定适合讨论该问题的时刻。有鉴于此,英国决定暂停

---

① James Thayer Gerould and Laura Shearer Turnbull, eds., *Selected Articles on Interallied Debts and Revision of the Debt Settlements*, New York: H. W. Wilson Company, 1928, p. 17.

② Harold G. Moulton and Leo Pasvolsky, *War Debts and World Prosperity*, p. 64.

与美国的战债谈判，同时延迟支付战债利息。①

美国总统威尔逊对英国和法国联合起来给美国施压的做法深感不满，直到11月3日才给英国回复，核心内容包括几个方面：如果英国要讨论削减利息，那么可以和财政部商谈。如果要取消战债，那么财政部无权谈判，需要经过国会同意。同时，美国的政策一直都没有改变，即美国不允许英国对战债做任何形式的削减，而且政府已经委婉表示了不同意将赔偿问题和战债问题联系起来混为一谈。这个强硬的回复等于终结了英美取消战债的官方交涉，英国被迫调整战债方针。1921年1月，英国就英美战债问题在内阁成员中展开讨论，内阁成员开始退而求其次，将工作重点放在延缓支付利息、部分减少债务本金等方面与美国展开谈判，达成协议。②

同年，美国新任共和党总统哈定在规范债务清偿问题的承诺下任职，在其任期内战债问题出现了两个新变化，一是美国财政部和国会在战债问题上争夺决定权；二是更加明确地将战债作为外交杠杆为美国谋求利益。1921年6月底，美国财政部部长安德鲁·威廉·梅隆（Andrew W. Mellon）要求国会通过立法授予他全权处理战债问题，其中包括决定战债利息和即期时间、推迟支付利息以及接受战债代位转移的权力。这将有利于他给战债问题设计一个全面综合的清偿计划，进而利用债权帮助美国解决汇率问题，促进美国出口贸易。但美国国会不仅拒绝了梅隆的提议，还反复盘问质疑梅隆扩大权力的意图。③ 这样，鉴于美国财政部没有战债问题的决定权，同时英国通过私人渠道得知，美国反对取消和削减战债的阻力主要来自国会，④ 但国会绝无可能通过取消战债的议案。因此，英国通过美国财政部渠道以及国会渠道减轻战债负担的协调路径

---

① BDFA, part II, Volume. 11, p. 15.

② 英国内阁档案文件，文件编号：CAB/24/118/5. 转引自康欣：《债权杠杆与华盛顿海军军备会议上的美英博弈》，《美国研究》2019年第5期。

③ Melvyn P. Leffler, "The Origins of Republican War Debt Policy, 1921~1923: A Case Study in the Applicability of the Open Door Interpretation", The Journal of American History, Vol. 59, No. 3, Dec., 1972, p. 36.

④ 英国外交档案文件，文件编号：A/1478/247/45. 也可参见 BDFA, part II, Volume. 11, p. 8.

受阻，两国关于战债的讨论随之锐减。而缺乏沟通机制，说明美国并不急于解决战债问题，英国方面原本在1922年1月打算派代表去美国协商的计划也被无限期推迟了。① 时间的推移使形势朝着不利于英国方面发展。

1922年即将到来，英国已经如坐针毡。美国1919年的偿债计划中，允许债务国在前三年不支付本息。3年期限转瞬即至，国内失业率高涨的英国政府在对美外交中面临"还不还、还多少"艰难抉择。1921年12月1日，英国驻美大使加迪斯（A. C. Geddes）电告英国外相乔治·寇松（George Nathaniel Curzon），法国已经打算将部分太平洋属地割让给美国以换取美国在战债问题上的退步。② 这令英国大为吃惊。此时，英国已经派代表参加华盛顿海军军备会议，战债问题的悬而未决，使得会议期间英方代表将打探美方国内民众和国会对战债问题的态度作为重要外交任务，并不断通过电报与国内商议解决战债问题的办法。就在华盛顿海军军备会议召开期间，美国参议院就战债问题展开激烈辩论，其中有议员提出再延迟几年利息的偿付，并打算在此基础上逐渐取消战债本息，这给英国带来了一丝希望。但最终该提案遭到激烈反对，英国等待的结果却是来自美国的一纸通告：准备在近期支付利息。③

而美方负责处理英国战债本息的机构是专门成立的新机构"世界大战外国债务委员会"（World War Foreign Debt Commission，后简称外债委员会）。该机构包括五个成员，美国财政部部长为主席，其余四人均需要经过参议院同意并由美国总统任命，这是美国财政部和国会力量博弈的结果。④ 即便如此，外债委员会的权力也受到极大的制约。按照1922年2月出台的《世界大战外国债务委员会法案》（World War Foreign Debt Commission Act，后简称外债法）的规定，外债委员会在安排各国偿付债务本

---

① BDFA, part II, Volume. 11, p. 13
② 英国外交档案文件，文件编号：A/8928/8928/45. 也可参见 BDFA, part II, Volume. 11, p. 16.
③ 英国外交档案文件，文件编号：A/1135/236/45. 也可参见 BDFA, part II, Volume. 11, p. 35.
④ BDFA, part II, Volume. 11, p. 45.

金时要注意本金偿付的年限最多不能超过25年，即不能超过1947年，且这个最长年限的优惠待遇仅限于1922年和美国签订战债协议的国家，那些延迟战债谈判的国家必须缩短到期时间。同时，委员会虽有调整债务利息的权力，但债务利息不得低于4.25%。①

外债法与1919年美国要求偿债方案之间的差别在于，尽管战债清偿的最后时间都是在1947年，但是1919年方案中利息为5%，而外债法中最低利息可以到4.25%。这给英国降低战债利息预留了外交空间。但与此同时，外债法实际上在敦促各国于1923年之前完成战债谈判。此时，英国立刻想到将所有债务国召集在英国麾下，以集体之力对债权国施压。但是美国表示，鉴于贷款之时是分别与各国协商，战后协议也必须分别与各国签订。② 实际上，债务国之间对待战债的态度并不一致。包括希腊、捷克斯洛伐克和利比亚在内的部分国家还希望继续得到美国的贷款，③ 因此很难与英国的立场保持一致。

为表明英国政府在战债问题上的立场，1922年8月时任英国外务大臣阿瑟·贝尔福（Arthur James Balfour）发表了一份声明，史称《贝尔福照会》（*Balfour Note*），它的核心意思为：英美之间的战债并非仅仅事关英美两国，而是与整个协约国之间的债务有密切关联。英国的对美负债在很大程度上是为盟友融资而产生，这些负担不应该仅由英国埋单。从账面上看，英国尽管对美负债是债务国，而盟友欠英国的更多。但是为了战后世界经济和欧洲重建，英国将仅从债务国回收能够清偿对美债务的数量。④ 该照会试图建立各种债务之间的联系，迫使美国放弃战债，并通过表示愿意削减英国债务国的债务，从而占据道义上的制高点。

该照会同时表明，英国已经做好了清偿债务的准备，因为"英国无

---

① Harold G. Moulton and Leo Pasvolsky, *War Debts and World Prosperity*, p. 78.
② BDFA, part II, Volume. 11, p. 47.
③ 英国外交档案文件，文件编号：A/2766/236/45. 也可参见 BDFA, part II, Volume. 11, p. 8.
④ James Thayer Gerould and Laura Shearer Turnbull, eds., *Selected Articles on Interallied Debts and Revision of the Debt Settlements*, p. 28.

法想象自己永远将屈尊于美国债务国的地位"。① 1922年7月14日，英国财政大臣罗伯特·霍恩（Robert Horne）强调对美债务是内阁持续关注的问题，并指出"政府毫无疑问会支付这笔神圣的债务"，在《贝尔福照会》发表后，他又反复强调了英国偿债的意愿。② 美国则极力贬低《贝尔福照会》中英国方案的价值，在给英国的官方声明中一针见血地表示：美国一直认为英国欠债与其他国家欠债无关，也与涉及同盟国债务的赔偿问题无关，它只和英国、美国有关。③

此时，距离英国支付利息的时间只余一个多月，财务压力迫使英国将重点转移到与美国沟通将利息由5%降至4.25%，并争取延迟支付利息上。由于英国还没有派使团与美国签订协议，美国也没有就推迟支付时间表态，英国分别在10月15日和11月15日给美国偿付了部分本息，共计5000万美元。④ 11月1日，新任英国财政大臣斯坦利·鲍德温（Stanly Baldwin）承认："债务对英国来说是沉重的负担"，但仍强调"我们明确告诉美国国人我们会对债务负责到底，哪怕会花光最后一分钱"。⑤ 这个消息令原本对回收战债持悲观态度的美国公民、银行家以及政客感到振奋，认为这是美国外交获得的巨大成功。

五 英美战债协议谈判与战债协议的签订

1923年1月23日，英国财政大臣鲍德温带领的英国战债协议谈判使团终于到达美国。尽管姗姗来迟，鲍德温从一开始就声明，美国在1922年外债法规定的偿债条款不适用也不适合英国，因此不能用它作为谈判的基础，英方希望两国在之前非正式沟通的基础上协商债务协定的内容。为此，英国准备了一个提案供美国参考，成为双方谈判的基础。在谈判

---

① Robert Self, *Britain, America and the War Debt Controversy: The Economic Diplomacy of an Unspecial Relationship, 1917~1941*, p. 36.

② Philip A. Grant Jr., "President Warren G. Harding and the British War Debt Question, 1921~1923", *Presidential Studies Quarterly*, Vol. 25, No. 3, Summer, 1995, p. 481.

③ BDFA, part II, Volume. 11, p. 76.

④ BDFA, part II, Volume. 11, p. 77.

⑤ Philip A. Grant Jr., "President Warren G. Harding and the British War Debt Question, 1921~1923", *Presidential Studies Quarterly*, Vol. 25, No. 3, Summer, 1995, p. 481.

过程中，英美之间主要斗争领域在利息问题上，英国坚持债务利息不能超过 3.25%，而美国坚持利息不能低于 4%。①

经过协商，英美战债协议的最终内容为：英国需要在 62 年内清偿所有对美国财政部债务。最初 10 年采用统一方式清偿债务，因后期利息上升，因此剩余 52 年采用另一种支付方式。前 10 年中利息为 3%，年金从 1.599 亿美元到 1.614 亿美元不等，剩余 52 年利息为 3.5%，每年偿付 1.782 亿美元到 1.874 亿美元不等。支付本金的时间是每年的 12 月 15 日，而每年 6 月 15 日支付利息。协议规定英国可以推迟本金支付，但最多不能超过两年，条件是当选择延迟支付时，原先应付本金落入下一年的债务中，并且至债务到期的一年前不再允许推迟。前五年中，英国可以选择用英镑支付少部分利息，但债务清偿应主要使用美元支付。在支付债务的同时，英国必须在三十天前，按照美国财政部要求的时间、金额和面额，通过以无记名形式发行适合向公众出售的、具有明确标记的债券，以换取原始债券。此举是为了将美国政府持有的外国债权通过市场化运作，将美国政府对英国的债权转化为私人债权。②

相比美国在 1919 年以及 1922 年提出的方案，1923 年签订的战债协议中大幅延长了英国债务清偿的时间，并且将利息由最初的 5% 减少到 3% 和 3.5%，这超出了原先美国国会授权外债委员会的时间范围和削减利息范围。协议的确减轻了英国每年的偿债负担。仅减少利息一项，英国就减少了总债务的 20%。英国财政大臣鲍德温谈判结束返回英国后表示，这已经是能够在美国国会通过的最好协议了。③ 但如果横向比较，后来的法国、意大利、匈牙利与美国签订的战债协议中，可以允许他们在前五年无需支付利息。例如，对于捷克斯洛伐克、爱沙尼亚、芬兰、匈牙利等国的利息仅有 3.3%，并且在延迟支付问题上，不少国家也获得了

---

① Philip A. Grant Jr., "President Warren G. Harding and the British War Debt Question, 1921～1923", *Presidential Studies Quarterly*, Vol. 25, No. 3, Summer, 1995, p. 482.

② Harold G. Moulton and Leo Pasvolsky, *War Debts and World Prosperity*, pp. 92–93.

③ Philip A. Grant Jr., "President Warren G. Harding and the British War Debt Question, 1921～1923", *Presidential Studies Quarterly*, Vol. 25, No. 3, Summer, 1995, p. 482.

比英国更为宽容的条件。① 从偿债数额上,英国民众难以理解为什么英国需要支付对美债务的82%,法国需要支付不到50%,而意大利只需要支付不到25%。② 英国的战债协议比其他国家的确都要苛刻。因此,英国又有大批政客和民众认为,全面取消战债才符合英国的利益,《贝尔福照会》是一个外交错误。③ 同时,当英国民众通过媒体得知其他国家获得了更加优惠的条件时,要求美国必须做出合理的解释。美国方面则表示,自己对战债协议谈判始终如一地坚持了"支付能力"原则。按照这一原则,显然英国是美国所有债务国中支付能力最强的国家。④ 这打消了英国重新获得更加优惠条件的念头。

美国总统哈定对英美协议表示满意,并于1923年2月7日在国会高度赞扬了外债委员会的工作,将英美战债协议比做"债务世界乌云密布天空中的首次放晴",并敦促参众两院尽快通过协议。⑤ 英美之间的战债协议成为美国与其他国家签订战债协议的模板,外债委员会在它的基础上又与其他债务国签订了12个战债协议,开启了欧美债权国与债务国之间回收、支付战债的新历程。

第二节 英国战债清偿的困难与危机初现

一 战后初期战债清偿概况

早在1917年下半年,美国财政部就开始敦促其债务国还债。这一年起,美国财政部陆续收到包括英国在内的多个债务国支付的战债。因此,除澳大利亚外,在美国进入正式的战债谈判前,有些债务国都已经清偿

---

① Harold G. Moulton and Leo Pasvolsky, *War Debts and World Prosperity*, pp. 86 – 88.

② "The War Debts", *Advocate of Peace through Justice*, Vol. 88, No. 9/10, Sept. – Oct., 1926, p. 521.

③ Carl M. Frasure, "The British Debt: A Study in Financial Retractions", *Social Science*, Vol. 7, No. 4, Oct., 1932, p. 353.

④ Carl M. Frasure, "The British Debt: A Study in Financial Retractions", *Social Science*, Vol. 7, No. 4, Oct., 1932, p. 353.

⑤ Philip A. Grant Jr., "President Warren G. Harding and the British War Debt Question, 1921 ~ 1923", *Presidential Studies Quarterly*, Vol. 25, No. 3, Summer, 1995, p. 483.

了部分对美债务。(参见图4-1、图4-2)

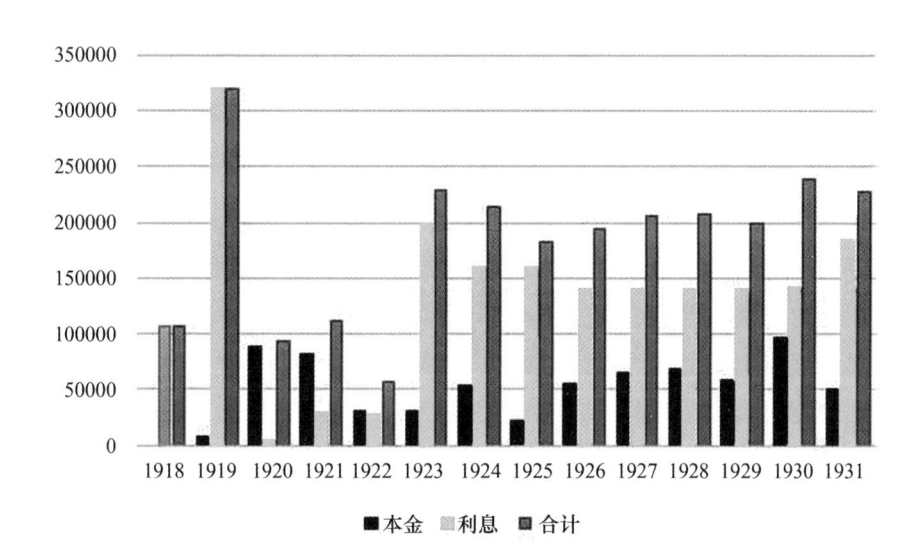

图4-1 美国的15个欧洲债务国每年偿付的战债本息数额（单位：千美元）

资料来源：Harold G. Moulton and Leo Pasvolsky, *War Debts and World Prosperity*, p. 292.

从各自偿债协议签署生效到1931年胡佛延债计划生效这段时间里，尽管部分债务国曾经延迟支付战债利息，但大部分债务国都在如期偿债。其中，1922—1924年两个年度内美国财政部回收的战债最多。在此期间，英国支付了1918年皮特曼法案（The Pittman Act）① 中的白银预付款，并在1923年偿付部分战债利息；法国自1922年也开始每年偿付约2000万美元的利息，加上其他13个债务国支付的本息，美国财政部共回收了26亿美元，其中36%是债务国用于偿还与美国财政部签订偿债协议之前的贷款。在美国的债务国中，英国所获贷款最多，占美国对15个政府贷款的41%。而英国清偿的债务也最多，在26亿美国财政部回收的

---

① 由美国内华达州参议员基·皮特曼提出立法并于1918年经国会通过，以保护美国黄金供应，并满足英国从美国财政部借款需要。参见［美］威廉·L. 西尔伯《银的故事：白色金属如何塑造美国和现代世界》，刘军译，中信出版社2019年版，第33—36页。

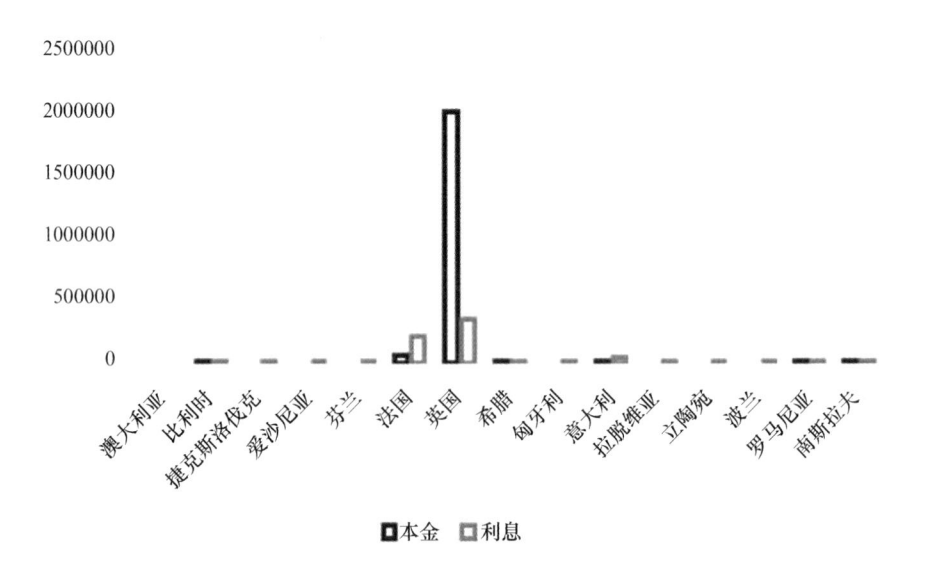

图 4-2　战债筹集前美国的欧洲债务国的战债清偿本息数额（单位：千美元）

资料来源：Harold G. Moulton and Leo Pasvolsky, *War Debts and World Prosperity*, p. 293.

战债中，英国支付的比例高达 74%，其余国家清偿的债务相对较少①（见图 4-3）。

二　英国艰难偿债

从表面上看，战债的清偿似乎顺利得出乎意料，英美关于战债问题的官方外交通电自然显著减少，但英国的沉默却是有苦难言。凯恩斯曾经在 1919 年判断，鉴于世界战债支付体系之复杂以及支付转移上存在极大困难，基本不可能真正回收债务。而英国人也普遍认为，尽管战债协议是真实有效的，但是偿付战债却不可能持久。② 英国之所以愿意支付战债，除英国的尊严外，还有其净债权国地位做后盾。只要英国能够顺利地从其债务国收回战债，那么英国就可以直接转移支付给美国，而不必

---

① Harold G. Moulton and Leo Pasvolsky, *War Debts and World Prosperity*, pp. 294-295.
② Carl M. Frasure, "The British Debt: A Study in Financial Retractions", *Social Science*, Vol. 7, No. 4, Oct., 1932, p. 360.

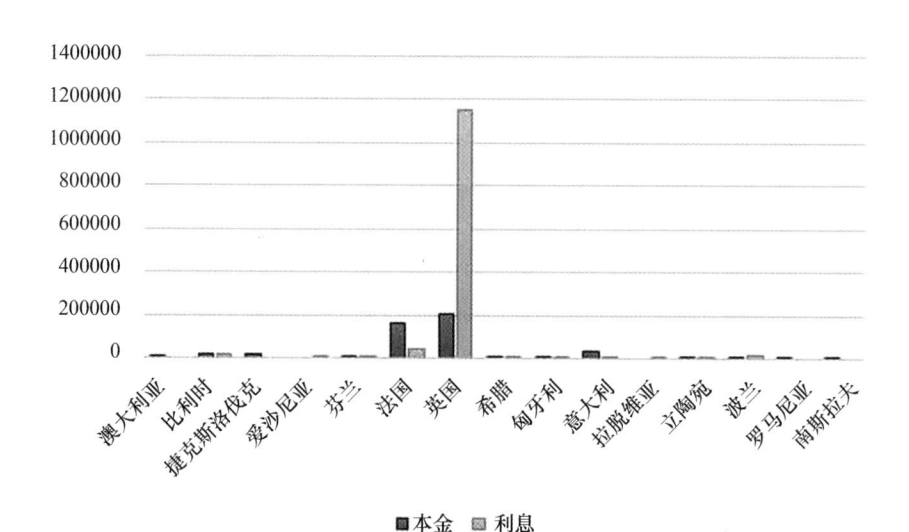

图 4-3　签订战债协议后各债务国偿付对美债务情况对比（单位：千美元）

资料来源：Harold G. Moulton and Leo Pasvolsky, *War Debts and World Prosperity*, p. 293.

在国内筹款付债，加重国内经济负担。所以，美国发起协商战债协议时，英国与其债务国之间的债务谈判也平行展开。[①] 同时，尽管美国不愿意承认德国赔偿与战债之间的关联，但对于英国来说，只有当德国赔偿和自己回收债务的总和足以覆盖对美债务，自己的债权账户中才不会出现赤字。若稍有差池，英国便会沦为自己还债的地步。（见图 4-4）

由于英国开始偿付美债是在德国赔偿开始之前，所以英国在很长一段时间内其外债收支不平衡。例如，在德国赔偿的七年中，英国获得德国赔偿的数额仅是其对美债务的一半。再加上英国从三个主要债务国中回收的战债（实际上还是源自德国赔偿），仍无法覆盖2.4亿美元的赤字。[②] 1928 年，英国回收的债务加上德国赔偿仅为 2250 万英镑，却需要

[①] Robert Self, *Britain, America and the War Debt Controversy: The Economic Diplomacy of an Un-special Relationship, 1917~1941*, p. 57.

[②] Harold G. Moulton and Leo Pasvolsky, *War Debts and World Prosperity*, p. 299.

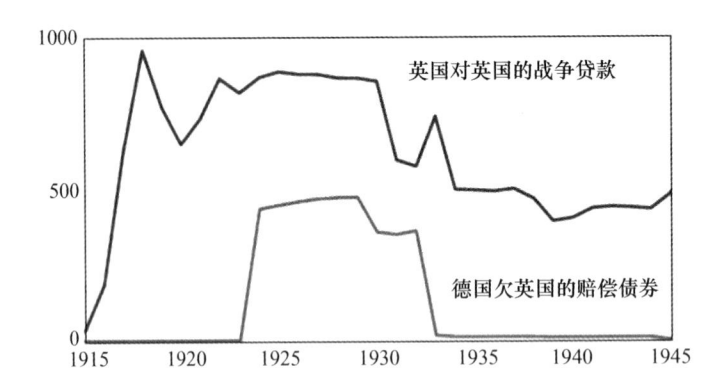

**图 4-4　美国对英国的战争贷款与德国对英国的
未偿付赔款债券对比（单位：百万英镑）**

资料来源：Era Dabla-Norris ed., *Debt and Entanglements between the Wars*, Washington, D. C. : International Monetary Fund, 2019, p. 72.

对美偿付 3300 千万英镑。① 1930 年，英国回收的债务加上德国赔偿为 3300 万英镑，却需要对美偿付 3800 万英镑。这种现实完全违背了 1927 年英国财政部部长的承诺：清偿对美债务不会动财政部一分钱。②

在整个债务形成过程中，英国已经变成了金融中转站，导致英国在债务偿付体系，依旧只能做中转站，这对战后英国经济回暖极为不利。例如，德国通过出口鲁尔地区的煤炭给法国等欧洲国家偿债，致使英国煤炭卖不出去，彻底失去了对法国煤炭出口市场，在欧洲的市场份额也大幅削减。同时，为了应付战债支付稳定汇率，英国在维持金本位的阶段被迫允许劳工工资下行。③ 对此，经济学家凯恩斯在 1928 年比较英国与法国经济金融形势时抱怨，尽管英国一直采取保守和负责任的金融政策，而法国几乎毫不顾忌金融原则，不愿意为贬值做牺牲，但是法兰西

---

① James Goodwin Hodgson, *Cancellation of International War Debts*, New York: H. W. Wilson Company, 1932, p. 100.

② Herbert B. Elliston, "Reparations, Debts, and the Future", *Foreign Affairs*, Vol. 6, No. 4, Jul., 1928, p. 673.

③ Harold G. Moulton and Leo Pasvolsky, *War Debts and World Prosperity*, p. 393.

第四章 英国债务的清偿与终结　97

银行的地位竟然比英格兰银行还要强。[①]

到1928年，法国人已经难堪重任公开要求修订债务协议，而1929年的英国公民出于面子，一直盼望着美国主动开口削减战债。英国政客知道人民所想所需，各党派都在竞选中将修订战债协议作为竞选口号，以获取民众的支持。[②] 摆脱战债负担已经是全英国的共同诉求。反观美国，直至1930年前都没有出现财政紧张的局面。不仅税率阶段性削减，财政收入也绰绰有余，既可满足政府开支所需，也可逐年削减公债。[③] 连法国和意大利所获德国赔偿数额也远超对英国赔偿支付数额。[④] 结果是英国为支付战债付出的代价最大。对此，凯恩斯感慨道"归根到底，还是不还债好"[⑤]（见表4-1）。

表4-1　　　　　　　英国与各国收入支出对比　　　　　　单位：百万美元

国家	收入来源 德国	收入来源 所有主要债务国	偿债支出 美国	偿债支出 英国	偿债支出 总计	超额收入（+）超额支出（-）
英国	564.9	881.3	1122.1	—	1122.1	-240.8
法国	1426.0	1426.0	220.8	197.1	417.9	+1008.1
意大利	203.2	203.2	33.0	107.1	140.1	+63.1
比利时	182.2	182.2	39.8	12.2	52.0	+130.2

资料来源：转引自 Harold G. Moulton and Leo Pasvolsky, *War Debts and World Prosperity*, p.299.

尽管在1931年之前，由美国主导的债务体系依然可以运转，美国的债务国也如期偿付战债，但是支付系统却极为脆弱，仅维持着表面的稳定。

[①] Charles H. Feinstein, Peter Temin and Gianni Toniolo, *The World Economy between the World Wars*, New York: Oxford University Press, 2008, p.47.

[②] Carl M. Frasure, "The British Debt: A Study in Financial Retractions", *Social Science*, Vol.7, No.4, Oct., 1932, pp.360-361.

[③] Harold G. Moulton and Leo Pasvolsky, *War Debts and World Prosperity*, p.494.

[④] James Goodwin Hodgson, *Cancellation of International War Debts*, p.100.

[⑤] Charles H. Feinstein, Peter Temin and Gianni Toniolo, *The World Economy between the World Wars*, pp.46-47.

首先，自道威斯计划开始运行后，整个战债链条是由美国给德国贷款，德国赔偿协约国，协约国再偿付美债资本回流美国运行的（如图4-5所示）。

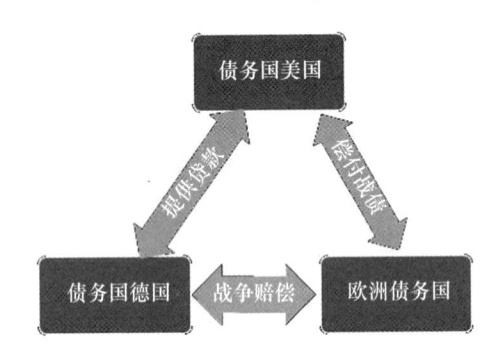

图4-5 战债、德国赔偿、美国新贷款的支付运转体系（笔者自制）

在这样的支付运转体系下，一旦发生美国停止给德国贷款，或者德国赖账的现象，整个支付体系随即土崩瓦解。其次，作为债权国的美国和英国实际上都不希望债务国通过对其出口商品偿债，这必然导致严重的通胀、汇率失控以及支付体系的崩溃。最后，循环债务之中的主要债务国仅是德国一国，很容易导致德国在重压之下放弃偿债，这为债务违约埋下伏笔。

三 战债支付体系危机初现

1928—1929年，德国遭遇了史无前例的经济危机。这场危机的主观原因是德国对赔偿的抵制，内因是德国经济发展的停滞，外因则是美国投资的锐减。德国在1927年10月至1928年3月半年失业人数由16万人猛增至1928—1929年的24万人，由此引发国内工业生产几乎停滞，不再保持增长，与偿债密切相关的商品出口额也大幅下跌。但不少史学家认为，美国对德国投资的突然停止后，德国赤字问题才彻底暴露出来，用短期贷款以弥补赔偿缺口的做法导致了极大的金融风险，更加剧了投资者从德国撤资的情况。[①]

---

① Charles H. Feinstein, Peter Temin and Gianni Toniolo, *The World Economy between the World Wars*, p. 22.

德国"借债还钱"模式不可持续，已经无法顺利给协约国支付赔偿。最终在1929年德国明确对美国表示没有能力偿债，支付结构即将垮掉。而杨格计划的出台是为了"在保护美国战债立场的前提下，协调德国不愿意赔偿而协约国继续要钱的矛盾"。[①]

杨格计划的本质是通过将德国赔偿问题商业化，减轻德国赔偿负担，让整个支付体系维持运转。但是在赔偿问题上，德国对商业化抱有敌意。因为一旦赔偿问题商业化，将赔偿转化成债券，那么德国赔偿就被固定下来，但长久的偿债已经让德国疲于还债，特别希望将赔偿问题政治化，进而彻底摆脱赔偿。[②] 1929年下半年，战债偿付体系已经出现结构性矛盾，危机一触即发。美国和欧洲都已经开始出现暂缓偿债的呼声，这本应该引起警觉，但是这些现象被依旧维持运转的战债清偿体系掩盖了。而德国长期维持的由国内限制出口，同时增加出口的赔偿模式，需要工人的低工资、低汇率的政策支持。这种长期以降低人民生活水平为代价的偿债模式继续下去，必然会引发社会危机，加速对德投资者的撤资。杨格计划不过是推迟了危机爆发的时间。

第三节　债务国合作的实现与美国债权的式微

一　胡佛延债宣言

随着经济危机的到来，世界投资和贸易均大幅削减，这种变化最早为银行家所体察到。1929年5月，纽约联邦储蓄银行总管乔治·哈里森（George Harrison）就世界经济危机对债务支付的影响做了政府报告，提出美国政府必须采取措施应对支付危机。[③] 此时，如何筹到偿债的资金已经是所有债务国面临的共同难题。英国趁机决定不再继续向德国贷款后，德国于6月在无比困难中虽然完成了杨格计划中的赔偿任务，但也明示

[①] Robert Self, *Britain, America and the War Debt Controversy*: *The Economic Diplomacy of an Unspecial Relationship, 1917~1941*, p. 57.

[②] Harold G. Moulton and Leo Pasvolsky, *War Debts and World Prosperity*, p. 293.

[③] Department of the U.S State, *Papers Relating to Foreign Relations of the United States*, Vol. 1, 1931, p. 1.

已经不会再继续偿债。若强制德国继续筹钱,德国必然爆发金融危机,协约国只会空手而归。对于美国而言,这等于是在宣告债务国不会继续偿债。

美国总统胡佛见状决定延迟清偿战债,给债务国留下时间去平衡收支。但是他面临两个难题。首先,美国并非德国赔偿的债权国,在美国一以贯之的政策中都强调德国赔偿与美国战债没有任何关系,而削减战债负担又必须从减少德国赔偿开始,因此延债需要得到德国主要债权国的首肯。其次,美国解决战债问题的权力控制在国会,即便是美国总统也没有宣布延迟战债支付的权力,获得国会授权是计划实施的前提。为使计划顺利进行,胡佛首先与英国进行沟通。此时,尽管延迟清偿战债符合英国的利益,但是英国人民更渴望削减甚至是直接取消债务。英国首相拉姆赛·麦克唐纳(Ramsay Macdonald)据此提出,鉴于目前欧洲经济形势日益恶化,延债虽然能够减轻负担,但一年的时间并不足以缓解当前困难,建议将延期支付的时间延长至两年,而这两年之内不计息。① 这一建议被胡佛采纳,并派代表在国会上力陈延债原因,争取能够获批延期2年的战债清偿。但就在即将宣布的前夜,胡佛迫于国内政治压力将延债时间修订为1年。

1931年6月20日,美国总统胡佛发布著名的《延债宣言》,声明"美国政府建议在一年时间内延迟所有政府间债务、赔款和救济借款本息的支付,但不包括私人持有各国债务。经国会授权,美国政府将从本年7月份财政年度起,在一年内暂缓回收外国政府对美债务,前提是各国也对政府间债务采取与美国类似的延期偿债一年的举措。"② 为显示这份声明的重要性和支持度,这份宣言中包括了美国21位参议员、18位两党代表的签名。

胡佛《延债宣言》是美国在战债问题上的转折点。它一改美国在战债问题上坚持债务国按时偿还本息的强硬态度,也显示出美国在世界金

---

① Department of the U.S State, *Papers Relating to Foreign Relations of the United States*, Vol. 1, 1931, pp. 24–25.

② Harold G. Moulton and Leo Pasvolsky, *War Debts and World Prosperity*, p. 322.

融危机来临时，作为主要债权国愿意与欧洲其他国家一道，为力促经济复苏做出适当的调整。当然，美国此举的目的并非基于对欧洲各国的同情，而是屈从于1931年6月债务支付体系难以为继的现实主义考量。因此，美国在战债问题上的软化又极为有限。

但是对英国、法国来说，它们从宣言中发现了从延迟支付到彻底取消战债的希望。宣言一经发表，英国就尽力将话题转移到调整战债的轨道上来。英国媒体对宣言进行过度解读，认为宣言暗示"美国要重新调整赔偿和债务政策"。[1] 法国则对宣言早已心生愤怒，在涉及德国赔偿的重大问题上，美国竟然没有首先争得法国的同意，而是首先咨询了英国。实际上，法国才应该最有发言权。为表示抗议，法国试图另起炉灶召集各国召开赔偿会议，共商赔偿政策。为安抚法国，美国邀请法国总理皮埃尔·赖伐尔（Pierre Laval）访美，并暗示总理有机会调整战债问题。于是，赖伐尔应邀访美，表示"若欧洲在赔偿问题上让步，则美国需要在战债协议上做出贡献"。[2]

对于英法的反应，美国早有预判。虽然危机之下债务国想趁机削减战债，重订债务协议，但美国只想让债务国延迟支付战债。胡佛在宣言中表示，延债并不意味着美国违背了当初的战债立场，也绝不能同意取消战债。当法国总理赖伐尔向胡佛论及德国赔偿问题时，胡佛当即表明：美国不会过问德国赔偿问题，它是欧洲国家的问题。[3] 这一表态让赖伐尔失望。

美国仍顽强坚持赔偿与战债无干有其深刻原因。由于战债是以爱国主义为名让民众认购的，美国又将战债回收的过程进行了私有化操作，因而战债的实际拥有者是美国公民。在胡佛面临续任的竞选压力下，任何美国总统候选人都不敢在战债问题上擅作主张削减战债，这等于变相

---

[1] Robert Self, *Britain, America and the War Debt Controversy: The Economic Diplomacy of an Un-special Relationship, 1917~1941*, p. 65.

[2] Robert Self, *Britain, America and the War Debt Controversy: The Economic Diplomacy of an Un-special Relationship, 1917~1941*, p. 70.

[3] Department of the U. S State, *Papers Relating to Foreign Relations of the United States*, Vol. 1, 1932, p. 636.

剥夺民众财富。胡佛宣言后附诸多议员签名,又临时改变想法将延债时间缩短为1年,暗示了他在战债问题上谨慎小心,争取民众认同的心态。因此,胡佛认为:"除非战债能与改善民生的计划进行捆绑,美国绝无可能对欧洲国家在战债问题上进行让步。"①

二 债务国联盟的初步形成

美国与法国在德国赔偿问题上的立场难以调和。法国坚持要继续执行杨格计划,如此法国才能从确保在德国赔偿上获取稳定的资本,而美国发表延债宣言就是断定德国无力赔偿。因此,美法两国首脑会晤后发表的声明极为宽泛和模糊。② 但是,为了安抚法国,胡佛答应会重新考虑给外债委员会授权,让它可以修订战债条例。事实证明,胡佛的承诺不过是一纸空谈。当赖法尔离开华盛顿时,美国舆论当即指责胡佛"出卖了美国"。③ 美国国会因为战债问题根本无法达成一致,也就无法授权外债委员会修改战债协议。法国人见状谴责美国失信于人,放下了对美国主动修改战债协议的最后幻想。而英国方面,在看到胡佛在美国国内受到各种攻击之后,新任财政部部长内维尔·张伯伦认为,在美国内部和解之前,别指望美国能对改善世界现状有什么贡献。

显然,法国和英国已经对美国失去了耐心。在取消战债的共同诉求下,他们准备联手对美国施压,形势朝着不利于美国的方向发展。1931年12月底,美国驻伦敦和巴黎的大使告知美国:债务国们打算在1932年1月13日召开的洛桑会议上对美国发难。主要内容就是要取消部分战债,并且继续延迟偿债。虽然延期一个月,但1932年2月洛桑会议还是在瑞士召开了。德国、法国、英国、比利时和日本参加了会议。会议的核心内容是德国赔偿问题,但也因为这个主题,会议一直存在激烈的争吵和论证,焦点集中于德法两国在赔偿计划上的分歧。德国希望一劳永逸地

---

① Robert Self, *Britain, America and the War Debt Controversy: The Economic Diplomacy of an Unspecial Relationship, 1917~1941*, p. 71.

② Harold G. Moulton and Leo Pasvolsky, *War Debts and World Prosperity*, pp. 328–329.

③ Robert Self, *Britain, America and the War Debt Controversy: The Economic Diplomacy of an Unspecial Relationship, 1917~1941*, p. 72.

取消赔偿问题，而法国绝不愿意轻易放弃其作为德国债权国的权力，仍指望在渡过经济困难后，德国能够重启赔偿支付。尽管各执己见，与会各国还是在德国赔偿上达成了一致，将德国赔偿的数额确定为30亿马克，自协议签订时起延迟3年支付，但需要在37年内付清。

欧洲国家在尚存严重分歧的情况下，依旧可以摒弃前嫌在德国赔偿数额上达成一致，源于他们在取消战债上的共同立场。因此，论题的焦点迅速转移至战债问题。洛桑协定的修订条例中，各国一致同意"如果各国不能分别与美国在战债问题上形成满意的协定，那么洛桑协定的内容就不能生效，各国的法定立场也随之回到胡佛延债宣言之前。条例同样适用于英国及其债务国之间"①。这个补充条例被称为"绅士协定"。同时，会议也决定了三项内容。第一，在绅士协定的框架内重新建立一个赔偿委员会处理德国赔偿问题。第二，建立一个经济委员会旨在恢复中东欧经济以及向欧洲联盟组织委员会汇报经济情况。第三，提请国际联盟召集货币和经济会议，邀请美国参加。②

显然，绅士协定表明，美国的欧洲债务国们为解决对美负债，已经迅速在德国赔偿问题上达成了统一战线。一旦德国赔偿停止三年，那么无论美国是否同意取消战债，其结果必然是欧洲债务国对美国的集体违约。因为洛桑会议等于是终结了德国赔偿问题，导致整个支付链条被切断。因此，得知此事的美国极为愤怒，只得发表声明进行抵抗，表明"此事并没有咨询美国，美国也从未参与此事，并且美国人民也不会迫于压力就范"③。

但是洛桑会议以后，英国因团结了美国的债务国获得权力。在此后与美国关于战债的外交文书中，英国不断提醒美国，债务国们正在就是

---

① 康欣：《国家债权与霸权转移——美国对英国的债权政治研究（1917—1945）》，博士学位论文，复旦大学，2014年，第86页。
② Harold G. Moulton and Leo Pasvolsky, *War Debts and World Prosperity*, pp. 361 – 362.
③ Department of the U. S State, *Papers Relating to Foreign Relations of the United States*, Vol. 1, 1932, p. 691.

否推迟下期的战债支付进行紧锣密鼓的协商。① 英国已经表明，对于1932年12月15日即将重启的战债支付，英国已经无能为力也不愿意偿付。② 随政府表态后，英美两国的舆论走向截然不同的方向。由于欧洲内部达成一致，英国国内自然已经不再羞于提及取消战债。此时，英国在关于战债问题上希望实现两个目的：一是大幅削减或者取消战债；二是将《延债备忘录》延期，推迟支付战债。而持有欧洲债券的美国公民，却要目睹债券变废纸。

三　战债问题的搁置及美国债权的式微

美国公民在舆论上指责英国举动的同时，盼望美国政府有能力解决当下资产缩水的困境。这是1932年选举年最大的政治现实。但是政客远比民众冷静，英美双方都认识到，总统胡佛早已因在战债问题上的延债声明得罪了民众，若想谋求连任，则需要挽回民心。而另一位总统候选人富兰克林·罗斯福也不会在大选年轻易做承诺。即便两位总统候选人都有心改变战债协议，时机也尚未成熟。英国的偿债日期是12月15日，而美国大选将在11月出结果，下一年3月履新。由于总统调整战债政策需要经国会批准，即使英国加大游说力度，也来不及在12月15日前促使美国国会通过重组外债委员会来重新修订战债协议。此时，全美焦点集中于总统竞选，尽管《绅士协定》一石激起千层浪，但战债问题并非总统、政客的首要考虑。对于战债问题的实际性推进，则需要等到新总统就任以后。这样，对通过美国国会途径修订战债协议抱有希望的英国，无论有没有能力偿付1932年12月到期债务，都必须凑钱还账。认识到这个现实后，英国开始同时就战债问题与两位候选人进行沟通，其目的是争取在下任总统上任前就拟定好战债政策，以便尽快在国会通过议案，减轻下一年的偿债负担。

在战债问题上，美国两位总统候选人分别持有不同的立场。现任总

---

① 英国外交档案文献，文件编号：C/9482/29/62. 也可参见 BDFA, part II, Volume. 11, p. 317.

② 英国外交档案文献，文件编号：C/9656/29/62. 也可参见 BDFA, part II, Volume. 11, p. 322.

统胡佛早已认清欧洲国家已经无法完全支付战债的现实。① 他认为战债问题是当前世界性经济危机的组成部分，美国需要在稳定物价、促进贸易等问题上承担更多的责任，这样才能推动世界经济复苏，最终使美国受益。因此当务之急是在以下两个方面取得突破：一是应对欧洲联合要求债务削减之势。自《延债宣言》以后，他一直在考虑如何将宣言延期或者是部分削减战债。既然已经要削减战债，就不如让美国持有的债权发挥最后的作用，以削减或者延缓战债支付为条件，换取欧洲国家在裁军、贸易甚至领土等问题上对美国让步。他暗示债务国可以允许美国在欧洲扩大农产品和劳动力市场，以此换取削减战债。② 二是争夺世界经济会议、军备会议上的领导权。③ 但罗斯福认为经济危机中，美国的首要任务是恢复自身的经济秩序，而非将精力用于应对外部战债问题。对于这一点，他在当选后的就职演说中提到，"就建立合理的国内经济秩序来说，国际贸易虽然重要，但在此刻却是排在第二位的"。④ 因此，尽管英国的外交官一直在战债问题上多方打探罗斯福的态度，他却一直保持沉默。

直至 11 月 8 日，罗斯福在大选中获胜。急迫的英国政府于 10 月 4 日就命令外相约翰·西蒙（John Simon）给英国驻华盛顿大使罗纳德·林德赛（Ronald Lindsay）转交了一份文件，要求他在 11 月 10 日向美国正式提交，并在通电中表明，英国已经私下告知法国和意大利将竭尽全力推迟支付 12 月对美到期债务。11 月 10 日美国收到这份文件，主要内容是：（1）英国政府早在 1931 年 6 月 22 日就向美国政府表示，希望继续推迟一年战债的偿付，此举是为了缓解当前物价下跌以及缺乏对政治、经济信心的局面。（2）胡佛延债计划并没有达到减少经济困难的预期目标。从 1931 年 10 月法国访问美国达成的意见认为，在延债计划终止前，就盟

---

① 英国外交档案文献，文件编号：C/9437/29/62. 也可参见 BDFA, part II, Volume. 11, p. 319.

② Timothy Walch and Dwight M. Miller, eds., *Herbert Hoover and Franklin D. Roosevelt: A Documentary History*, Westport, CT: Greenwood Press, 1998, p. 72.

③ Timothy Walch and Dwight M. Miller, eds., *Herbert Hoover and Franklin D. Roosevelt: A Documentary History*, p. 72.

④ Robert Dalleck, *Franklin D. Roosevelt and American Foreign Policy, 1932~1945: With a New Afterword*, Oxford: Oxford University Press, 1995, p. 23.

国间债务达成协议十分重要，要走出萧条，就需要采取更多的措施。（3）1932年7月欧洲国家在洛桑达成的关于各方债务之间的协议是重大贡献，它将终结德国赔偿，希望美国能与欧洲一道参与旨在繁荣世界经济的合作。（4）就补救措施而言，英国已经表达了自己的意见，必须重新审视现存政府间金融债务。希望美国政府尽快与英国政府就此问题交换意见。（5）12月15日英国就将支付下次分期付款，英国不指望在5周内达成协议。但为了推动洛桑会议内容的落实，英国呼吁美国与英国一起采取切实行动在谈判期间或者是达成一致的时间内停止回收战债。[1] 英国这份报告向美国新政府表明了英国在现阶段的战债主张。在确信美国总统收到了英国的报告后，英国一边等待美国总统回复，一边在媒体披露公告的内容，在采访中透露法国等其他债务国也正在采取相同的措施。[2] 从11月11日开始，法国、比利时、捷克斯洛伐克、波兰、拉脱维亚、爱沙尼亚等国对美国提出了与英国高度雷同的要求。这份报告引起了连锁反应，因此被称为"英国炸弹"。它同时向美国宣告，债务国已扩大联盟，并开始步调一致地对美国发难。

英国此举推动胡佛加速处理包括战债在内的世界经济事务，胡佛争取在离任之前通过与罗斯福的有效沟通，说服罗斯福接受自己的战债和对外经济政策。但在官方表态中，胡佛却拒绝了英国的请求，他表明并无权力取消战债，国会也不可能通过任何战债协议的修订提案。[3]

因为私下里胡佛却有另一番打算。在1932年11月14日英国外相西蒙给林德赛内部电报中，声称他得到了美国可靠的消息，说胡佛不认为债务国们有能力偿付战债，因此胡佛有延期的倾向，但是如果要在战债问题上做更大的让步，则需要债务国在裁军和贸易协定上让步，后者将在渥太华协议上有所体现。[4] 为实现这个目的，胡佛多次主动与罗斯福沟

---

[1] BDFA, part II, Volume. 11, pp. 311 – 312.
[2] BDFA, part II, Volume. 11, pp. 317 – 318.
[3] Leo Pasvolsky, "American-British War Debt Negotiations", *World Affairs*, Vol. 96, No. 4, Dec., 1933, pp. 212 – 214.
[4] 英国外交档案文献，文件编号：C/9437/29/62。也可参见 BDFA, part II, Volume. 11, p. 319.

通战债问题。但是他和罗斯福的关系并不融洽,在罗斯福就任总统之前他们的三次会面中,两人的交谈只是加剧了"坏印象"。[1] 同时,在罗斯福的观念中,战债问题本身是无解的。他曾经向法国和英国的外交官表态,曾经考虑过给战债打折,但是他又说此举将不受欢迎,大部分美国人会秉承柯立芝总统的一贯态度:"他们不是借钱了吗?"[2] 因此,罗斯福对战债问题的态度正如纽约时报的分析:"不打算对战债问题做任何承诺"。[3] 这样,胡佛与罗斯福的沟通终归是徒劳。而胡佛始终对罗斯福没有采纳自己的意见耿耿于怀,在自己的回忆录中反复提及这是罗斯福的错误,同时认为自己才是那个带美国走出萧条的总统。[4]

由于与罗斯福的沟通毫无进展,胡佛又因即将卸任无法作为,英国与美国的沟通大多无功而返。但是美国私下告知英方,认为在战债问题上可以将英国和其他债务国区别对待。提出了包括免除利息、分别发行债券等条件诱使英国继续偿债。[5] 这是美国在试图将债务国集团打破,采取的分化瓦解之措。考虑到法国可能不会获此优厚条件,英国选择在12月偿付了一年的战债,实际上背弃了《绅士协定》时期结成的同盟。但在汇款时,英国官方声明"这并不代表英国已经按照原有的协议重启了分期支付战债的进程","仅是为最终解决战债问题而支付的资金"。[6] 可见,英国此举是为了赶在来年6月之前最终敲定战债问题做最后的准备。而法国为了保持和英国在政策上的一致性,防止美国在谈判中厚此薄彼,竟然也选择了支付战债。

同月,已经当选的罗斯福发现自己很快处于美国金融"国际主义"者的攻击中,国内优先的政策引起银行家的不满,协调国际金融仍是必

---

[1] Roger Daniels, *Franklin D. Roosevelt: Road to the New Deal, 1882~1939*, Urbana: University of Illinois Press, 2015, p. 292.

[2] Roger Daniels, *Franklin D. Roosevelt: Road to the New Deal, 1882~1939*, p. 292.

[3] Roger Daniels, *Franklin D. Roosevelt: Road to the New Deal, 1882~1939*, p. 113.

[4] Roger Daniels, *Franklin D. Roosevelt: Road to the New Deal, 1882~1939*, p. 113.

[5] Robert Self, *Britain, America and the War Debt Controversy: The Economic Diplomacy of an Unspecial Relationship, 1917~1941*, p. 115.

[6] Leo Pasvolsky, "American-British War Debt Negotiations", *World Affairs*, Vol. 96, No. 4, Dec., 1933, pp. 212–214.

修的功课。为平衡内外需求，美国希望在日内瓦召开的世界经济会议上讨论除战债以外的世界贸易、汇率等问题。但当美国代表抵达会场，发现整个会议以及会议议程已经被英国人掌控了，会议的论调完全变成"尽快在战债问题上达成实质性协议已经成为会议胜利的前提"。① 罗斯福立刻指示美国代表，防止国际主义者利用其他问题"打牌"，用以干扰国内恢复经济秩序的进程。

在罗斯福正式就职后，外交上的重要任务就是在国际经济会议上解决汇率和物价问题。大萧条后世界走向私利的经济政策，在维持金本位上日益艰难，这需要大国协调货币和贸易政策。在1933年伦敦经济会议召开前夕，英国明确表示世界经济的主要障碍就是战债问题，不排除这个障碍重修战债协议，国际经济合作则无从谈起，这是英国在其他政策上配合美国的前提。为说服英国稳定物价，避免英国采取违约的措施，美国对英国首相麦克唐纳发出邀请函，虽然通过外交官表明在战债问题上可能采取的退步也只是延迟支付战债，但这无疑是良好的开端。在反复权衡利弊得失后，英国首相接受邀请访美。尽管对战债问题不抱太大希望，英国还是做了最后的努力。为避免空手而归的尴尬，英国认为最后的手段就是威胁在6月份债务违约，并不再继续支付战债。这必然引发其他债务国的追随行动，以达到制衡美国的目的。因此，英国认为时间和优势均掌握在英国方面。事实证明，这只是英国的愿望思维。就在麦克唐纳赴美的途中，罗斯福突然宣布美国已脱离金本位，也就意味着美国放弃在货币问题上与英国的合作，自然也就无须牺牲战债，它暗示着英国首相访美不会有任何外交收获。对英国而言，这是一个巨大的打击，英国内部立刻建议麦克唐纳在到达纽约后立即转船回国，"因为美国的行动使所有的会议计划都变成了无稽之谈"。②

虽然美国自己宣布脱离金本位制，但仍期待让英国帮助美国稳定物价。而在英国看来，美国自己都不愿意提高价格水平，却要国际社会去

---

① Robert Self, *Britain, America and the War Debt Controversy: The Economic Diplomacy of an Unspecial Relationship, 1917~1941*, p. 135.

② Robert Self, *Britain, America and the War Debt Controversy: The Economic Diplomacy of an Unspecial Relationship, 1917~1941*, pp. 163–164.

承担责任，因此不予配合，二者在贸易领域的斗争依旧激烈。为迫使英国妥协，美国采取了压力和诱导双重手段。一方面在6月9日，美国财政部部长威廉·哈特曼·伍丁（William Hartman Woodin）正式提醒英国驻华盛顿大使，有一笔759.5万美元的分期付款将于6月15日到期。[①] 另一方面，总统罗斯福又表明将去国会为英国争取暂停6月付款的权力。最终，经过一番软硬兼施，在两国首脑会晤结束后，英国终于表示愿意在物价方面配合美国，同时将象征性地支付战债。

1933年6月12日伦敦经济会议召开，与会各方立场迥异。美国希望欧洲国家提高物价，而英国希望与美国重订战债协议，其他欧洲国家希望美国稳定汇率。若想要世界从废墟中重建，显然需要领袖来弥合各方分歧，承担国际责任。在经济学家金德尔伯格看来，世界的稳定繁荣需要大国免费提供公共产品，其中包括稳定的汇率。但在伦敦经济会议上，罗斯福用7月3日的一封信终结了会议，也结束了各国对美国稳定世界经济的幻想。信中表明国家之幸福生活，取决于本国的经济制度，而不取决于汇率。[②] 虽然这与罗斯福一贯提倡的国内制度建设优先的原则一致，但是他拒绝在汇率问题上的国际合作，并不符合债务国对世界首要债权国的期望，在债务国眼中这是一种自利性质的逃避责任。

第四节　英国违约与英美战债问题的彻底终结

一　英国勉强偿债与债务违约的开始

在伦敦经济会议后，欧洲债务国与美国的关系变得异常脆弱难以维系。英国对美国的战债问题不再抱有过高的幻想，从最初的期待合作逐渐转向冷漠对抗。但是，只要尚未签订新的战债协议，账单总会如期而至。在长期的债务支付过程中，每进入下半年，"还不还钱"这个问题总会重返英国的财政议题。英国不是没有考虑过彻底违约，但在当时的英

[①] Leo Pasvolsky, "American-British War Debt Negotiations", *World Affairs*, Vol. 96, No. 4, Dec., 1933, pp. 212–214.

[②] ［美］罗伯特·达莱克：《罗斯福与美国对外政策1932—1945》，陈启迪等译，商务印书馆1984年版，第76页。

国看来,违约不仅意味着彻底放弃了伦敦的金融信誉,并且在外交上与美国走向对立面,同时,无钱偿债的逻辑还意味着未来几年必须过紧缩财政的生活。因此必须在美国重点关注的裁军问题上缩减预算,有所突破。所以,为早做打算,英国怀揣着最后一点修订战债协议的希望,派代表出访美国。

在这次交涉中英国试探性地提出要最后一次性支付一笔战债,彻底终结战债问题。但美国仍然希望英国可以继续分期付款。鉴于英国在上次战债协议的条款比其他债务国苛刻,英国希望美国承诺,如果其他国家获得了比英国宽松的条件,那么该条款应同样适用于英国。但美国一直没有表态,以至于英国方面最终得出结论,谈判最大的障碍是"不知道罗斯福在想什么,还是他什么都没想"。① 的确,按照美国以支付能力来确定赔偿的一贯作风,美国人不会相信英国无力偿债。1933 年 10 月 17 日,美国方面传达了罗斯福能力范围内的最好方案:债务总额减少到 22.6 亿美元,等额年金约 4000 万美元,50 年付清。同时,总统表示,"说英国政府付不起这笔钱简直是胡说八道","(美国)愿意帮助英国解决问题,但他们给我的负担过重"。② 对于这个提案,英国表示极度失望,强调作为短期计划,英国只能负担每年 1500 万美元的偿付计划。双方在偿债数额上差距过大,以至于美国方面负责与英方沟通的专家以辞职来避免受到罗斯福的谴责。而罗斯福以要么避而不谈,要么果断拒绝的态度对待英国,这完全打破了英国关于重订战债协议的一切希望。最终,英方决定仅给美国 750 万两白银作为象征性的支付。作为交换,美国不判定英国的行为属于违约。这是英国走向违约前最后一次向美国支付战债。③

《绅士协定》之后,欧洲债务国看到团结起来对美国的反制力量。英

---

① Robert Self, *Britain, America and the War Debt Controversy: The Economic Diplomacy of an Unspecial Relationship, 1917~1941*, p. 179.

② Robert Self, *Britain, America and the War Debt Controversy: The Economic Diplomacy of an Unspecial Relationship, 1917~1941*, pp. 184 – 185.

③ Robert Self, *Britain, America and the War Debt Controversy: The Economic Diplomacy of an Unspecial Relationship, 1917~1941*, p. 188.

国与美国签订战债协议时，英美协议是各国与美国谈判的蓝本。因此当英国与美国进行修约谈判时，英国既代表自己，也代表所有的美国债务国。欧洲债务国们在英美修约的外交交涉中一直维持观望，保持沟通。1933年6月，英国以白银清偿美债，这几乎等于宣告即将违约，此举在欧洲引起了连锁反应。鉴于法国早已宣布不再偿债，英国仅用白银还债，于是意大利也随着英国一道还了，但偿还数额不及其应付的一半，而比利时干脆选择不还。显然，不管美国愿不愿意，欧洲国家都用实际行动告诉美国，战债协议已经名存实亡。

美国见状才后知后觉感到形势难以掌控，开始主动伸出橄榄枝，对英国表示愿意在国会争取条件重开谈判，但欧洲国家违约之意已经不可逆转。英国表示，若要英国继续清偿战债，则需要美国接受英国对支付数额和方式开出的条件。这在美国国会引起了轩然大波。为督促债务国偿债，美国开始强制执行将债务国驱逐出资本市场的做法。1934年，"阻止美国与其国外的债务违约国进行金融交易"的《约翰逊法》在国会通过。在此法案之下，美国的债务违约国将无法得到美国的贷款。①

阻断金融市场的手段，仅在债务国没有其他信贷来源，仍依靠美国贷款的境遇下有效。对于债务国来说，美国在经济危机后对资本市场的贡献已经极为有限，债务国们已经厌倦了贷款还钱的模式。在贷款无望的情形下，赖账已经是最优选了。对英国而言，1934年英美两国在金融和贸易领域逐渐分道扬镳，战时金融相互依赖因战争结束而减弱，战后金融合作又因大萧条而破裂，相互依赖减弱导致破坏战债协议的代价减小。因此，《约翰逊法》导致了以英国为首的债务国的集体违约，除芬兰一直在坚持偿债外，其余国家都就此终止了战债的偿付。至1933年6月，英国所获美国贷款42.77亿美元，偿还20.25亿美元，占贷款的47%。

二 战债的后期发展与终结

从1934年开始，英国已经不再支付对美债务，战债议题的重要性被

---

① Robert Self, *Britain, America and the War Debt Controversy: The Economic Diplomacy of an Unspecial Relationship, 1917~1941*, p. 190.

货币和贸易领域所取代,"战债"一词出现在英美官方外交档案的频率也显著降低。此后,对于战债问题的零星记载大多与英美之间三个不占主流的心态相关:一是美国不愿意主动放弃对英国的债权,希望它仍能尽力发挥余热。二是英国对于债务违约有损帝国信誉仍心存纠结。三是随着德国势力的崛起,世界经济形势的发展重启对美国资本的需求。赖账的债务国再次借钱时,无法回避旧债。

首先,直到债务国已经不再偿债,美国国会才提出了各种重订英美战债协议的方案。但这些方案最终都未能安全通过美国国内政治的厮杀。更有甚者,提出将债务国驱逐出部分贸易市场,甚至让英国用部分领土换偿债的方案,但这些方案都不具备可行性。

其次,对英帝国来说,债务违约是尴尬而耻辱的记忆。英国官方不得不暂时回避战债问题,主张在此问题上"莫惹是非"。尽管英国不再偿债,但是账面上欠美国的钱却日积月累,导致英国国内仍存在对债务问题的高度敏感,甚至在政府违约后,不乏有个人愿意出资替政府偿债。

最后,随着第二次世界大战脚步的临近,欧洲国家开始需要在国际市场上融资备战。此时,伦敦自筑围墙艰难维持着英帝国内部金融运转,而纽约已经成为世界金融中心。当欧洲国家在1936年决定再次向美国开口借钱时,战债未偿问题是债务国不得不面临的难题。法国、意大利已经向美国政府表明愿意重启战债谈判,来争取贷款的可能。而英国也意识到,"没有什么比美国支持我国重整军备更能威慑潜在敌人。"[1] 因此,债务国准备重新商谈从美国贷款,但美国指出"即使英国忘记了战债,但我们没忘"。[2] 美国表示法国已经派代表讨论重新支付战债,但英国却没效仿法国,这令美国感到遗憾。可见,尽管随着欧洲局势的紧张,英国越来越希望与美国缓和紧张的关系,但是一旦考虑两国关系,战债问

---

[1] Robert Self, *Britain, America and the War Debt Controversy: The Economic Diplomacy of an Unspecial Relationship, 1917 ~ 1941*, p. 206.

[2] Robert Self, *Britain, America and the War Debt Controversy: The Economic Diplomacy of an Unspecial Relationship, 1917 ~ 1941*, p. 206.

题却让英国处于尴尬的局面，政策很快变为"当前最好保持沉默"。①

第二次世界大战爆发后，美国修改中立法，并重新开始向其盟友提供战略物资。在战争期间，英国迫于融资压力也终于在1940年7月派财政部官员弗雷德里克·菲利普斯（Frederick Phillips）去美国争取贷款，美国再一次趁机给英国提出各种条件，甚至主张一旦英国处于险境，可以由美国接管英国皇家海军用以偿付债务。无奈之下，英国首相丘吉尔在1940年12月8日致信罗斯福请求救援，表明英美两国在安全上是联系在一起的，应当相互协助。最终，美国通过了《租借法案》，开始了对盟友的官方援助。但是美国谨记债务国们集体违约的历史，为防止情形再现，设立了允许以货币以外形式支付债务的机制。②

第二次世界大战结束后，大部分债台高筑的欧洲国家更愿意将"一战"期间形成的战债置之脑后，但美国政府仍以惊人的毅力每隔两年提醒一下各国所欠美债，尽管它们只在美国财政部的账簿中继续累积。世人皆认为，既然欧洲债务国不再偿债，那么不管美国是否情愿，战债问题自1934年以后已经一笔勾销了。但2014年英国突然宣布将继续偿还战债，表明"这也是缅怀过去卓越贡献的一个好方式"③。尽管英国违约了80年，英国人依然没有忘记赖账给英国带来的感受。到2015年3月，英国宣布彻底清偿了总额高达19亿英镑的战债，也终结了持续近百年的英美战债问题。

---

① Robert Self, *Britain, America and the War Debt Controversy: The Economic Diplomacy of an Un-special Relationship, 1917~1941*, p. 203.

② ［美］迈克尔·赫德森：《金融帝国：美国金融霸权的来源和基础》，嵇飞、林小芳等译，中央编译出版社2008年版，第111页。

③ 张凯文：《英国一战欠债2015年还清 称提醒民众勿忘历史》，环球网，https://mil.huanqiu.com/article/9CaKrnJFVXO，2014年12月5日。

第五章

美国债权杠杆与英美权力转移

在1920年美国典型的经济外交中,美国更倾向于将经济调整的问题拖延,同时使用贷款来达到其战略目标。

——英美关系史学家弗兰克·科斯蒂哥里拉（Frank Costigliola）1977[1]

我国要求债务国偿债的数额将债务国推向破产边缘,与此同时又将他们的商品（除少部分我国必需的原材料外）驱逐出美国市场,这种国家计划实在令人费解。

——美国金融家欧文·杨（Owen D. Young）1926[2]

第一节　债权杠杆、英美贸易竞争与世界经济萧条

第一次世界大战后,在英国重振昔日霸权地位的外交战略中,尽快恢复海外贸易市场是重要一环。因为"海外贸易对美国意味着走向繁荣抑或衰落,但对英国来说却是帝国生存"。[3] 尽管战后英美两国政府都在

---

[1] Frank Costigliola, "Anglo-American Financial Rivalry in the 1920s", *The Journal of Economic History*, Vol. 37, No. 4, Dec., 1977, p. 922.

[2] Jeff Frieden, "Sectoral Conflict and Foreign Economic Policy, 1914~1940", *International Organization*, Vol. 42, No. 1, Winter 1988, p. 80.

[3] Michael D. Goldberg, "Anglo-American Economic Competition, 1920~1930", *Economy and History*, Vol. 16, No. 1, 1973, p. 20.

经济外交方面致力于推动本国海外贸易的发展，但两国面临的局势以及出口贸易状态却不尽相同。战前，美国拥有世界出口贸易份额的12.4%，英国拥有15.4%；英国的出口占其GNP的25%—30%，而美国出口盈余仅占美国GNP的不到10%，其中90%又是在美国国内市场上消费的。但这一形势在战后很快被逆转。欧洲经济的总体颓势以及美国海外贸易的迅速扩张已经对英国经济霸权形成严重的冲击。[①]

一 英美信贷关系与贸易问题的内在联系

英国能否恢复帝国的风光，不仅取决于其战略对手美国的贸易扩张范围、能力与速度，也取决于英国是否能够顺利解决长期困扰其财政的英美战债问题。通常，债务国的偿债需要通过出口商品或提供服务、现金以及黄金支付三种形式完成。但大战之后的债务国几乎都陷入流动性不足的困境，因此在没有替代外汇来源的情况下，以出口商品偿债是债务国的首选支付方式。对外贸易对于债务国而言，不仅意味着能否获得足够的贸易盈余以清偿债务本息，还存在着扩张本国商品市场的可能。而对于债权国而言，需要审慎考虑是否选择接受债务国的商品作为其清偿债务的方式，因为此举很可能对本国弱势工业带来严重冲击，进而损害本国的商业利益。

若仅从经济视角去判断海外贸易、投资与战债之间的关系，经济学家普遍认为，战债是一种破坏性的力量，它的存在不利于世界经济的复苏，尤其是贸易的回暖。如果美国坚持要各国清偿债务，那么整个世界经济会进入通货紧缩、生产无力、债台高筑的局面。英国经济学家凯恩斯说，美国若坚持要欧洲国家偿债，美国的工业也将深受其害，原因在于欧洲国家以商品还贷会导致美国企业遭受来自欧洲廉价商品的冲击，而欧洲债务国为偿债节衣缩食更无钱去购买美国商品。一般情况下，欧洲国家偿债需要有外汇，获取外汇需要少买多卖，美国实现工业发展也需要少买多卖。同时，如果无法找到更好的刺激出口的办法，只能通过

[①] Michael D. Goldberg, "Anglo-American Economic Competition, 1920~1930", *Economy and History*, Vol. 16, No. 1, 1973, p. 20.

提高关税来保护本国产业，美国的农业与农场主终究也会因债务国的反制措施深受其害。① 因此，减轻债务负担是实现欧洲重建、促进美国对外贸易双赢的政策。

但是，战债不仅仅涉及清偿或减免的经济问题。如果说战后德国赔偿问题对于欧洲国家的难以调和是因为融合了政治情感、经济纠葛与大国利益，因此是最复杂的欧洲政治问题的话，那么战债是由美国纳税人认购的，纳税人利益不可损害，这对美国而言也是最大的政治问题。所以英美两国的对外贸易政策必须在战债依旧存在的政治假设下制定。

鉴于战债无法取消，海外贸易、投资和战债之间的冲突与纠葛"是20世纪20年代（英美）两国不和谐的部分原因"②。两次世界大战期间，英美两国在制定贸易政策之时，都需要从德国赔偿、对外贸易与投资、英美战债问题三方面综合考虑，以维护本国的经济利益。"他们因为英国石油准入权争吵不休，英国人认为美国拿战债问题漫天要价，美国人憎恨英国通过对橡胶原材料的垄断，试图从美国消费者身上榨尽最后一美元"。③

二 战债与英美贸易政策的演变

从贸易与投资的概况上看，1920—1921年世界范围内短暂的通货紧缩后，世界出口在1921—1929年八年时间之内增加了82.5%，这是1870年以来的最高增长率，1929年也是迄今为止世界出口的最高纪录。④ 在当时高速增长的世界贸易投资热潮中，美国扮演的角色举足轻重。

早在19世纪末，美国工业生产中具有典型意义的"泰勒主义"和"福特主义"文化在制造业已经悄然兴起。1890—1930年，美国制造业的生产效率提高了150%，农业生产率提高了42%，总体生产率提高了

---

① Austin Robinson and Donald Moggridge, *The Collected Writings of John Maynard Keynes*, Volume IV: *A Tract on Monetary Reform*, New York: Cambridge University Press, 2013, p. 37.

② Frank Costigliola, "Anglo-American Financial Rivalry in the 1920s", *The Journal of Economic History*, Vol. 37, No. 4, Dec., 1977, pp. 911 – 912.

③ Frank Costigliola, "Anglo-American Financial Rivalry in the 1920s", *The Journal of Economic History*, Vol. 37, No. 4, Dec., 1977, pp. 911 – 912.

④ David S. Jacks and Dennis Novy, "Trade Blocs and Trade Wars during the Interwar Period", *Asian Economic Policy Review*, Vol. 15, No. 1, Jan., 2020, p. 3.

110%。伴随着美国生产率爆炸性增长的，是大规模批量生产技术的开发与广泛应用，这极大提高了美国商品数量与种类，但同时也亟待美国在全球范围内为本国商品寻找海外市场。[①] "一战"中美国从净债务国转为净债权国，为美国对外贸易的扩张推波助澜。美国占世界出口的比重由1913年的12.4%上升为1922年的16.9%。到20世纪20年代后期，世界工业产值的40%来自美国。[②]

制造业的蓬勃发展促使美国以"门户开放"的贸易理念向海外扩张，但这种扩张必须回应三个难题。首先，美国贸易扩张必然会引起与英国海外利益的冲突，如何协调美国新兴制造业大国的身份与既有霸权国英国之间的关系，是美国对外政策上必须解决的问题。其次，第一次世界大战后美国成为英国的债权国，这必然导致英美之间支付关系的变化。[③]而贸易政策如何适应业已变化的世界支付体系，是包括英美在内的国家需要高度协调的难题。最后，从现象上看，英国、法国作为德国赔偿的主要债权方不愿意接受德国商品，以免造成对本国商品的冲击，美国同样不愿意接受英法等国的产品，担心会打击美国"一战"中兴起的所谓"幼稚产业"。最终结果是，德国无法出口获得盈余清偿赔款，英法没钱偿还对美国战债。而战后各国生产的商品又需要在世界范围内寻找市场，因此，如何在商业政策和金融政策之间寻找平衡点也是英美共同面临的难题。

为在政治上远离与欧洲国家的纠纷，经济上力避与英国形成正面对抗，美国在贸易扩张的地缘政治上选择了以美洲为大本营、以亚洲为重点发展对象的策略。这一策略可以降低维护贸易市场的成本，同时有助于降低英美贸易在欧洲竞争的烈度。从数据上看，1923年美国占法国进口市场份额的14.8%，到1927年仅占13.3%，降低了1.5个百分点；美

[①] Mark Rupert, *Producing Hegemony: The Politics of Mass Production and American Global Power*, Cambridge: Cambridge University Press, 1995, p. 68.

[②] Mark Rupert, *Producing Hegemony: The Politics of Mass Production and American Global Power*, p. 69.

[③] Joan Hoff Wilson, *American Business and Foreign Policy, 1920~1933*, Lexington: The University Press of Kentucky, 1971, p. 8.

国在 1923 年占德国进口的 19.1% 到 1927 年下降至 14.7%。而美国在 1923—1927 年的整体出口却疯狂增长了 136.8%，其中到亚洲的出口增长了 440.1%，到南美的出口增长了 297.2%，但是同时期到欧洲出口仅增长了 75.9%。换言之，随着道威斯计划开始，包括英国在内的欧洲国家越来越依赖于美国资本的时候，美国却在减少对欧洲市场的依赖。与战前美国对外贸易很大程度上依赖与欧洲的商品交换不同的是，1925—1927 年亚洲成为美国的重要贸易伙伴。相对应欧洲占美国进口商品的比重在不断下降，从 1913 年的 48% 下降为 1927 年的 30%。同时，美国出口欧洲商品占美国出口的比重也从 1913 年的 60% 下降到 1927 年的 47%。[①] 从各种数据可以看出，尽管"一战"后美国对外贸易在世界市场上的份额不断增加，但其中出口欧洲的比重并没有上升。

美国在贸易上侧重非欧洲区域，降低对欧洲的市场依赖，一方面增强了自身经济政策的独立性，另一方面客观上减少了美国在贸易和金融上对欧洲采取不同政策的阻力。从金融角度上看，战债问题的高度政治化、特别是对英国的实际影响力，使得美国不能放弃债权武器，需要通过给欧洲国家贷款来维护欧洲的稳定，在维持债权前提下同时使欧洲具有一定清偿债务的希望，表现在外交上就是"金融国际主义"。从贸易角度上看，为保护本国弱势产业不受欧洲商品冲击，美国需要建立关税壁垒，在商业上部分采取"贸易民族主义"，而为发展自身优势产业特别是制造业，又希望他国维持"门户开放"。这种国际金融政策与贸易差别政策的趋势贯穿了 20 世纪 20 年代美国对外经济外交的始终。

按照经济逻辑，这种金融政策与商业政策的两种取向实际上存在激烈的内在冲突，也将导致美国国际收支的严重失衡。凯恩斯观察到，如果美国采取一直维持 20 世纪 20 年代的出口规模，同时在进口方面以关税壁垒限制欧洲进口的政策，那么就无法平衡国际收支。而如果美国坚持从欧洲榨取财富要求支付债务，那么必将损害其国内的出口工业，这并不符合美国的物质利益。一旦美国意识到这一问题，将立即放弃其对战

---

① Michael D. Goldberg, "Anglo-American Economic Competition, 1920~1930", *Economy and History*, Vol. 16, No. 1, 1973, p. 24.

债的要求。因此，战债问题很可能是"美国假装要债，而欧洲假装还钱"。① 但鉴于取消战债在美国政治上不可行，美国只能通过三种手段暂时规避商业与金融政策之间的矛盾。一是将商品销售市场的重点集中于非欧洲地区。形成给欧洲贷款、让欧洲偿债，卖商品给美洲、亚洲的贸易投资网络，从而延缓贸易政策调整的时间。二是通过调节关税政策来保护本国的工业。三是基于欧美国家都不愿意牺牲本国的出口贸易，可以通过汇率政策来维持本国商品的价格优势。

其中，关税政策的变化是体现两次世界大战期间美国对外贸易最重要的一面，更是政府政策选择而非市场选择的结果。换言之，这一时期美国作为世界主要债权国与其债务国之间的关税政策，在一定程度上决定了该历史时期世界贸易的形态。尽管在战后初期，美国并没有固定的关税政策，但在国内达成了关于关税问题的共识，即美国未来的关税应该通过灵活的、科学的设计，促进外贸并为本国市场提供保护。② 早在1919年年底，当欧洲面临迫在眉睫的经济援助时，美国就产生了以对外贷款配合对外贸易扩张的想法。在美国资本注入欧洲之前，美国国会参议员沃尔特·埃文斯·埃奇（Walter Evans Edge）就指出，对欧洲的贷款不是利他的慈善，而是为了获得欧洲的农业和工业订单。③ 因此，美国企业家在商讨欧洲重建问题中经常将战债、贸易、赔偿政策全盘考虑。到了1920年，随着对外国商业竞争的恐惧逐渐在美国商人集团中蔓延，高关税的需求开始出现在金融国际主义与商业民族主义的辩论中。商业民族主义者希望国家通过提高关税保护战后新兴产业，而国际主义者希望从更宽泛的范围内，考虑到其他国家和市场的反制措施，以贸易开放为总体原则制定温和的关税政策。这些分歧加上各种政治干预，以及战债等问题的存在，使得1922年之前美国的关税政策存在很大的弹性，也就

---

① Austin Robinson and Donald Moggridge, *The Collected Writings of John Maynard Keynes*, Volume IV: *A Tract on Monetary Reform*, pp. 41–42.
② Joan Hoff Wilson, *American Business and Foreign Policy, 1920~1933*, p. 67.
③ 康欣：《国家债权与霸权转移——美国对英国的债权政治研究（1917—1945）》，博士学位论文，复旦大学，2014年，第109页。

是在策略上是可谈判的。①

美国在这一时期实行弹性关税政策有其深刻的国内经济根源。一方面，尽管战后美国从主要资本进口国和原材料出口国变成了首要资本出口国，但美国经济仍然以内向型为主，需要关税保护。与此同时，也出现了一些具有规模、产业和技术优势的大型美国公司，新兴产业的蓬勃发展需要在全球范围内配置资源、寻找市场与投资机会。在20世纪20年代，这些产业集中在工业生产领域，特别是制造业、公共设施以及能源产业，例如汽车、电子应用与设备、石油以及资源冶炼行业，其对外投资在规模和速度上都有显著提高。相反，一些相对技术标准化行业，例如钢铁、服饰和制鞋产业几乎没有出口经验和商业生产线上的比较优势。显然，以国际化为目标的优势产业，在经济政策上希望以自由贸易形式进行商品交易，允许债务国通过购买美国商品赚取外汇。内向型企业则因缺乏国际竞争力而高度重视国内市场，需要关税保护的同时，也躲避竞争对手的报复性行为。② 以美国棉花生产商为例，在"一战"期间，他们的贸易联合会通过参与战争服务委员会提升了影响力，棉花生产商成立了"强化委员会"准备简报、制订关税计划。在1922年美国进行《佛德尼—马克昆柏关税法》（*The Fordney-McCumber Tariff*）辩论时，该强化委员会不仅代表全国纺织业进行国会听证发言，而且还私下约见国会议员。因此，当法案通过时，他们实现了行业利益：通过维持整整十年高关税政策，以阻止国外资本进入。③ 棉花生产商的行为是20世纪20年代美国最高效的企业游说集团的典型。他们代表了美国中小企业的利益，主导了整个20世纪20年代美国众议院方式方法委员会以及参议院金融委员会的关税听证会。这些中小企业和农业生产商对美国1922年《佛德尼—马克昆柏关税法》，以及1930年《斯姆特—霍利关税法》（*The Smoot-Hawley Tariff Act*）"做出了最大的贡献"。相反，那些大型企业和出

---

① Joan Hoff Wilson, *American Business and Foreign Policy, 1920~1933*, pp. 66-68.

② Jeff Frieden, "Sectoral Conflict and Foreign Economic Policy, 1914~1940", *International Organization*, Vol. 42, No. 1, Winter, 1988, pp. 63-65.

③ Joan Hoff Wilson, *American Business and Foreign Policy, 1920~1933*, p. 76.

口集团，不是缺席就是没怎么发声。①

1922年通过的《佛德尼—马克昆柏关税法》提高了威尔逊时期已经降低的关税，保护了美国本土中小企业的利益，却对希望以贸易收益支付债务的欧洲国家来说是一记重拳，②特别是英国商品在此时就迅速失去了美国市场。1926年英国贝尔福委员会的报告中说，"从海外市场来看，显然对工业产品生产线来说，数量和低价是重要的影响因素，但美国的高关税政策已经使得英国实际上不可能与美国竞争"。③

而1930年的《斯姆特—霍利关税法》更把关税提高到了美国历史上的最高水平，使美国商品的税率达到了商品实际价值的60%。当然，该法案也迅速引发了欧洲国家的报复性措施，一年之内共有26个国家给美国进口产品制定了新的配额限制。④

从现象上看，1922年到1930年，美国通过不断提高关税壁垒来保护本国"幼稚产业"、中小企业以及农业集团的利益，同时也阻止欧洲国家以对美出口商品来清偿战债的途径，导致欧洲国家陷入债台高筑的困境。这似乎是国内商业民族主义利益集团战胜金融国际主义的表现，但同时期美国的海外金融扩张非但没有停止，反而一路高歌猛进。甚至专家认为，"1924年道威斯计划的出台，确认了美国在国际金融领域的领导地位"。⑤从实质来说，看似存在内在冲突的商业与金融政策并不是美国国内利益集团内争的结果，而是美国面对国际国内两个市场，以关税和投资两种手段，以商业和金融两个集团相互协作促进美国经济霸权的结果。恰恰是因为高关税挡住了欧洲商品流入，造成欧洲无法获得美元清偿债务，才使得这些国家对来自美国的贷款和投资更加迫切。因此，尽管美国国内对关税与贸易政策存在着不同声音，但本质上仅是方法策略之争，

---

① Joan Hoff Wilson, *American Business and Foreign Policy*, *1920~1933*, p. 75.
② 李巍：《制度变迁与美国国际经济政策》，上海人民出版社2010年版，第152—156页。
③ Michael D. Goldberg, "Anglo-American Economic Competition, 1920~1930", *Economy and History*, Vol. 16, No. 1, 1973, p. 22.
④ 李巍：《制度变迁与美国国际经济政策》，第152—156页。
⑤ Joan Hoff Wilson, *American Business and Foreign Policy*, *1920~1933*, p. 103.

其政策归宿都是使纽约成为国际金融中心，美国成为世界经济霸主。[1]

至于协调不同利益集团之间的分歧，照顾美国在战债、关税、贸易甚至是赔偿问题上的立场，一直都在美国政治家的综合考量之中。胡佛在担任商务部长的任期内，从机构上和理念上对商务部进行大刀阔斧的改革，其目的就是适应这一历史时期美国在内政外交上固执的战略需求。通过成立"为扩大美国出口的赊账委员会""外国商业服务"等部门，不遗余力地向世界推销美国剩余产品。[2] 同时，他将美国外国和国内商业局分割为两个不同的商业部门，吸纳顶级出口工业以及贸易联合体中的专家进入这些部门中，通过协作委员会将这些部门和专家用私人因素绑定在一起，共同研究贸易和投资趋势，促进海外资源的开发。他还设计了世界大战战债委员会，以政治和科学的基调去协调战债问题，利用专家对关税采取技术性管理，并推动建立对贷款的监管体系，让领导者确保资本投入再生产行业。此外，在国务卿休斯的配合下，胡佛敦促商业和银行领袖共同合作以促进对外贸易，组织开发者、原材料进口商和无线电通信商对抗国外卡特尔企业，为美国贸易扩张服务。[3] 因此，美国对欧洲贷款与贸易扩张从整体战略上是相辅相成的关系。

然而，美国在1922年后采取的高关税政策对英国而言却是沉重的打击。因为除商品出口受限外，战债问题的存在使英国在贸易政策上也受到制约。对于战债的影响，罗伯塔·奥尔博特·戴耶（Roberta Allbert Dayer）认为，英国要回到之前的地位必须获得美国的合作，这有两个原因。一是唯独美国有资本盈余可以帮助欧洲重建经济，二是美国政府持有英国债券，除非有其他办法，英国必须清偿对美国的债务。[4] 相比英国因债务国身份受制于美国，债权国身份却给美国更大的关税自由。1930年，

---

[1] 参见Joan Hoff Wilson, *American Business and Foreign Policy*, 1920~1933, p.102.

[2] 康欣：《国家债权与霸权转移——美国对英国的债权政治研究（1917—1945）》，第110页。

[3] Ian M. Drummond, *British Economic Policy and the Empire*, 1919~1939, New York: Routledge, 2005, p.37.

[4] Roberta Allbert Dayer, *Finance and Empire: Sir Charles Addis*, 1861~1945, New York: The Macmillan Press, 1988, p.112.

美国在制定《斯姆特—霍利关税法》时，当有人问及如何应对欧洲国家可能采取的报复行动时，美国众议院方式方法委员这样回复说："他们并不畏惧美国的出口商品，他们只担心（美国）阻止进口"。① 这说明美国深知，英国的软肋是担心自己无法通过外贸收益去偿还对美债务。

除了已经开始征收高关税，美国总统还授予了以平摊生产成本为名，对一种商品增加或者减少50%关税的修订权。美国在1922—1928年一共进行了38次关税调整，其中仅有5次为降低关税，而在提高关税中，大部分都提高到了50%的上限。②

美国用高关税政策排除美国市场上国外竞争的做法，对英国的对外贸易形成直接冲击。在英国出口商品中受影响最大的当属钢铁、瓷器、玻璃、餐具和纺织品，这些商品的销量大减，直接导致英国快速丧失自身的第三大消费市场——美国市场的份额，两国之间的贸易关系与贸易地位被改写。1928年，美国对英国的贸易顺差达到了近5亿美元。同时，英国占美国出口的比重也在持续下降，1913年时还占26.2%，1921—1925年为平均21.4%，1928年就下降到16.5%，到1929仅为16.2%。不仅如此，英美两国的对外贸易在欧洲、美洲、亚洲都形成了激烈的竞争之势。1913年，美国占太平洋拉丁美洲进口份额的32%，英国占21%，到1925年，美国的份额已经上升至50%，而英国下跌至15%。在日本，"一战"开始时英美两国在日本进口中所占比例均为16.8%，但是到1927年，英国的比例下降至7%，美国的比例则上升至30.9%。③

如果说高关税政策给英国的直接影响是海外贸易市场的全面萎缩，那么其最为严重的间接影响是居高不下的失业率。尽管当时几乎所有工业国家都面临失业问题，但是英国的失业问题所引发的社会经济问题最深最广。战后十年，英国工业可雇佣人口的平均失业率从最初的3%上升

---

① David S. Jacks and Dennis Novy, "Trade Blocs and Trade Wars during the Interwar Period", *Asian Economic Policy Review*, Vol. 15, No. 1, Jan., 2020, p. 123.

② Michael D. Goldberg, "Anglo-American Economic Competition, 1920~1930", *Economy and History*, Vol. 16, No. 1, 1973, p. 22.

③ Michael D. Goldberg, "Anglo-American Economic Competition, 1920~1930", *Economy and History*, Vol. 16, No. 1, 1973, pp. 23-27.

到8%。1921—1927年，美国的五年平均失业率为6.1%，而同时期英国则达到了12%—13%。美国高关税与英国失业率的逻辑关系在于：战后英国与美国之间的货币竞争，以及战后缺乏汇率调整机制，导致英镑汇率被高估而实际购买力并没有提升，对外国购买者而言，英国商品价格相对上涨。为了在高关税的情况下维持商品价格竞争力，英国采取了削减工资以及其他成本的方式维持出口，其结果就是失业人数的剧增。① 因此有专家认为，战后"主导英国政客帝国战略"的失业问题，大多可以追溯到美国的关税政策。而失业问题又是英国诸多贸易政策出台的原因，其中包括帝国结算法案、金融合作计划、东非担保借贷法以及殖民地发展法案。②

针对美国20世纪20年代的"门户开放"理念拓展与高关税保护性措施之间的两面协调，英国国内存在着关于"资本和劳动力的自由配置与流动是否还可能促进帝国产出最大化"的疑问。严峻的失业状况已经使英国的政治经济学家对新古典主义经济学"充分就业的假设"产生怀疑，显然，英国需要税制改革来适应战后经济发展的需求，回应美国高关税给英国带来的冲击。因此20世纪20年代，与美国金融与贸易政策相对应，英国在同一历史时期也存在着超越党派之争的"自由放任"的自由贸易观和"帝国梦想"贸易联盟之间的两种政策取向。③

提倡税制改革的行业主要来自钢铁与汽车工业，这些工业生产商通过国家制造业联盟和英国工业联合会，以及英国商业内阁联合会呼吁在工业领域实行帝国内部特惠制度。但亦有反对之声来自严重依赖外国原材料进口和海外市场的行业，例如造船业。而金融业例如英格兰银行、伦敦城市银行试图在全世界范围内增强影响力，也反对退回到帝国资本

---

① Michael D. Goldberg, "Anglo-American Economic Competition, 1920~1930", *Economy and History*, Vol. 16, No. 1, 1973, p. 21.

② Ian M. Drummond, *British Economic Policy and the Empire, 1919~1939*, p. 37.

③ Ian M. Drummond, *British Economic Policy and the Empire, 1919~1939*, pp. 36-38.

市场。①

尽管身处两种政策取向的矛盾中，英国不得不对来自美国、德国、日本等外部经济力量的冲击予以回应。1921年，英国的保卫工业法不仅引入了反倾销税，并维持33.3%的从价税，而且对一些包括化学、光学玻璃、磁石和钨等"关键"物品开始征税。该法案还允许一些工业经过审查后寻求贸易董事会的安全保护。此外，英国对汽油、制糖、人造丝等产业在"一战"后也开始通过采取新的关税进行温和的保护，到1928年又开始对原油增加新的关税。同时英国在此期间开始了较为温和的帝国特惠，对帝国内部生产产品的收入关税比外部低六分之一，一些关键商品甚至免征关税，帝国内部的保护性关税也相对较低。②

随着1930年美国《斯姆特—霍利关税法》的出台，将英国的贸易政策彻底推向了帝国特惠制度的轨道。在英国看来，"美国这一关税政策表明美国将在经济上更加独立自主，自给自足，自我孤立。"③而英国此时开始面对高失业、高赤字和黄金储备耗尽诸多困难叠加的局面，1930年仅劳动力失业率就从12%增加到了20%。如此情形使英国在对外贸易中逐渐转向了彻底的保护主义立场，开始对帝国外部竖起了贸易壁垒。④自1931年后，英国不再是自由贸易国家，取而代之的是1932年由张伯伦发展的帝国内部自由贸易梦想，其中最核心的部分为帝国关税法。该法案号召：对几乎所有的进口商品征收10%的关税；在帝国内部实行关税豁免的政策；将其他需要豁免关税的特殊商品列入免税清单。1932年8月，在渥太华举行的帝国经济会议确定了英帝国正式采用帝国特惠制度。随

---

① Steven E. Lobell, "Second Image Reversed Politics: Britain's Choice of Freer Trade or Imperial Preferences, 1903~1906, 1917~1923, 1930~1932", *International Studies Quarterly*, Vol. 43, No. 4, Dec., 1999, p. 679.

② Alan de Bromhead, Alan Fernihough, Markus Lampe and Kevin Hjortshøj O'Rourke, "When Britain Turned Inward: Protection and the Shift Towards Empire in Interwar Britain", *NBER Working Paper*, No. 23164, February 2017, pp. 7–8.

③ Steven E. Lobell, "Second Image Reversed Politics: Britain's Choice of Freer Trade or Imperial Preferences, 1903~1906, 1917~1923, 1930~1932", *International Studies Quarterly*, Vol. 43, No. 4, Dec., 1999, p. 682.

④ Roberta Allbert Dayer, *Finance and Empire: Sir Charles Addis, 1861~1945*, p. 217.

之形成了帝国内部由 12 个双边贸易协定为基础的贸易网络,进入了集体对集团外商品提高关税的时代。①

这样,保护主义的贸易政策、紊乱的货币体系、不可持续的德国赔偿以及堆积如山的战债构成了 20 世纪 30 年代经济衰退的灰色图景。时至今日,当学界反思世界贸易为何在这一时期走入了一个以邻为壑的时代,对世界经济危机追根溯源时,仍然需要重点评估美国的高关税政策,特别是 1929 年夏美国开始起草《斯姆特—霍利关税法》作为重要节点对其后世界贸易逐渐下滑的影响。一般认为,《斯姆特—霍利关税法》对工资上涨以及相对开放的贸易政策造成了严重的威胁,而这两个要素却是造就此前贸易繁荣的动因。② 但事实上,关税壁垒不过是充当了破坏世界经济和自由贸易的利剑,根本原因在于美国对战债支付的不可动摇,以及各国保护弱势工业的商业民族主义情结。现实中这两者之间的矛盾并无调和的可能。对于这种现象,美国金融家欧文·杨(Owen D. Young)在 1926 年致信胡佛总统说:"我国要求债务国偿债的数额将债务国推向破产边缘,与此同时又将他们的商品(除少部分我国必需的原材料外)驱逐出美国市场,这种国家计划实在令人费解"。③

美国既要欧洲国家偿债,又不允许其债务国赚钱偿债,在这种两难之下只能将继续给欧洲国家贷款的做法维持下去。对于这种做法的荒谬,1988 年哈佛大学国际经济史专家杰夫·弗里登(Jeff Frieden)在其发表于《国际组织》期刊上的"部门冲突与对外经济政策 1914—1940"一文中,用一段对话幽默地表明了其中关系:

问:"如果不发行和出售更多的股票和债券的话,可能会新建工

---

① Steven E. Lobell, "Second Image Reversed Politics: Britain's Choice of Freer Trade or Imperial Preferences, 1903~1906, 1917~1923, 1930~1932", *International Studies Quarterly*, Vol. 43, No. 4, Dec., 1999, p. 680.

② David S. Jacks and Dennis Novy, "Trade Blocs and Trade Wars during the Interwar Period", *Asian Economic Policy Review*, Vol. 15, No. 1, Jan., 2020, p. 4.

③ Jeff Frieden, "Sectoral Conflict and Foreign Economic Policy, 1914~1940", *International Organization*, Vol. 42, No. 1, Winter, 1988, p. 80.

厂、提高劳动生产率并产生剩余产品吗？"

答："不会，我们生产越多，我们越有能力购买。"

问："如果我们生产过剩呢？"

答："我们可以出售给国外。"

问："那外国人怎么买得起？"

答："我们可以借钱给他们。"

问："我明白了，他们用我们的钱买我们的剩余产品，当然，这些外国人卖商品给我们赚钱还钱？"

答："不可能，我们会建一道墙，叫关税。"

问："那么，这些外国人怎么还债呢？"

答："这很简单，你听说过备忘录（指胡佛的《延债宣言》）吗？"①

显然，坚持战债与保护本国工业的前提，是美国通过对欧洲投资使得整个世界贸易、债务和赔偿的支付体系可以运转下去。对此，美国学者詹姆斯·古德温·霍奇森（James Goodwin Hodgson）认为："美国对外贷款提供了推动外国购买美国剩余产品的方法，给美国商业带来了难以估量的价值。通常，债权国的历史同时也是其对外贷款的历史。1928年结束了英国作为世界上最主要债权国的历史，此后由美国主导历史进程。"② 但是，美国政府于1928年后突然决定减少对外投资后，这一支付体系的不可持续性很快暴露出来。而1930年美国《斯姆特—霍利关税法》竖起的关税以及各种非关税壁垒，引发了欧洲国家的集体报复性行为。此后，给世界经济带来严重冲击的不仅是投资削减、债务加重的持续压力，还直接导致了世界贸易从1930年之后开始急转直下。1931年，美国总统胡佛发表《延债宣言》后，欧洲债务国想尽办法联合抵制美国的偿债要求。尽管美国不愿意承认，但是已经意识到欧洲国家此时根本

---

① Jeff Frieden, "Sectoral Conflict and Foreign Economic Policy, 1914~1940", *International Organization*, Vol. 42, No. 1, Winter, 1988, p. 82.

② James Goodwin Hodgson, *Cancellation of International War Debts*, New York: H. W. Wilson Company, 1932, p. 79.

不可能偿债。所以战债问题在名义上还困扰着美国，实际上它对美国的国内政治压力已经大不如前。

更为有趣的是，世界贸易在解除了战债压力后，美国的金融国际主义重新抬头，又开始向世界兜售贸易多边主义，希望和英国展开自由贸易谈判，这时的美国开始怀念自由贸易了。

三 债权杠杆在英美贸易政策与市场竞争上的效用

1. 战债对英美两国自由贸易理念的破坏

在贸易政策上选择自由贸易，摒弃保护性关税几乎是大国崛起过程中必然秉承的理念。对于英国来说，自由贸易政策自19世纪40年代废除"谷物法"到19世纪60年代，已经根深蒂固地扎根于英国的政治经济外交中。[1] 这是英帝国维持庞大贸易体系的政策渊源。相应地，尽管在时间上存在差异，二次工业革命后兴起的美国，则以"门户开放"政策为主要表现形式，于第一次世界大战前甚至战争期间，主要在美洲、亚洲和部分欧洲地区进行了自由贸易的实践，这种状态一直持续到1922年。因此，无论是威尔逊还是哈定总统，他们在经济政策上的基本目标是一以贯之的，那就是在世界范围内推行门户开放政策，使美国完成走向国际霸权的重要步骤，并同时促进美国国内的持续繁荣。简言之，尽管两位总统采取的是不同的策略，但美国在1916—1922年贸易政策上是具有一致性的。而在此过程中，政府领导人与商人——特别是银行家和企业家在国内和国际两个领域内密切合作促进了美国经济的海外扩张。他们相互配合要求欧洲国家偿债，抵制协约国的影响范围；通过对赔偿问题的干涉反对盟国控制德国的经济，并试图控制美国海外投资的流向；促进美国在投资和贸易上的协作，推动银行业建立分支机构，将关税当作经济武器而非保护屏障。[2]

为何美国的关税与贸易政策到1922年发生改变？从整个欧美关系的

---

[1] 参见滕淑娜《论20世纪初英国关税改革与自由贸易之争》，《世界史研究》2016年第8期。

[2] G. L. Owen, "Heir to Empire: United States Economic Diplomacy, 1916～1923 by Carl P. Parrini", *Book Review*, *The Historical Journal*, Vol. 13, No. 4, Dec., 1970, p 812.

图景来看，引起政策变化的不仅是英美两国在美洲、亚洲海外贸易市场份额和竞争力的变化，更主要的是战后的支付体系发生了变化。首先，1921年5月伦敦计划敲定了德国赔偿的数额，也启动了包括英美两国就支付体系对贸易体系冲击的焦虑，这一点在美国表现得更加明显。德国要赔偿协约国，就需要向协约国出售商品，同时由于大部分协约国又是美国的债务国需要对美国出口商品。因此，战债和德国赔偿问题的存在不仅要求资本在整个欧洲和美国维持流动性，同时要求欧美各国商品贸易的运转予以配合。这是赔偿与战债过程中"欠债"与"还钱"两个环节顺利推进的基本要求。

但是，欧美国家工业体系的相似性远超出各自与美洲、亚洲国家的相似性。自由贸易通常是互补型经济体之间的通行证，却往往在工业结构类似的国家间寸步难行。鉴于战后维持欧洲稳定与重建也符合美国的利益，美国国际金融集团不断投资于欧洲，持续向欧洲国家贷款。这样美国的借贷结构在20世纪20年代发生了变化，由原来集中投资于落后国家的原材料供应和铁路建设，转而投资于制造业更加先进的国家。例如德国，其经济形态与美国接近，是美国工业的主要竞争对手，这样美国担心自己国内制造业在这些国家清偿债务时受到外来冲击就符合逻辑了。[1] 同样，包括英国在内的欧洲国家也出于类似的顾虑，开始对本国市场采取选择性的保护措施。因此，保护性关税是战债和赔偿问题持续发酵的结果，它对英美都曾经信奉的自由贸易产生了巨大的破坏性力量。

2. 战债与对英美关税政策的干预

关于战债与关税之间的关系，美国商务部的官员一直十分清楚。他们认为，为了得到欧洲清偿债务的融资，美国不得不演变为一个贸易赤字国，但美国不想成为贸易赤字国。为了达到这个目的，美国希望欧洲通过减少消费而不是海外贸易扩张来清偿债务，而为了防止欧洲商品倾销至美国，美国通过提高关税来限制欧洲商品准入。[2] 所以，美国关税政

---

[1] Jeff Frieden, "Sectoral Conflict and Foreign Economic Policy, 1914～1940", *International Organization*, Vol. 42, No. 1, Winter, 1988, p. 71.

[2] ［美］迈克尔·赫德森：《金融帝国：美国金融霸权的来源和基础》，嵇飞、林小芳等译，中央编译出版社2008年版，第55页。

策的变化是从协商战债协议开始的。鉴于美国一直强调对欧洲债权的商业性质并且拒绝将战债问题在巴黎和会上讨论，因此，欧洲战债协议的签订是在德国赔偿问题有了初步协议之后。

1921年5月关于德国赔偿的伦敦计划出台前，美国与欧洲尽管就战债问题的私下沟通较多，但始终未在官方与债务国就战债协议问题进行公开谈判。而在伦敦计划确定了德国赔偿的具体数额后，以英国为代表的欧洲债务国对战债问题的焦虑也进一步加深。因为英、法等国家可能面临一种境地：德国商品进入英、法等国用以偿债，而英、法等国包括德国商品都无法进入美国市场。因此，英国在1921年年底逐步提高部分商品关税的行为，以及帝国内部日益升级的特惠和贸易保护的讨论，实际都是出于对德国赔偿商品流入的担心和对美国商品竞争的忧虑。而1922年年初，美国成立世界大战战债委员会，开始以双边谈判的形式处理战债问题，但同时美国也开始了旨在提高关税的《佛德尼—马克昆柏关税法》的讨论。一言以蔽之，关税的提升是紧随着战债问题而来的。1928年美国开始减少对欧洲特别是对德国的投资，再一次引发了对战债支付体系的焦虑。如果德国无法支付赔偿，显然英国和法国认为也没必要支付战债了。因此，1929年经济危机再次触发重新调整德国赔偿方案以及美欧战债的希望。1929年，德国赔偿问题经杨格计划大幅削减了德国的负担以及英法所得，但是美国仍不愿意重新调整战债。当1930年美国《斯姆特—霍利关税法》再次提高关税时，英法等国家已经逐渐认识到美国不可能主动调整战债，决定联合对抗美国的债权并表示不愿意继续清偿债务。经济危机的蔓延使美国逐渐认清大萧条给欧洲国家带来的影响，于是在1931年发表了《延债宣言》，提出各国的战债停止支付一年。但此时，英国政治家已准备彻底放弃偿债并打破战债问题对英国外交的枷锁。英国1932年8月开始采取对美国的关税反制：对内实行帝国特惠制度，对外保护帝国贸易、抵制外国商品。在1932年年底最后一次对美支付战债后，英国在英美贸易关系上开始走向强硬。英美之间的贸易战从关税领域转向货币领域,先后通过英镑和美元的贬值争取贸易优势。① 此后,美国在关税问题上的态度逐渐软化,科德尔·赫尔(Cordell Hull)就任国务卿之后,提出贸易互惠、达成关税休战、在共同维护世界经济稳定的问题上与英国寻求合作。这样,随着英国在战债问题的置之不理,美国逐渐失去了用战债作为武器迫使英国在贸易政策上妥协的工具,反而促成了英美之间的贸易谈判重开。

3. 战债与美国贸易霸权的建立

第一次世界大战后,英国和美国都需要学会面对与战前截然不同的贸易和支付需求,建立与之适应的国际经济体系。战争中的美国通过对外贷款促进了其商品市场的繁荣和海外贸易的扩展,提升了整体经济实力。而包括英国在内的整个欧洲在美国私人资本注入之前,一直处于通货紧缩、无力恢复生产的局面,需要外部投资重建。英国经济学家凯恩斯观察到,美国日益兴起的对外贸易给美国带来巨额的贸易盈余,必须通过大量的对外投资与贷款去平衡国际收支。因此,战后美国对欧洲的对外投资与贷款,实际上有平衡自身收支的重要意义。问题在于,投资与债务之间的良性循环,以及国际收支的平衡都需要实现资本与商品的同步转移与流动。但是美国在战后维持的战债支付体系与对欧洲的投资却造成一种结果:金融债权在生产性成本中没有对应物,割裂了战债、赔偿支付与商品流动之间的关系。② 从而会产生更严重的国际收支失衡,甚至导致世界经济危机的爆发。在这种畸形支付体系下,整个20世纪20年代仅在1926年有部分外贸顺差外,其余时间都处于贸易逆差状态的德国,居然断断续续维持了近10年的赔偿,而美国回收的战债也仅仅是将自己投资的钱重新装回了口袋,在艰难维持了十几年之后,这种畸形支付体系最终以世界性的经济危机潦草收场。

究竟谁为严重失衡的国际经济埋单?美国国际政治经济学家大卫·安德鲁(David M. Andrew)在其主编的《国际货币权力》一书中提到,

---

① 参见张振江:《从英镑到美元:国际经济霸权的转移(1933—1945)》,人民出版社2006年版,第58—96页。

② 参见[美]迈克尔·赫德森:《金融帝国:美国金融霸权的来源和基础》,第54页。

货币权力的表现之一，是可以避免、转移或者延迟调整国际收支不平衡所产生的成本的能力。[①] 从现象上看，1933年后欧洲国家不再偿债，美国人因失去了战债损失惨重，英国人战后应得的德国赔偿和其他国家应支付的债务本息也血本无归，欧洲人与美国人一道承担了体系调整的成本。但从实际结果看，表面损失的美国却大有所得。以失去的战债换来了投资国际化和海外市场份额的大幅提升，美元在世界支付体系中的比重也不断上升。美国的国际经济地位相比"一战"刚结束的1919年已经骤然升高。

第二节 债权杠杆、黄金与英美货币权力的更迭

一 战债清偿体系、黄金与英美货币地位的内在联系

从理论上说，货币支付是债务清偿的最普遍方式。这里的货币可以是广受认可与接受的国际货币，也可以是黄金。在两次世界大战期间的国际贸易结算、债务清偿以及赔偿问题中，就面临各国货币之间的汇率问题。而当时的汇率很大程度上以币值与金价的比例进行估算，因此在一定程度上，黄金也具有支付功能。这样欧洲债务国在支付对美债务的时候，如果很难通过对美贸易顺差获得美元，就需要动用本国的黄金储备将其运送至美国支付战债本息。

早在美国给盟国贷款时，美国就设计好了债务与商品的结算体系。规定盟国之间的物资采购，需要由出售方提供与商品等价的货币。假设英国需要在法国市场上购买战略物资，那么交易中应该由法国向英国提供等价的法郎以供英国购买商品，反之亦然。这样，当美国给欧洲盟国贷款时，欧洲国家将大量的贷款用于在美国购买物资，美国对盟国也提供了等价的美元以供盟国采购美国商品所用。同时，美国对欧洲国家给美国提供的货币记账，用以换回美国所供应的货币。虽然美国声称这样的做法是为免去汇率调整之虑。但是从效果上看，美国在战争期间给欧

[①] 参见 David M. Andrew ed., *International Monetary Power*, Ithaca, N.Y.: Cornell University Press, 2006, pp. 33–43.

洲提供的大量美元现金，加速了美元国际化，提高了美元作为贸易货币在欧洲市场上的比例。① 战争结束后，出于对美国偿债的现实，欧洲国家都需要在国际市场上获得相应的美元。其主要方式本应该是通过对美贸易获得，但是欧洲国家却自身难保、恢复乏力。在一时无法获得对美贸易顺差的情况下，欧洲国家除了转移黄金至美国，用黄金偿债别无他法。

以英国为首的债务国已经预计到了赔偿、战债所带来的支付困难。因此英国银行家一方面商量将德国的黄金赔偿给协约国，另一方面试图说服美国给欧洲继续贷款，甚至"怎样劝说美国贷款给欧洲成了最重要的问题"。② 在1919年10月，英国银行家就开始邀请凯恩斯与美国专家共同协商欧洲复兴贷款。由英国主导草拟了一份国际备忘录，内容是敦促各国为欧洲的通胀、战债和德国赔偿问题通力合作，寻找解决办法。但其主要意图在于试图让美国参与欧洲复兴，继续给欧洲提供贷款。而当英国为此发起签字希望各国遵守该草案时，美国不仅拒绝参加国联，反对卷入欧洲纷争，而且美国财政部也不愿意在草案上签字。可见，当时欧洲已经面临严重的经济困难，将融资希望全部寄予美国。在遭遇美国拒绝后，欧洲国家无法获得美元去清偿对美债务，被迫用黄金偿债。

一般情况下，债务国有维持金价走低的倾向而债权国则希望在债务国偿债时提高金价。所以黄金的价格以及黄金储备的多少，会影响到英美两国在战后支付体系中的地位。鉴于美国债权国身份，政治上又一向远离欧洲纷争，因此美国在战后拥有清晰明确的"黄金策略"：一方面增加黄金储备并在债务国偿债时提高金价，另一方面通过金本位制稳固美元的国际地位，将货币权力从伦敦转移至纽约。于是，在1919年后美国沿用金本位制以挑战英镑地位，原因是债务国开始用黄金偿债可以使美国拥有更多的黄金储备，这是实行金本位制的基础。而英国既是欧洲的债权国又是美国的债务国，同时伦敦还是战前世界金融的中心，战后伦敦的黄金储备不能只用于清偿战债，它还承担着稳定英镑汇率，以及作

---

① 康欣：《国家债权与霸权转移——美国对英国的债权政治研究（1917—1945）》，第112页。

② Roberta Allbert Dayer, *Finance and Empire: Sir Charles Addis*, 1861~1945, pp. 119-120.

为国际信贷中心必须满足其他国家信贷需求的重要功能。这种复杂局面使战后英国的货币政策，面临着汇率、黄金、偿债以及国内银行利率调整等种种货币政策协调的困难。这些困难导致战后英国在国内银行利率调整上的举棋不定，并且在英国是否应该返回到金本位制问题上出现巨大争议，也造成英国银行之间的合作裂痕。例如，当1922年英格兰银行面临战债压力时，英国的各大银行甚至威胁要建立一个合作黄金基金，从英格兰银行的黄金储备中分离出来，原因是这些银行认为英格兰银行的黄金储备太少无法承担伦敦的债务负担。[1]

因此，战后国际信贷体系极大影响到英美两国的黄金储备存量、英镑与美元的汇率甚至是国内银行利率。而英美两国在上述问题上中面临的处境极为不同。美国作为债权国在"是否减免债务国债务、是否允许该国动用黄金储备支付债务、是否继续对该国贷款"等问题上拥有了讨价还价的能力，反观英国除了思考如何应对战债问题，还要在复杂局面中寻找战债与德国赔偿、国内利率合并解决的出路。

二 黄金偿债、金本位制与金汇兑本位制之争

第一次世界大战前，英国伦敦作为国际金融中心主要表现在两个方面：一是伦敦作为国际资本贷款人的地位；二是英镑作为国际贸易的主要交换媒介。前者指英国在国际信用体系中的核心地位，后者是英镑作为国际货币具备的优势地位。"一战"前，用英镑结算的国际贸易大约占60%。[2] 对于这种优势地位，凯恩斯在"一战"爆发前说，"外国长期以来将部分黄金储备放在伦敦，这是有利可图的，同时也极大提升了伦敦作为货币中心的地位，这种体系的存在直接依赖于伦敦可以随时满足这些国家贷款需求的信心。"[3] 实际上，英镑的国际信用地位潜在的还有一

---

[1] Marcello De Cecco, "The International Debt Problem in the Interwar Period", *European University Institute Working Paper*, No. 103, 1984, p. 50.

[2] Barry Eichengreen, *Golden Fetters: The Gold Standard and the Great Depression, 1919~1939*, New York: Oxford University Press, 1996, pp. 90-91.

[3] William L. Silber, *When Washington Shut Down Wall Street: The Great Financial Crisis of 1914 and the Origions of America's Monetary Supremacy*, Princeton: Princeton University Press, 2007, p. 151.

个重要表现,即英镑对于黄金的可兑换性。第一次世界大战前,世界主要国家在货币体系上是采用金本位制。据美国铸币局的估计,1914年采用金本位制(包括金汇兑本位制)的国家有59个。[1] 黄金在一定程度上充当了货币政策的名义锚。

1917年美国通过《自由借贷法》给欧洲国家贷款时,伦敦作为国际资本贷款人的地位开始受到冲击。但是,战争并没有彻底改变欧洲国家在支付习惯上对英镑的路径依赖。[2] 而伦敦的金融家和政治家也相信,通过正确的金融操作,英国能够重建伦敦作为世界金融中心的地位。[3]

然而战后不久,欧洲国家就因德国赔偿和战债引发了严重的通货膨胀问题。法国、比利时的物价上涨了300%到600%,英国在1914—1920年物价增长了195%,欧洲各国普遍积累了严重的经济通胀。[4] 出于对持续通胀和投机的担心,英国为恢复伦敦金融中心的地位,采取了两个行动,一是财政部提高银行利率,二是宣布英镑与黄金脱钩。这两者虽然有释放通胀、稳定英镑的意图,但是也与英美战债问题有着内在联系。英国银行家协会主席查理斯·阿迪斯勋爵(Charles Addis)是主张施行货币稳定和通缩政策的代言人。他认为提高利率是维持英国金融优势的唯一选择,因为高利率可以刺激投资信心,阻止汇率下跌。一旦汇率下跌,英国就不得不对美国清偿更多的债务。而英镑与黄金脱钩在于英国认识到,面临战后欧洲资本流动不足的情况下,欧洲对美国清偿债务缺乏现金,因此在一定时期只能用黄金清偿债务,这样必然会造成大量欧洲黄金流入美国。在未来的英美黄金储备对抗中,美国势必坚持金本位制,英国则毫无黄金储备优势。由于欧洲国家在战争中纷纷脱离金本位制,若英国也与黄金脱钩,这样将形成以欧洲整体之力对抗美国的局面,使

---

[1] Edwin Walter Kemmerer, *Gold and the Gold Standard: The Story of Gold Money Past, Present and Future*, New York and London: McGraw-Hill Book Company, Inc., 1944, pp. 107 – 108.

[2] William L. Silber, *When Washington Shut Down Wall Street: The Great Financial Crisis of 1914 and the Origions of America's Monetary Supremacy*, p. 158.

[3] Roberta Allbert Dayer, *Finance and Empire: Sir Charles Addis*, 1861 ~ 1945, p. 146.

[4] Edwin Walter Kemmerer, *Gold and the Gold Standard: The Story of Gold Money Past, Present and Future*, p. 108.

得美国的黄金储备变得毫无意义。另外，英国认为将欧洲黄金运送至美国，必然会导致美国出现通货膨胀，也相对缓解了英国的通胀压力。

于是，战后初期英国试图通过英美银行家协商，采取一种金汇兑本位制来避免英国因清偿战债而造成黄金匮乏的劣势。在1920年召开的热那亚经济与金融会议上，英国提议回归金汇兑本位制，希望欧洲国家放弃与黄金挂钩，而与英镑挂钩。① 但是英国此举的效果却事与愿违。1920年4月中旬，英国采取了高达7%的银行利率，但英镑汇率持续下跌。到7月，汇率下降到3.71。② 与英镑挂钩的主张，显然没有得到欧洲国家的认可，更没有得到美国的支持。

由于一直未能稳定物价与汇率，英国的政界和银行家们开始围绕两个问题产生争议，一是究竟应该采取银行高利率政策还是低利率政策，二是英国应该回归金本位制还是彻底实施金汇兑本位制。此时，英国经济学家凯恩斯和阿迪斯勋爵都主张继续实行高利率政策，将利率提升至8%，但是英国失业率上升、经济未见恢复，来自工业界和银行家的反对之声不绝于耳。到1921年4月28日，银行利率又在财政部的压力下降低至6.5%。③ 与此同时，由英格兰银行的主管沃尔特·坎利夫（Walter Cunliffe）领导的货币和外汇委员会提出回归金本位制，而包括凯恩斯在内的货币银行家却提出，"英镑是被高估了，如果英国回归到金本位制，那么它应当在英镑低汇率时期进行，简言之，应该让英镑贬值。"④ 另一种反对回归金本位制的声音主要来自对美国政策的忧虑，一些评论认为，"国家怎么能在拥有如此巨额外债的情况下，特别是对美国债务的情况下考虑回归金本位制"，⑤ 这实际上反映了英国国内对美国债权政策的忌惮和担心。在这种反对声中，财政部专家拉尔夫·乔治·霍特里（Ralph George Hawtrey）主张金汇兑本位制的政策在1922年逐渐占据上风。

---

① William L. Silber, *When Washington Shut Down Wall Street*: *The Great Financial Crisis of 1914 and the Origions of America's Monetary Supremacy*, p. 164.
② Roberta Allbert Dayer, *Finance and Empire*: *Sir Charles Addis*, 1861~1945, p. 147.
③ Roberta Allbert Dayer, *Finance and Empire*: *Sir Charles Addis*, 1861~1945, p. 148.
④ Roberta Allbert Dayer, *Finance and Empire*: *Sir Charles Addis*, 1861~1945, p. 148.
⑤ Roberta Allbert Dayer, *Finance and Empire*: *Sir Charles Addis*, 1861~1945, p. 150.

1922年，日内瓦会议召开，英国财政部代表霍特里在会议上指出，建立稳定的货币支付体系是恢复欧洲贸易的必要条件，这一点可以通过实行金汇兑本位制来实现。与金本位制下各国可以持有自己的黄金储备不同的是：金汇兑本位制主张将各国的黄金转移至一个储备国（显然主要指英国和美国）作为平准基金。通过国际货币协调的机制去争取本国汇率谈判的地位，确定相应汇率。因此各国货币不是直接和黄金挂钩，而是与实行金本位制的国家挂钩。采用金汇兑本位制的第一步是"要允许黄金的自由流动，以便首先形成黄金中心国家"。[1] 英国这一倡议是希望借重自己在战前世界银行的地位，以此获得较高比重的黄金储备。通过接收黄金储备换成纸币，英国可以更加容易地解决自己国际收支失衡的问题。[2] 其中具体的办法包括：（1）欧洲国家同时提高金价并且保卫自己的黄金储备，通过中央银行之间的合作防止恶性竞争。[3]（2）鉴于英镑已经被高估，需要美国帮助平抑物价提升英镑的实际价值。这是因为英国认为如果不消除世界经济通缩压力，那么就需要通过降低物价来帮助英镑回到战前平价。

显然，上述措施都旨在通过欧洲国家的合作防止黄金继续流入美国。但是战争中美国对欧洲贷款行为，改变的不仅是黄金的未来流向，更主要的是改变了欧洲国家与美国、欧洲货币与美元的关系。如果说战前欧洲国家的贷款人需要到伦敦去获得资本的话，战后他们更多要求助于美国和美元了。战债使得欧洲市场与美国商品、欧洲资本需求与美元紧紧绑定在一起。英国在日内瓦会议上提议金汇兑本位制的想法在欧洲自然遭到冷遇。而当英国请求美国的合作时，美国认为，美国的经济外交政策是由国内外经济环境决定的，而在当时，物价以及汇率通过金融市场

---

[1] Barry Eichengreen, *Golden Fetters: The Gold Standard and the Great Depression*, 1919～1939, pp. 287–288.

[2] Frank Costigliola, "Anglo-American Financial Rivalry in the 1920s", *The Journal of Economic History*, Vol. 37, No. 4, Dec., 1977, p. 917.

[3] Roberta Allbert Dayer, *Finance and Empire: Sir Charles Addis*, 1861～1945, p. 152.

的自由调节远好于政府的干预,美国并没有要通缩的需求。① 因此,美国拒绝派出官方代表出席日内瓦会议。

不仅如此,在英国向欧洲兜售金汇兑本位制的同时,美国却在坚定不移地向更多的国家推行金本位制。早在1917年,美国开始给欧洲国家贷款并宣布禁止黄金出口,成了最后一批在战时放弃金本位制的国家。在此期间,随着美国给欧洲国家的贷款,大量黄金流入美国,这给美国带来了黄金储备量的优势。因此,美国的黄金禁运只持续了21个月。1919年6月底,美国又重新回到金本位制,成为第一个回归金本位制的国家。重返金本位制也使美国避免了欧洲国家因脱离金本位而依靠纸币引起的战时通货膨胀。当欧洲国家物价飞涨之时,美国的物价在21个月内仅上涨了10%。②

当英国等欧洲国家为稳定物价、减少通胀需要回归战前黄金平价时,美国通过"普林斯顿货币博士"埃德温·凯末尔(Edwin Walter Kemmerer)的非官方工作,在美洲推销金本位制获得进展,部分拉美国家追随美国采用了金本位制。

1922年,英美两种货币体系主张持续竞争的形势发生了变化。美国在这年1月成立了世界大战战债委员会,准备回收战债。就在英国主张的金汇兑本位制需要欧洲国家支持之时,胡佛对欧洲表明:打算大规模削减战债,当然英国除外。这显然会对英国领导下的欧洲国家合作形成严重干扰。4月,美国发出通知,邀请各债务国派代表与美国分别进行战债协议的谈判,内容涉及各国是否能够获得债务减免以及能够减免多少债务的问题。在关键时刻,欧洲国家必须在与英国进行金汇兑本位制合作还是与美国进行战债谈判上做出选择。到了6月,美国宣告开始战债协议谈判的态度直接累及英国的货币议程。当英国准备召集欧洲国家中央银行开会共商金汇兑本位制时,却因英国需要派代表到华盛顿商谈英

---

① Barry Eichengreen, *Golden Fetters: The Gold Standard and the Great Depression, 1919~1939*, pp. 288–289.

② Edwin Walter Kemmerer, *Gold and the Gold Standard: The Story of Gold Money Past, Present and Future*, pp. 108–110.

美战债协议而被迫延迟。① 与此同时，为了防止债务国通过对美贸易清偿债务，美国在这一年通过《佛德尼—马克昆柏关税法》大幅提高进口商品关税。而战后欧洲长期处于贸易失序的状态，其劳动生产率大幅降低，即便美国不提高关税，欧洲商品也早已难与美国商品形成竞争。因此，关税法进一步加剧了欧洲偿债的困难。无论是美国在1921年通过的《紧急关税法》还是1922年的《佛德尼—马克昆柏关税法》，都"实际上剥夺了欧洲国家向美国出售商品的权力。他们除了将黄金运到美国别无选择，而黄金是免税产品。"②

这样，美国一面向欧洲债务国"催债"，一面用高关税政策将欧洲商品拒之门外，达到了迫使欧洲国家动用本国黄金储备偿债的目的。从1921年到1924年，美国单日黄金进口额达到了百万美元，给美国坚持金本位制注入强心剂。而美国对英国的战债和关税政策也引起了英国人的极度反感。此时，凯恩斯私下里将战债称为"外交武器"，声称"希望取消战债以此避免赖账"。③ 可见，英国方面已经认识到战债严重损害了英国的利益，导致英国不得不在战债、赔偿和货币政策中做出取舍。1923年，英美战债协议落地。英格兰银行从此面临着更加紧迫的战债清偿任务。此时，英国通胀问题仍没有解决，失业状况更加严重，英国货币政策的选择甚至成为影响英国大选结果的关键因素。英国是否也该动用本国的黄金支付战债？英国国内又陷入进退两难的地步。一种声音认为，世界普遍采用美国提倡的金本位制会导致各国竞争性的增加黄金储备，进而抬高金价。换言之，世界商品价格水平会随着黄金价格上涨购买力提升而下跌，而物价普遍下跌会导致经济萧条。对于英国来说，这样的结果会异常痛苦，因为它使得英国通过降低国内商品价格提升英国出口竞争力的努力化为灰烬。更重要的是，全球的通缩和萧条会增加英国对

---

① Barry Eichengreen, *Golden Fetters: The Gold Standard and the Great Depression*, 1919~1939, pp. 290-291. 以及 Frank Costigliola, "Anglo-American Financial Rivalry in the 1920s", *The Journal of Economic History*, Vol. 37, No. 4, Dec., 1977, p. 918.

② James Goodwin Hodgson, *Cancellation of International War Debts*, p. 85.

③ Roberta Allbert Dayer, *Finance and Empire: Sir Charles Addis*, 1861~1945, p. 155.

美国的战债负担。① 而另一种意见认为，"用金块偿债将给英国带来黄金贬值的利益。"② 对此，英国金融顾问奥托·尼迈耶（Otto Niemeyer）强调说，不是要将黄金藏在地窖，而是要将美国推到提高商品价格的边缘。③ 同时，英格兰银行和财政部也主张将黄金都运到美国引发美国的通货膨胀。④

但是对于英国的这种打算，美国早有预案。美国学者霍奇森在1932年出版的专著《国际战债的取消》中写道："黄金进口会自动造成外国商品可在美国市场上出售的情况。黄金流入我国储备会引发美元的贬值，这与我们欧洲学生的预测一致，我们将会经历物价飞涨通货膨胀。而同时将黄金运送至美国的国家会相应地价格下跌。金本位的运作会自动产生我国与外国的价格差来赚得现金，去平衡我们提高的关税，实现在清偿对美债务中的收支平衡。"⑤ 但是，很明智的是美国并没有让进口的黄金达到欧洲的目的，这归功于美国的做法：将大量的黄金冻结起来使其不发挥刺激物价和影响债务的作用。

1924年道威斯计划的出台将英国推向了返回金本位制的道路。首先，德国赔偿问题上整个欧洲都急需美国的资本缓解经济困境。如果说战前伦敦是资本出借方的话，那么1924年整个欧洲都希望美国纽约成为赔偿问题的资本出借方。美国道威斯计划预计将由美国投资德国，有助于缓解美国因战债清偿导致黄金流入而出现的通胀，也将出现新一轮的欧洲货币汇率变化，这对面临失业和国内利率调整双重困难的英国而言无疑更是雪上加霜。一旦道威斯计划开始运转，英国输送黄金给美国致使美元贬值的计划就破产了。

其次，在德国赔偿支付中，马克应当与英镑还是黄金挂钩的问题上，

---

① Frank Costigliola, "Anglo-American Financial Rivalry in the 1920s", *The Journal of Economic History*, Vol. 37, No. 4, Dec., 1977, p. 918.

② Frank Costigliola, "Anglo-American Financial Rivalry in the 1920s", *The Journal of Economic History*, Vol. 37, No. 4, Dec., 1977, p. 921.

③ Frank Costigliola, "Anglo-American Financial Rivalry in the 1920s", *The Journal of Economic History*, Vol. 37, No. 4, Dec., 1977, p. 921.

④ Roberta Allbert Dayer, *Finance and Empire: Sir Charles Addis, 1861~1945*, pp. 155-157.

⑤ James Goodwin Hodgson, *Cancellation of International War Debts*, p. 86.

英国主张与英镑挂钩的努力遭到挫败，德国赔偿问题的主导权已经从欧洲开始向美国偏移。除欧洲对英镑的认同度降低外，英帝国内部对英镑的离心倾向也开始出现。英国银行家协会主席查理斯·阿迪斯已经观察到"有一种与英镑脱钩的倾向，不仅存在于欧洲大陆，而且在埃及、暹罗以及帝国殖民地"。他感觉到只有返回金本位制英国才有希望保住整个帝国。[1]

到 1924 年，英国面临的已经不是是否要返回金本位制，而是何时以及在何种条件下回归了。这一定程度上并非英国自由选择的结果，而是为形势所迫，因为英国对金本位制并无掌控力。虽然在战前的英帝国时代，英国曾经在其殖民地领域中施行过金汇兑本位制，但是这些国家都并非主权国家。更重要的是战前英国能够维持对黄金市场的控制取决于两个因素：对南非黄金供应的垄断以及强迫印度将其贸易顺差用于稳定英镑。但是，战争结束后英国失去了这两个条件。战后英国并没有足够的黄金储备，也无法维持黄金在市场上的自由流通。[2] 因此，黄金的优势已经掌握在美国手中。英帝国是否需要返回金本位制的问题，正如德国赔偿和巴西贷款一样，已经是整个英美竞争的一部分。美国乘机开始了对英帝国及自治领的金本位制攻势。1924 年年底，英帝国的"金矿"南非邀请美国经济学家凯末尔去评估南非是否适用金本位制，而在这次评估中，并没有英国专家的出席。在美国的鼓动下，南非于 1925 年 1 月决定，无论英国采用与否，南非都将采用金本位制。[3] 无奈之下，英国于 1925 年 4 月重新回归到金本位制，其币值回归到了战前 4.86 美元平价。继英国之后，南非也正式选择了金本位制。[4] 为了安抚英国，美国政府表示允许纽约储备银行以及摩根公司提供给英国 3 亿美元贷款。对于此举，

---

[1] Roberta Allbert Dayer, *Finance and Empire: Sir Charles Addis, 1861~1945*, p. 167.

[2] Marcello De Cecco, "The International Debt Problem in the Interwar Period", *European University Institute Working Paper*, No. 103, 1984, pp. 50-51.

[3] Frank Costigliola, "Anglo-American Financial Rivalry in the 1920s", *The Journal of Economic History*, Vol. 37, No. 4, Dec., 1977, p. 923.

[4] Marcello De Cecco, "The International Debt Problem in the Interwar Period", *European University Institute Working Paper*, No. 103, 1984, p. 51.

弗兰克·科斯蒂哥里拉评价说，"在 1920 年美国典型的经济外交中，美国更倾向于将经济调整的问题拖延，同时使用贷款来达到其战略目标"。① 当然，由于英格兰银行后来采取了激烈的通缩政策，英国并没有使用贷款。

同一时期，道威斯计划进入了实施阶段。这刺激了美国的海外投资，也使美国经济进入了黄金进口猛增和海外信贷扩张的阶段。从 1924 年到 1927 年，美国黄金进口达到了 4 亿美元，而美国海外投资和贷款达到了 40 亿美元。美国依然通过将黄金储藏政策来调整物价，给其债务国带来了世界商品价格的下跌。从 1925 年 1 月到 1927 年 7 月，美国整体物价下跌了 10%，而英国物价下跌了 17%。② 当英国回归金本位制时，英镑的币值实际上已经因为之前严重的通胀和在美国的采购被高估了，而英镑重新带回 4.86 美元平价需要通货紧缩政策，这给英国带来了严重的后果。③

虽然，英镑维持较高价值意味着一定数量的英镑可以换回更多数量的美元，有利于英国偿还以美元计价的战债。但从另一个角度看，英镑对美元的高汇率不利于英国的出口，因为它导致出口商品因币值高估失去价格优势，会造成英国在国际贸易中与他国竞争的劣势，反而使英国无法通过出口获利赚取美元和其他外币去清偿债务。更严重的是，通缩政策造成了严重的失业，最终导致了 1926 年的英国总罢工。④ 那些反对英国回归到金本位制的各种顾虑，终究一一变为现实。

因此，英国自 1925 年返回金本位制后，仍然在维持币值稳定和国内物价上显得乏力。正如财政部专家霍特里所料，为回到战前汇率而经历通缩的国家，会比在战前就维持较低汇率的国家更难恢复经济。这个过程是"冗长而痛苦的"，英国就是如此。到 1931 年，英国虽然恢复到战

---

① Frank Costigliola, "Anglo-American Financial Rivalry in the 1920s", *The Journal of Economic History*, Vol. 37, No. 4, Dec., 1977, p. 921.

② James Goodwin Hodgson, *Cancellation of International War Debts*, p. 90.

③ Frank Costigliola, "Anglo-American Financial Rivalry in the 1920s", *The Journal of Economic History*, Vol. 37, No. 4, Dec., 1977, p. 918.

④ ［美］迈克尔·赫德森：《金融帝国：美国金融霸权的来源和基础》，第 56 页。

前英镑币值，但仍然难以抵御投机性危机。

与此同时，金本位制在一定程度上改变了英帝国内部之间的关系，使得英国不得不将重点重新放在自己帝国内部，比过去更加依赖自己的自治领和殖民地。英镑返回 4.86 美元平价后持续走弱，导致伦敦被迫减少对其自治领的贷款，相应地为美国信贷扩张打开了大门。为了抵制这种倾向，英国必须和自己的殖民地以及自治领加强联系与合作。

总之，1925 年英国回归金本位制以后，英国并没有进入英格兰银行行长诺曼所设想的"黄金年代"，相反却进入了经济萧条时期。到 1926 年，英美之间的战债问题持续发酵，英国当年需要支付的战债已经达到了 1 亿美元，给自身的财政带来了极大的负担。英国人认为，"美国正在贪婪地榨干资本贫瘠的欧洲"。[①] 即便身处窘境，英国也不敢对美国轻易违约。原因在于英国害怕自己因拒付战债导致在资本体系中的失信，一旦这样的情况发生，伦敦的信誉则岌岌可危。[②] 英国不仅无法恢复往日风光，也会加重自治领和殖民地的离心倾向。在英国试图将德国赔偿问题与战债问题一并解决的方案破产后，英国成了一个"体系修正者"，甚至期待德国赔偿问题的彻底坍塌，连带用战债问题陪葬。

1927 年，英国主导的国际联盟金融委员会试图阻止美国对欧洲的疯狂贷款，敦促美国取消用于非生产性投资的贷款。同时，英国抱怨美国的财政政策导致了世界物价水平的下跌。美国方面却置若罔闻，反而以提高世界物价为名，一方面将资本注入股票市场，通过购买外国债券投放到海外市场以刺激投资，另一方面启动了 1924 年前冻结的黄金。到 1928 年年初，美国流失了价值 5 亿美元的黄金。相应地，大量美元被外国持有。通过持续的对欧贷款，美元已经极大扩张了自己在支付体系中的份额，但同时也增加了美国金融的脆弱性。一旦外国将黄金兑换美元，或者是集体抛售美元，将给美国带来毁灭性打击。当 1929 年世界经济危机爆发后，美国海外投资从 1928 年 12 亿美元收缩到 1931 年不足 2 亿美

[①] Frank Costigliola, "Anglo-American Financial Rivalry in the 1920s", *The Journal of Economic History*, Vol. 37, No. 4, Dec., 1977, p. 928.

[②] Frank Costigliola, "Anglo-American Financial Rivalry in the 1920s", *The Journal of Economic History*, Vol. 37, No. 4, Dec., 1977, p. 928.

元的规模。① 欧洲国家开始将自己持有的美元兑换成黄金，美国的黄金存量下跌。美国投资下降，导致德国赔偿出现支付困难，进而触发了国际债务的可持续性问题。为此，美国提出通过国际清算银行处理国际收支问题。其本质是希望在美国的领导下实现各国央行之间的合作，通过加强金本位制以促进世界经济的发展。在此情形下，英国提出稳定物价或者通过允许世界债务的流动使国际信贷复苏的建议，以便英国主导下的国际联盟金融委员会努力消除黄金短缺以及黄金错配（黄金集中于法国和美国）所带来的消极影响。② 显然，对美国而言，如果允许国际债务在市场上流动，其对英国的债权就会明显削弱。美国是不愿意看到这种结果的，英国上述建议都遭到了美国的反对。

对于英国而言，1925年恢复金本位制对其经济造成了严重的后果。从1927年到1931年，除了在1927年有少量的贸易顺差，其余年份都处于贸易赤字的境遇中。③ 1931年9月，世界物价水平的下降，投资和贸易的萎靡，再加上世界债务的不可持续，已经使英国决心彻底摆脱债务问题带来的种种束缚，最终英国放弃了金本位制。此后，世界各国纷纷追随英国的政策。仅在9月就有9个国家脱离金本位制，10月又有5个国家脱离，其余国家在11月和12月放弃了金本位制。④

事实证明，在脱离了金本位制后，英国经济反而逐渐走向复苏。经济恢复的速度超过了美国，这也使英国的自治领和殖民地重新团结在英国麾下，形成了"英镑区"。瑞典、丹麦、芬兰、挪威、澳大利亚以及新西兰成为这个货币联盟的成员。1932年渥太华会议加强了帝国内的贸易互惠，通过关税减免的政策将英联邦的货币与贸易绑定在一起。同时，各国纷纷在国际市场上抛售美元导致其在各国外汇储备中的份额下跌至

---

① ［美］巴里·埃森格林：《嚣张的特权：美元的兴衰和货币的未来》，陈召强译，中信出版社2011年版，第35页。

② Frank Costigliola, "Anglo-American Financial Rivalry in the 1920s", *The Journal of Economic History*, Vol. 37, No. 4, Dec., 1977, p. 933.

③ Barry Eichengreen, *Golden Fetters: The Gold Standard and the Great Depression, 1919~1939*, pp. 335–336.

④ Barry Eichengreen, *Golden Fetters: The Gold Standard and the Great Depression, 1919~1939*, p. 456.

40%，相反英镑的持有量增加至近50%。①

此时，美国感到危机来临，提出建立旨在解决债务与赔偿问题的国际清算银行，并希望各国合作加强金本位制，但是美国在经济危机之下仍然坚持要求债务国偿债的态度引起了债务国的集体反感，最终导致欧洲国家再也不愿意为国际经济体系的失调埋单，各国开始抛售美元。于是美国用美元贬值、降低美国商品价格的手段，抵消英国经济复苏带来的贸易优势，英美两国进入贸易和金融战中。这样从金融上形成了以英国为首的英镑联盟、美国为首的金本位联盟和中欧地区孤立的汇率控制区三种混乱的模式。② 当英镑区成立后，美国也在1933年摒弃了金本位制。

英美之间的汇率、贸易、金融战扰乱了世界经济秩序。美国希望通过这种混乱，让欧洲国家知道谁才是掌权者。③ 英美货币竞争导致的美元贬值，给欧洲债务国造成严重的出口困难，也更难获得贸易盈余以清偿对美债务。稳定汇率成为欧洲国家的共同诉求，他们采取实际行动，在洛桑会议和世界经济会议上集体向美国施加稳定汇率和削减战债的压力。但美国不仅再一次拒绝调整战债政策，而且也不愿意承担调整汇率的责任。这击碎了欧洲国家最后的希望，最终以集体赖账的方式抗议美国的战债外交，不再因此对美妥协。④

三 债权杠杆在英美货币竞争上的效用

1. 战债问题对国际货币体系的影响

两次世界大战期间英美之间货币权力的更迭，因其涉及世界货币体系的崩溃与重建、政治体系中大国权力的博弈与转移、国际金融安全体系的萧条与重整，始终是20世纪经济金融史研究的核心命题之一。它经

---

① ［美］巴里·埃森格林：《嚣张的特权：美元的兴衰和货币的未来》，第39页。
② Barry Eichengreen, *Golden Fetters: The Gold Standard and the Great Depression, 1919~1939*, p.456.
③ ［美］迈克尔·赫德森：《金融帝国：美国金融霸权的来源和基础》，第94页。
④ 参见康欣《国家债权与霸权转移——美国对英国的债权政治研究（1917—1945）》，第91页。

久不衰地吸引着众多国际政治与经济研究的学者投入持久的精力探究其产生原因和逻辑，因而涌现出诸如金德尔伯格、巴里·埃森格林，麦克切尔、大卫·莱克等一批研究该问题成名的学者，在他们的著作中都对战债问题不惜笔墨。学界几乎一致认为，战债问题是两次世界大战期间横亘在英美两国政治经济合作中的一种破坏性力量。但是国家之间的借贷行为几乎是国际金融关系的常态，国际体系演进的历史也是一部国际借贷史。为何在1919—1939年的国际借贷却破坏了国际合作导致了世界性金融危机的爆发？其特殊性在于，战争期间的借贷关系与和平时期不同，其本质是高度政治化的，它的形成不仅反映国际市场的资本需求，更多反映了国家在国际政治中的战略选择。因此，战后世界投资与支付体系既受市场逻辑支配，又遭受严重的政治干预。在国家合作关系中，政治干预可能推动和促进国际金融合作，但是在国家竞争型关系中，政治干预往往会增加金融体系调整的成本。"一战"结束后的英美关系即属于后者。

总体上看，第一次世界大战遗留的战债问题对国际货币体系的变迁产生了如下影响：

首先，霸权国的领导作用、有效的国际协调体系以及稳步提升的黄金产量是维护战前金本位制平稳运行的重要因素。而战债问题改变了英镑、黄金和美元在国际金融体系中的关系与结构。

在1870年到1914年，金本位制为各国国内和国际货币关系提供了基础性框架。各国货币按照需求实现与黄金自由兑换的同时，在国际上维持着固定汇率，黄金的转移是平衡国际收支的最终手段。金本位制在第一次世界大战前能够维持稳定运行的主要原因是英国对体系的有效管理。例如英格兰银行在金本位体系遭遇危机的时候要承担最后贷款人的职责，以维持体系的稳定。[1] 如果金本位制遭遇危机，就需要通过国际合作去承担体系调整的成本。在1890年和1907年的金融危机中，英格兰银行非但没有发挥其职能，反而成为借款人。法兰西银行、德意志银行和欧洲银

---

[1] Barry Eichengreen, *Golden Fetters: The Gold Standard and the Great Depression, 1919~1939*, p.29.

行的共同合作挽救了金本位制。因此，在第一次世界大战前十年，国际金融合作变得越来越频繁。① 当然，金本位制中对黄金支付与转移都提出了较高要求，因此要维持金本位制下汇率的稳定，需要世界黄金的产量与国际交易中对各国货币需求相匹配。从1896年到1914年，世界黄金的年产量从2.03亿美元上升到4.08亿美元，或者说增加了101%。② 黄金产量的增长为国际金融的流动性提供了保障。但是，"一战"结束后在金融上的最大变化就是英国金融力量的相对下降和美国金融地位的相对提升。在实力交接的渐进过程中，美国成为英国债权国是最重要的变化之一。

战争结束后，巨额赔偿的运转以及战债的支付，对世界支付体系在运转规模上和性能上都提出了比战前更高的要求，这是国际政治斗争给世界经济留下的遗产。倘若战后要恢复到正常状态，重新返回金本位制，那么德国赔偿与战债的天文数字就要求提高黄金产量，以确保在支付转移过程中汇率的稳定。但是1915年来，世界黄金产量却不断下降。即便到了战后，除了1921年黄金产量有所恢复，其他年份的黄金产量甚至没有达到战前的水平。各国央行的黄金价格在1913—1928年仅上升了13%，而同一时期各国储备美元纸币和票据的价格在1913—1925年增加了一倍，1925—1928年又以每年4%的速度增长。因此，融资需求和黄金储备之间的矛盾加剧了国际收支的不平衡。③ 在此情况下，美国却坚持要欧洲国家清偿战债，扩大了欧洲复兴的资本需求，导致金本位制下世界经济运行的极度困难。

其次，在战后支付体系中，战债的存在加强了各国货币与美元之间的联系，同时削弱了与英镑之间的关系。

第一次世界大战中，欧洲国家将美国的自由借贷所得用于在美国采

---

① Barry Eichengreen, *Golden Fetters: The Gold Standard and the Great Depression, 1919~1939*, p. 9.

② Edwin Walter Kemmerer, *Gold and the Gold Standard: The Story of Gold Money Past*, Present and Future, p. 101.

③ Barry Eichengreen, *Golden Fetters: The Gold Standard and the Great Depression, 1919~1939*, p. 353.

购物资，而美国规定盟国之间的物资采购，需要由出售方提供与商品等价的货币。因此，美国通过贷款已经向欧洲提供了大量美元。大战结束后，随着德国赔偿与战债支付的开始，由于欧洲国家复苏的缓慢，在结算体系中形成了美国对欧洲复兴投资——德国赔偿——欧洲战胜国支付战债——美国对欧洲再次投资的循环支付体系。而美国对欧洲的复兴投资，无论是政府行为还是私人投资都是美元投资。如果说战前世界贸易的结算有60%是以英镑结算，那么随着道威斯计划的运行和战债的支付这种情况开始变化。1924年，美元在各国官方外汇储备中的比重已经超过英镑。在1925年，美元又超过了英镑在世界贸易结算中的作用。① 另外作为世界的主要投资方，美国在世界投资中的地位也远超英国。从1924年到1928年，美国的资本出口达到了同时期英国的两倍，这无疑进一步加重了美元在世界投资与贸易中的比重。通过美国公司的对外直接投资，美国向世界提供了大量的美元。据估计，到1929年美国200家制造商向海外公司投资了13亿美元。美国的资本市场达到了其在国际金融中史无前例的重要地位。②

最后，战债的存在妨碍了英美之间的合作，增加了国际协调的成本。

国际货币体系的平稳运行需要世界主要大国之间的多边合作。如果美国可以取消战债，那么英法等国就可以削减赔偿。但是，正如德国赔偿是战胜国胜利的证明，对于美国而言，战债是美国参战的收获。既然战债和赔偿问题对于英美而言都不可动摇，那么整个支付体系可以运转的前提，就是欧洲国家能够获得足够的美元去清偿债务。美国认为，国际贸易体系是一个三角网络，一边连接美国和欧洲，其中美国维持了贸易顺差；另一边连接美国和其他国家，美国需要从其他国家进口原材料，维持了贸易逆差。而欧洲国家完全可以通过与美国的原材料供给国的贸易顺差，或者向美国提供服务获得美元清偿债务。③ 因此，为确保美国利

---

① ［美］巴里·埃森格林：《嚣张的特权：美元的兴衰和货币的未来》，第33页。

② William J. Barber, *From New Era to New Deal: Herbert Hoover, the Economists*, and American Economic Policy, *1921~1933*, New York: Cambridge University Press, 1985, p. 37.

③ William J. Barber, *From New Era to New Deal: Herbert Hoover*, the Economists, *and American Economic Policy*, *1921~1933*, p. 39.

益，美国在20世纪20年代的商业政策上实行了既不放弃战债同时又提高关税的政策，导致欧洲国家无法赚取美元靠借款度日。到世界经济危机将至，美国依旧不愿意调整商业政策，继续维持畸形支付体系。因此，战后阻碍货币合作的根本问题是英美两国都不愿意放弃既得利益，试图让对方承担体系调整的成本。其中，战债成了英美之间竞争的武器而非黏合剂。正如巴里·埃森格林所言，"英国在布鲁塞尔和日内瓦倡议通过国际合作走金汇兑本位制的道路，其遭遇失败的重要原因之一就是战债的影响，战债和赔偿问题使得国际货币体系调整雪上加霜，阻碍着一切与债务问题相关的国际货币问题达成协议"。①

2. 美国债权策略与英美货币权力的更迭

在整个20世纪20年代的国际经济竞争和货币政策调整中，英美两国的境遇截然不同。战后英国在总体上处于经济衰退中，其最大的优势是英帝国长期积累的体量与规模，以及战前英国特殊金融地位，包括战后欧洲国家依然维持了对伦敦信贷信任和英镑的路径依赖。借助这种优势，战后英国在经济战略上首先试图恢复以伦敦为中心的金融联盟，逐步削减战债，管控世界资本流向，并且稳定世界物价，进而希望通过温和的措施调控物价上涨以缓解其物价过高、经济乏力的现象，从而促进英国对外贸易恢复经济活力。为实现这个目标，英国需要将自身的帝国优势最大化并且通过支援欧洲复苏来提供公共产品，以维持英国的霸权地位。但如果这个战略目标失败，英国则不得不退守大英帝国的势力范围，以帝国为基础建立在体量上足以与美国相抗衡的经济体。②

较之英国，美国的境遇要更为宽松。在国际上处于债权国，国际贸易高收入，同时国内经济高速增长，无贸易与货币之虞，因而在战略上有更多的选择空间。其战后金融政策目标是要在市场自由化的基础上，通过坚持高关税政策以及偿还政府的债务，实现黄金流入美国的优势，进而建立金本位制；在避免出现不可控的通货膨胀同时，国内市场上

---

① Barry Eichengreen, *Golden Fetters: The Gold Standard and the Great Depression, 1919~1939*, pp. 279 – 280.

② Frank Costigliola, "Anglo-American Financial Rivalry in the 1920s", *The Journal of Economic History*, Vol. 37, No. 4, Dec., 1977, pp. 914 – 915.

采取措施刺激经济发展,增强国际竞争力;通过建立一种美国倡导下的世界新经济秩序,实现贸易盈余、物价稳定,回收债务。在这个过程中,美国将赤字、通缩以及债务支付的成本分摊给欧洲。①

从英美货币斗争的效果上看,国际货币体系的权力优势至少在1925年就已经倾斜于美国。这一年英国被迫回归金本位制就是一个象征性的事件。1925年3月的《华尔街日报》曾经这样评论,"华尔街资本市场的一个显著特征是大量的世界贸易通过美国承兑市场进行。美元在世界上所有的贸易中心都建立了坚实信用基础……使用美国账单的主要原因是美元的稳定及其与黄金的可转化性……而英镑回归战前平价,以及伦敦自由黄金市场的完全恢复,不会对美国承兑市场产生影响。"② 回归金本位制是英国痛苦的选择。从效果上看,与战前传统金本位制(1870—1914)运行的长久稳定截然不同的是,"一战"后美国倡导的金本位制从1925年开始到1931年步履蹒跚地维持了仅六年的时间,一个重要的原因就是在英美货币竞争的语境下,"它的维持本身已经成了对金融稳定和经济繁荣的首要威胁"。③

综上所述,美国是如何利用对英国的债权优势帮助美元实现国际化,最终实现了英美之间货币权的转移?

第一,在"一战"期间美国给包括英国在内的国家提供借款时,通过规定支付体系中的货币供给方式,向欧洲注入了大量美元。该举措提升了美元在国际贸易结算中的比重,同时也增强了欧洲国家对美元的依赖性,使得欧洲国家将获得美国的复兴贷款作为经济外交的重要内容。

第二,在战债的清偿过程中,美国通过坚持要求战债与高关税政策相配合,建立贸易壁垒,迫使包括英国在内的欧洲国家动用黄金支付战债。在削弱英国黄金储备量的同时,在英帝国内部采取分化瓦解的措施,

---

① Frank Costigliola, "Anglo-American Financial Rivalry in the 1920s", *The Journal of Economic History*, Vol. 37, No. 4, Dec., 1977, p. 915.

② William L. Silber, *When Washington Shut Down Wall Street: The Great Financial Crisis of 1914 and the Origions of America's Monetary Supremacy*, p. 165.

③ Barry Eichengreen, *Golden Fetters: The Gold Standard and the Great Depression, 1919~1939*, p. 30.

将英国最重要的"金矿"南非拉入了金本位制的阵营，动摇了英国试图实行金汇兑本位制的物质基础。

第三，利用1922年与各债务国分别签订战债协议的时机，干扰英国在日内瓦会议上拉拢欧洲国家进行金汇兑本位制合作的进程。利用债务减免的希望和威胁拒绝给欧洲复兴贷款两种手段，使得欧洲国家被迫在支持英国提倡的金汇兑本位制与获得美元贷款、减免债务上做出选择。

第四，抓住欧洲国家经济复兴、德国赔偿需要资本的现实机遇，在1924年利用道威斯计划重新给欧洲贷款，以解决欧洲复兴需要资本的问题为切入点，一方面继续扩大美元资本在欧洲结算体系中的作用，另一方面干扰了包括英国在内的欧洲国家通过银行利率调整物价、稳定汇率，实现经济稳定的计划，导致欧洲国家在经济政策上更加依赖于美国。当然，美国可以实现这一战略目标是因为战债、继续贷款以及国内经济政策的内在联系。例如，早在1920年布鲁塞尔会议召开前，英国、瑞典、法国、荷兰和意大利的五国经济学家，通过发放问卷和经济分析为会议的经济议题作调研。调查发现，几乎所有的欧洲国家都面临三个重要的问题亟待解决。一是通货膨胀的威胁。二是汇率波动，这需要稳定物价，排除贸易壁垒。三是只能通过国际借贷解决的资本短缺问题。专家们发现，这些问题之间是相互加强的关系。只有抑制了通胀，汇率才能稳定；只有财政赤字消除了，通胀才能缓解；而消除财政赤字则需要恢复经济，但资本短缺给经济增长设置了主要的障碍；国际贷款可以减轻这些融资缺口，但前提是汇率不要无序波动。[①] 因此，通过美国持续给欧洲贷款以解决欧洲资本短缺，是延迟调整战后支付体系的一种手段。欧洲国家要想实现国内经济稳定和对外汇率平稳必须依靠美国的合作。于是，当英国在战后面临的通货膨胀、英镑被高估等问题长期得不到解决时，不得不于1925年回归到金本位制以寻求美国的合作。

可见，美国通过在借款时建立偿债支付规则，在战债协议谈判时提高关税、干扰英国与欧洲国家合作进程，在签订协议时威胁拒绝未来贷

[①] Barry Eichengreen, *Golden Fetters: The Gold Standard and the Great Depression, 1919~1939*, pp. 283–284.

款，在债务清偿时期继续提供贷款等多种方式挫败了英国试图施行金汇兑本位制的努力。在这一轮英美博弈中，英国也试图通过要求取消战债，加强欧洲国家之间和帝国内部的合作，倡导金汇兑本位制，给美国制造通胀等举措来抵抗美国措施，[1] 甚至也试图要美国分摊管控国际资本流向和调整世界物价的成本。但是从结果来看，英国在1931年脱离金本位制以及组建英镑区，施行帝国特惠制，本质上是退守到了帝国内部。英国维持伦敦金融中心的战略目标失败了。

第三节 债权杠杆与战后德国赔偿问题的竞争

战后德国赔偿问题表面上是协约国战争定损为主的经济议题，实际上却因赔偿份额、赔偿优先权的争夺，掺杂着经济竞争、政治博弈和道德评价。因此，德国赔偿问题因其利益关系的错综复杂，成为巴黎和会上最关键、最棘手和最具争议的问题。战后欧洲国家对该问题的分歧之大，以至于到巴黎会议结束后，各国仍未就德国赔偿的数目达成一致。[2] 这种情况使得在政治上试图摆脱欧洲复杂局面的美国，在德国赔偿问题上似乎更愿意保持疏离。因为对于"赔偿、金融稳定、关税战、裁军这类典型的欧洲问题"，美国认为，"只有欧洲人认识到自己解决这些问题存在困难时，美国才能行动。"[3] 但美国采取行动的时间终会到来，因为战后重建欧洲客观需求和资本匮乏的现实，必然将德国赔偿问题和战债问题紧密关联。作为战后唯一资本优势的美国，亦需重启欧洲市场，恢复欧洲经济，最终为美国商品寻找销路。

一 德国赔偿与战债问题的内在联系

在战后初期的欧洲，一个非常流行的看法是：如果美国坚持要其债

---

[1] Frank Costigliola, *Awkward Dominion: American Political, Economic, and Cultural Relations with Europe, 1919~1933*, Ithaca: Cornell University Press, 1984, p. 35.

[2] Leonard Gomes, *German Reparations, 1919~1932: A Historical Survey*, London: Palgrave Macmillan, 2010, pp. 22-23.

[3] James Goodwin Hodgson, *Cancellation of International War Debts*, p. 79.

务国偿还战债，那么美国的欧洲债务国就无法降低德国赔偿数额，必须在德国赔偿上竭力榨取，才能在不动用本国外汇盈余以及国家资源的情况下，清偿对美债务。这样，德国赔偿成为协约国清偿美债的主要来源。而是否应该把德国赔偿问题同对美负债联系在一起，成为欧洲民众普遍关心的议题。停战后，关于德国赔偿与战债议题刚刚提上日程，美国财政部部长随即强调：美国将对盟友贷款视为商业贷款，必须全额还款。考虑到美国国民公共意见以及国会的强烈反对，威尔逊总统不可能将战债一笔勾销，而其后的继任者从哈定、柯立芝到胡佛，也都要求其债务国清偿本息。美国声称，欧洲打算将战债与德国赔偿问题联系在一起的做法，本质上是欧洲试图将战争成本以及战后重建的经济负担转移到美国人身上。

在美国的坚持下，协约国之间的债务连同对美负债，全部成为世界大战给债务国留下的政治遗产。在英法看来，这些本该一笔勾销或者大量削减的债务负担，实际上是因美国"自私"保留下来。从情理上考虑，协约国的负担不应该超过战败德国的负担，战争更不能由战胜国埋单。所以，对美负债也应该留给战败的德国来清偿。而美国坚持其债务国清偿债务的严厉做法，实际上断绝了英法在德国赔偿问题上适度减轻德国负担的可能。①

二　美英在德国赔偿问题上的利益与立场

在德国赔偿问题上，美国希望将其作为一种"经济问题"来处理。这种思维一方面源于美国政治孤立主义传统，另一方面基于美国本土并未遭受战争破坏，因此相较于英法等国，美国对世界大战背后所形成的愤怒、悲伤等心理在政治情感上无法感同身受，从而更愿意以经济视角去理解战后重建世界经济的诉求。这导致美国以商业视角形成了一整套排除政治干扰，仅从经济上和金融上考虑德国赔偿问题的思路。具体表

---

① Leonard Gomes, *German Reparations, 1919~1932: A Historical Survey*, pp. 5-6.

现在:第一,美国人认为,战债是借钱的问题,而德国赔偿是还钱的问题。① 无论是借钱还是还钱的计划,都需要首先考虑赔款数额多少以及德国清偿能力,然后再根据这两个前提条件解决赔偿的时间、利息、赔偿分配、赔偿优先权等问题。有鉴于此,出现了第二个思路:在确定赔偿数额和赔偿能力时,更需要的是金融专家的意见而非政治家的意见。因此美国极力将赔偿问题商业化,这种倾向使得美国金融家成为国家利益的代理人,他们在战债与赔偿外交中扮演了极为重要的角色。

在巴黎和会上,美国希望欧洲国家能尽快达成一个有确切数字的德国赔偿方案。但在德国赔偿方案的草案拟定时,美国认为应该重点计算"德国入侵协约国领土所造成的破坏",而非英法专家提出的"战争成本"一说。固定数额的赔偿方案将赔偿重点集中在战争的物质破坏上,这样法国就可能从德国赔偿中获取最大份额的赔款。同时,因英国本土受到较少战争摧毁,美国通过将战争代价这一宽泛概念排除在外,不仅限制了英国从赔偿中分取杯羹的份额,更导致英国无法将给协约国融资产生的战债计入索赔,极大地打击了英国通过削弱法国提升自己赔偿份额的企图。②

至于具体数额应该是多少,美国认为要依据德国的清偿能力来确定。美国估算德国的支付能力不超过1200亿马克,因此希望说服欧洲国家接受这一数额。而美国自己在德国赔偿中的所求却甚少。根据萨利·马克斯(Sally Marks)的说法,美国要求赔款数额仅为15亿美元(合60亿马克),这种不感兴趣的"客观"态度,使得他们可以通过以"不热情"的方式参与赔偿讨论。美国几乎不为自己争取利益的做法,有助于他们占领道德高地。

当然,相较于英法方案,美国在德国赔偿问题上寻求"固定数额"的方案,便于缓解德国的支付压力。美国的立场有其深刻的原因。首先,美国认为过分削弱德国不利于战后欧洲经济的复苏,美国经济繁荣是建

---

① Shepard Morgan, "The Political Aspects of War Debts and Reparations", *Proceedings of the Academy of Political Science*, Vol. 15, No. 1, May, 1932, pp. 94 – 103.

② Leonard Gomes, *German Reparations, 1919 ~ 1932: A Historical Survey*, pp. 23 – 24.

立在欧洲稳定的基础上的。威尔逊总统顾问诺曼·戴维斯（Norman Davis）和托马斯·拉蒙特（Thomas Lamont）曾经于1919年指出，当时的欧洲处于"工业和政治革命"的边缘。这种情形对美国而言特别危险，因为过去十年美国的繁荣，很大程度上与美国对欧洲大陆的出口贸易联系在一起，美国的许多工业依赖欧洲的稳定。如果美国不帮助欧洲稳定经济，欧洲将面临严重的商业和工业萧条。①

其次，战后协约国经济的恢复离不开德国赔偿给予的经济动力。只有尽快达成一个德国也可以接受的赔偿协议，德国才能尽快给英法支付赔偿，英法也才能尽快偿还对美国的债务。而英法为了躲避支付对美债务，一直主张直接将赔偿问题与战债问题挂钩，试图把由德国赔偿——英法等国接受赔偿——支付对美债务的三角债务过程，变成直接由德国清偿英法对美国债务的双边债务问题。该策略将导致美国丧失对英法债权可以产生的影响力，这是最不符合美国利益的局面。相反，确定德国赔偿的固定数额，不但可以缓解德国压力，获得足够外贸盈余具备支付对美债务的能力，而且使得德国可以顺利对协约国进行赔款。

随着法国经济的恢复，英国对德国赔偿的态度呈现出极力压榨和维持均势两种面向。首先是战争初期，为了平息国内对德国的愤恨，同时赢得选举，英国内阁大臣加迪斯表示"政府承诺将最大限度从德国榨取赔偿"，"德国将偿还每一分钱，像柠檬一样被榨干"。② 这是为了最大限度获得民众对政府的支持，英国打算用德国赔偿来清偿对美债务，避免将经济负担转移到英国国内纳税人身上的策略。关于这一点，劳合·乔治说："如果德国不能支付赔款，那么就轮到英国的纳税人来出钱，英国工人就要还更多的债"。③ 尽管凯恩斯在1918年起草的英国财政部备忘录认为，德国的支付能力为20亿—30亿英镑，要求德国支付20亿英镑符合英国的利益。但为了使德国付出代价，英国在巴黎和会上要求的数额远超于它，认为德国在50年内具有每年支付12亿英镑的能力。这显然不

---

① Frank Costigliola, *Awkward Dominion: American Political, Economic, and Cultural Relations with Europe, 1919~1933*, p. 33.

② Leonard Gomes, *German Reparations, 1919~1932: A Historical Survey*, p. 14.

③ Leonard Gomes, *German Reparations, 1919~1932: A Historical Survey*, p. 30.

符合现实。①

然而在德国解除武装后,英国对德国赔偿的态度很快转到另一面向,在政治上重燃英国传统的欧洲"均势"思想。鉴于法国在历史上对英国霸权屡次形成挑战,战后法国崛起将重新成为英国潜在的威胁对手,而维持一个不被过分削弱的、非军事化德国,显然有助于平衡法国在欧洲大陆的力量。② 与前一阶段的政治考虑不同的是,英国这种转变还有现实的经济考量。一方面,当德国赔偿方案开始进一步细化,迫使英国的经济学家将准确评估德国实际支付能力作为确定具体赔偿数额的前提。另一方面,英国的企业家和城市的利益集团希望通过重启欧洲经济以恢复英国的经济,强调德国经济的低迷不利于实现这一目标。他们认为,无论是夺回英国在战争中丢失的海外贸易,还是英国金融中心地位复苏,都需要重启与德国传统的贸易和金融联系。

不过,停战后的英国与其他欧洲战胜国一样,在赔偿问题上的另一重要主张就是将德国赔偿与协约国之间的债务,以及对美债务结合在一起。在1919年2月,英国内阁进行了战争期间的各种债务与德国赔偿问题优先权问题的讨论,其间丘吉尔注意到了"英国对美负债的重要性,以及显而易见的英美之间金融地位的彻底改变"。丘吉尔认为,在对德国给法国、比利时的战争破坏定损结束后,英国的索赔应该是下一个优先考虑的。他希望德国对英国的海外债务负责,美国应当正视英国的这种合理诉求。15个月后,英格兰银行新任命的总督蒙塔古·诺曼(Montagu Norman)提出:英国在德国赔偿获得的份额,应当在数额上与英国对美国的债务相等,这样可以防止英国以自己的资源清偿对美国的债务。无独有偶,几乎在同时,法国也提出了类似的要求。因此,无论美国政府怎样去强调德国赔偿与对美负债毫无关联,其欧洲盟国显然头脑中已经有了预设。③

---

① Leonard Gomes, *German Reparations, 1919 – 1932: A Historical Survey*, pp. 14 – 15.
② Leonard Gomes, *German Reparations, 1919 – 1932: A Historical Survey*, pp. 14 – 15.
③ Robert Self, *Britain, America and the War Debt Controversy: The Economic Diplomacy of an Unspecial Relationship, 1917~1941*, New York: Routledge, 2006, p. 21.

三 战后英美在战债与德国赔偿问题上的竞争

1. 美国在德国赔偿问题上初尝失败

第一次世界大战后，美国致力于帮助德国在赔偿数字上达成一个固定的数额，试图在最后一刻推动修改条约草案，以减轻德国偿债负担。为此，威尔逊的财务专家数次向协约国、特别是法国进行游说。尽管英国首相劳合·乔治曾经对威尔逊总统表示：担心德国无限制债务的后果，并且"最终会同意美国达成固定数额的愿望"。[1] 但当威尔逊总统对克利蒙梭和劳合·乔治正式提出修改草案的建议并征询英国意见时，却遭到了英国的正式回绝。为了提高自己的赔偿份额，挫败美国的计划，英国声称如果按照破坏程度作为依据，去确定赔偿优先权，比利时应该排在法国前面，因此要求对法国在战争中遭受的物质破坏进行重新评估，成功地让法国放弃了在战争实际破坏问题上的优先权。然后，英国抓住了威尔逊理想主义的特点，劝服威尔逊接受将军事抚恤金加入赔偿内容中。该方案立即遭到美国金融家和经济学家的强烈反对，他们认为加入军事抚恤金等于对非法的赔偿需求打开了缺口，并不符合美国按照实际物质损坏程度来定损索赔的原则，故再三要求总统重新考虑，但威尔逊还是固执己见，同意了英国的提案。[2] 最终，1919年6月9日，美国试图将德国赔偿数额限制在1200亿马克之内的方案破产了。凡尔赛和约在德国赔偿数额上开了空头支票。各种赔偿金的加入，使德国潜在的赔偿金额翻了一倍。[3] 显然，英国在谈判初期拥有的综合优势使美国方案遭受重创。一方面，英国在战前对整个欧洲的霸权使其维持了较高的威望；另一方面，英国不但在战争中自身付出巨大的经济和人力代价，而且帮助协约国进行战争融资，为协约国与同盟国作战到底，获得最后的胜利做出了重大贡献。历史和现实的威望使欧洲国家更容易被英国说服，接受英国

---

[1] Leonard Gomes, *German Reparations, 1919~1932: A Historical Survey*, p. 30.
[2] Leonard Gomes, *German Reparations, 1919~1932: A Historical Survey*, pp. 24–25.
[3] Leonard Gomes, *German Reparations, 1919~1932: A Historical Survey*, p. 25.

的主张，否决了美国的德国赔偿提案。①

2. 英美围绕德国赔偿与战债问题关系、时间顺序上的博弈

欧洲国家极力要求取消战债并试图将其与赔偿问题合并解决。这种集体诉求中，最先在国际舞台上发声的是法国。1919 年 1 月 15 日，法国在华盛顿的高级代表爱德华·比利在巴黎和会上提议，要在更大范围内解决所有债务问题。他认为，如果德国赔偿问题和战债问题分开解决的话，一些国家可以凭借在支付体系中优势地位减轻负担，而这对直接受损国家是分配不公。对这一建议，美国财政部长卡特·格拉斯迅速回绝道："美国愿意推迟讨论战债问题，直至可以正确估计德国赔偿的数量、时间和形式，以及索赔政府的金融状况。"② 简言之，美国可以等待德国赔偿问题之后再去解决战债问题。此后，在法国怂恿下，意大利追随法国提出类似的议案。对此美国财政部向法国提出了官方的抗议，同时警告法国，美国财政部将不再考虑向任何协约国政府的任何计划提供预付款，进而引发这些政府未来获得美国财政部贷款不确定性。在这种威胁下，法国迅速放弃了上述计划，美国给法国的贷款接踵而至。

几乎是同时，英国试图尽快与美国达成偿债协议。1919 年 1 月 9 日，英国驻美国财政专员哈德门·利维致信政府，敦促政府尽早展开行动。于是英美在 1 月到 2 月进行了非正式初级会谈。其间，华盛顿表示要将美国财政部持有的英国债券转为美国公民持有。这种做法会使美国公民而非美国政府成为英国债权人，而美国公民一贯反对取消或者削减战债，此举完全熄灭了英国尽早解决战债的热情。英国转而认为，从战后欧洲的债务结构，以及债务形成的时间上来说，协约国向英国的借款在前，所以应该首先考虑的是这些国家对英国的债务。最终，英国决定不到最后一刻绝不首先清偿对美国债务。因此表示愿意推迟英美战债谈判。十天后，华盛顿迅速回应，表示同意在协约国就德国赔偿以及协约国之间

---

① 参见苑爽：《两次世界大战后美国处理德国战争赔偿问题的政策演变》，博士学位论文，华东师范大学，2008 年，第 23—34 页。

② Harold G. Moulton and Leo Pasvolsky, *War Debts and World Prosperity*, p. 55.

的债务达成一致之后,再签订英美战债清偿协议。[①]

在关于德国赔偿问题与战债协议的优先性,以及是否应该将二者合并解决的争执中,英国财政顾问凯恩斯抛出了解决赔偿与债务问题的一揽子草案。草案首先表明,"当前最紧迫的问题是,急需为因赔偿和战债引起的整个欧洲的通货膨胀,以及其他经济问题寻找解决方案",[②] 必须对整个欧洲迅速注入大量生产资本、恢复生产,这需要全方位综合考量的计划。该计划执行的前提是综合衡量各国的债务,包括内债外债以及赔偿、战债等问题。这严重违背了美国财政部的立场,他们立刻表示拒绝参与。[③] 实际上,该草案的本质是想说服美国接受英国和法国用德国赔偿所得支付战债。这遭到美国金融专家拉蒙特的明确反对,他激进地提出了将战债转化为私人债务的替代方案。[④] 然而,英国没有轻易放弃凯恩斯的方案,为了获得美国的首肯,英国试图由前外交大臣爱德华·格瑞(Edward Grey)联系威尔逊的内阁顾问豪斯(Col. House)去说服威尔逊。[⑤] 当威尔逊得知凯恩斯的计划时,他立刻认识到该计划是想让德国以及其他战败国发行债券,而最后由美国为盟国之间的债务埋单,因此断然拒绝了英国的提案。[⑥] 此后,美国财政部始终反对任何将战债与赔偿问题联系在一起的提案。这一基调贯穿了整个20世纪20年代。[⑦]

此后,英国计划通过减免德国债务诱使美国在战债问题上让步。这一策略从巴黎和会时期一直持续到英美正式签订战债协议。英国认为,英美在欧洲问题上存在一定的共识和共同利益。例如,在德国赔偿问题上,两国都认为恢复战争破坏的欧洲经济,首要是金融重建,其中包括

[①] Robert Self, *Britain, America and the War Debt Controversy: The Economic Diplomacy of an Unspecial Relationship, 1917~1941*, pp. 22–23.

[②] Roberta Allbert Dayer, *Finance and Empire: Sir Charles Addis, 1861~1945*, p. 119.

[③] Roberta Allbert Dayer, *Finance and Empire: Sir Charles Addis, 1861~1945*, p. 119.

[④] Roberta Allbert Dayer, *Finance and Empire: Sir Charles Addis, 1861~1945*, p. 113.

[⑤] Roberta Allbert Dayer, *Finance and Empire: Sir Charles Addis, 1861~1945*, p. 114.

[⑥] Robert Self, *Britain, America and the War Debt Controversy: The Economic Diplomacy of an Unspecial Relationship, 1917~1941*, pp. 22–23.

[⑦] Roberta Allbert Dayer, *Finance and Empire: Sir Charles Addis, 1861~1945*, p. 114.

战债问题、赔偿问题、平衡收支以及建立某种形式的金本位制度。① 因此，以减轻德国赔偿为契机诱导美国减免战债是英国的另一种努力。英国于1921年12月8日派人对法国表明，英国可能会首先带头免去德国赔偿，然后单方面取消欧洲国家对英国所欠战债，并且不需要等待美国改变现状。在法国明确表示支持这一策略后，英国更加坚持自己取消战债的主张。英国最终宣布：如果美国不取消战债，英国就拒绝在战债问题上进行任何让步。事实证明劳合·乔治的计划不过是一种政治诱饵。紧接着，为了给美国施加压力，英国以召开经济会议为名，以模糊的经济议题为诱饵，引诱美国参会，并试图在会议上集体迫使美国全面取消战债。一位美国驻英国的外交官乔治·哈维（George Harvey）敏锐地捕捉到了英国官方对战债与赔偿问题的态度。他在1921年12月3日的报告中说，"英国首相希望哈定总统发起一场经济和金融会议，这场会议将使美国处于一种心照不宣的义务中，它通过以被迫取消或者部分取消战债让美国做出经济牺牲。当然毫无疑问，他（指英国首相劳合·乔治）在会上将真诚地表达自己稳定欧洲的意愿，但其潜在目的是大量削减对美战债，其方式是让美国主动发起运动或者在美国政府倡议的同时，高调表明英国决心清偿债务的意愿，这样的做法既省钱又挽回了颜面"。② 哈维的再三提醒让美国抱有警惕，时任商务部长的胡佛也通过自己的渠道获知了劳合·乔治提议的真正意图。胡佛判断，英国首先计划邀请美国召开经济会议的目的是从德国赔偿中去掉抚恤金，将法国从德国赔偿中要求的部分减半，之后作为交换可能要求全面取消战债。胡佛立刻警告哈定总统：一旦英法开始提出类似的建议，就会给美国带来一种"不可能的局面"。而哈定对此也有预期，他回复说："尽管对欧洲而言，这个建议无疑是令人期待的，但在美国想都不要想"③。实际上，自共和党人上

---

① Frank Costigliola, "Anglo-American Financial Rivalry in the 1920s", *The Journal of Economic History*, Vol. 37, No. 4, Dec., 1977, pp. 911 – 912.

② Carole Fink, Axel Frohn and Jurgen Heideking, *Genoa, Rapallo, and European Reconstruction in 1922*, Cambridge: Cambridge University Press, 1991, p. 102.

③ Carole Fink, Axel Frohn and Jurgen Heideking, *Genoa, Rapallo, and European Reconstruction in 1922*, pp. 101 – 103.

台后，美国对德国赔偿问题的态度已经悄然改变。与威尔逊时期对德国赔偿问题的主动斡旋不同，共和党人在德国赔偿问题上实际上预设了三个前提条件：首先，欧洲国家要同意将德国赔偿降至其金融可承受的范围，并且不能影响政治稳定。其次，以英国为首的前协约国盟国，必须在美国的条款下部分清偿对美国的战债。最后，所有欧洲国家必须在华盛顿军备会议上确定海军军备，并极大地削减陆军军备开支。只有上述做法才是平衡财政预算、结束通货膨胀、清偿国内外债务的合理方案。① 正如美国康涅狄格大学弗兰克·科斯蒂哥里拉（Frank Costigliola）教授所言："承诺回到金本位制，适度索取赔偿，平衡预算，裁减陆军，依靠私人而非政府贷款，并且保证美国同等的进入商品和资本市场的权利，这才是欧洲国家真正真诚的经济会议。胡佛和休斯坚持：欧洲国家在战债问题上获得美国让步的前提是他们接受这些条件。"② 简言之，美国热心于帮助欧洲，但是要以美国的方式。静待欧洲赔偿问题发酵到美国官方预想的轨道上来，已经成为朝野上下的一种共识。

美国拒绝将德国赔偿与战债问题挂钩的心态很容易理解。从美国的角度来看，能否成功的回收战债取决于由英国还是德国来清偿债务。在整个德国赔偿的分配方案中，最大的受益者是英法等国而非美国，如若允许用部分德国赔偿来清偿英法对美战债，那么实际上是由德国代替英法成为债务人，加上英法在德国赔偿的过程中确定了极高的赔偿数额，德国必然难以同时支付赔偿和战债，这将极大增加了德国违约的可能性，从而可能使战债一笔勾销。而从债权关系的角度上来看，允许赔偿与战债合并解决等于主动放弃了对英法等债务国的权力，也会使美国失去战债这把削弱英国霸权的利剑。因此英国几个试图削减美债的提案，都损害了美国的利益。美国于是将战债问题暂时搁置，以私人银行家重新对德国注资，重启新的经济计划，这样既不丧失对英国的债权，又能在经济上插手德国赔偿问题，为美国重回德国赔偿的舞台奠定基础。

---

① Carole Fink, Axel Frohn and Jurgen Heideking, *Genoa, Rapallo, and European Reconstruction in 1922*, p. 95.

② Frank Costigliola, "Anglo-American Financial Rivalry in the 1920s", *The Journal of Economic History*, Vol. 37, No. 4, Dec., 1977, pp. 911–912.

3. 美国的暂时缺位与伦敦计划的出台

巴黎和会上美国试图解决德国赔偿问题的努力受挫后，美国对德国赔偿问题的态度从政治上显得较为冷淡。当英法两国声称适度赔偿的方案不可能获得两国政府认同，应争取更多的赔偿份额时，美国的金融技术专家意识到照此发展下去，德国赔偿问题必然是无解的。"关于德国赔偿问题讨论的失败，将给欧洲国家留下一个经济甚至是政治灾难的创口"，[1] 这些金融专家要求威尔逊总统保持立场坚定，如果在德国赔偿问题上无法达成一个具体数额，美国将不签字。[2] 巴黎和会后，正如美国所料，欧洲国家的确未能就赔偿数额问题达成一致，为该问题留下了两年的协商期。

这样，美国在战后并未签署《凡尔赛和约》，并在后来与德国签署的《柏林和约》中也没有要求赔偿，因此成为与德国赔偿问题没有直接关系的国家。[3] 此后，赔偿问题逐渐成为由英法两国主导的欧洲问题，其斗争之激烈被德国人称为"战争的另一种继续"。[4]

欧洲争吵声到1920年开始逐渐冷静。该年7月5日到16日，协约国与德国召开了斯巴会议。赔偿委员会商定德国赔偿的分配比例为法国52%，英国22%，意大利10%，比利时8%，南斯拉夫5%，剩余国家为3%。这个比例即著名的"斯巴比例"。尽管英国专家最终接受了这个比例，但劳合·乔治认为比例"不够好"。实际上，赔偿委员会的权力越来越倒向法国。由于斯巴会议仅确定了赔偿比例却未确定赔偿总额，1921年4月30日协约国在伦敦再次重聚协商"赔偿数额"问题。如果说巴黎和会上德国赔偿以"空头支票"的形式出现，是因为战后初期聚集了国家之间、民众之间的战争情绪，以及战后欧洲利益的复杂性，那么时至

---

[1] Thomas W. Lamont, "The Final Reparations Settlement", *Foreign Affairs*, Vol. 8, No. 3, Apr., 1930, p. 336.

[2] Thomas W. Lamont, "The Final Reparations Settlement", *Foreign Affairs*, Vol. 8, No. 3, Apr., 1930, pp. 336 – 337.

[3] 王宏波：《第一次世界大战后美国对德国的政策（1918—1929）》，社会科学文献出版社2008年版，第142页。

[4] Carole Fink, Axel Frohn and Jurgen Heideking, *Genoa, Rapallo, and European Reconstruction in 1922*, p. 66.

1921年，欧洲国家终于开始寻求一个切实可行的赔偿方案了。经过协商，赔偿委员会将赔偿的数目商定为1320亿马克。此数字虽拟定于4月，但它从未以官方角度向公众公布。几天后，著名的"伦敦计划"提出了1320亿马克德国赔偿的具体实施方案。其核心内容是由德国发行ABC三个系列的债券，全部归赔偿委员会所有。其中A系列总额为120亿马克，B系列总额为380亿马克，AB系列债券共500亿马克，它们的利息分别为5%和1%。如果德国可以顺利清偿了AB系列，那么后面将清偿820亿马克的C系列无息债券。这三个系列债券分别代表德国赔偿的不同部分：A部分为德国在过渡时期的债务，B部分是德国对协约国战争破坏所做赔偿，而最后并无强制执行也是最后发行的是C债券系列，它用于清偿盟国之间的债务。伦敦计划并没有确定德国赔偿年金以及赔偿期限。因为赔偿委员会希望根据德国出口额来确定每年的分期数额。这说明即便到了此时，赔偿方案仍缺乏对德国"赔偿能力"的正确估计。对于德国而言，最大的压力来自AB债券计划，因为这是德国即将支付的即期债务。为督促德国赔偿，赔偿委员会希望德国首先以现金的方式支付赔偿，要求德国在短短25天内缴纳总计10亿马克现金。德国面临着巨大的金融压力，立刻表示拒绝该计划，要求赔偿委员会重估德国的清偿能力。但德国的抵抗以协约国威胁占领鲁尔地区而最终放弃。[1]

事实上，伦敦计划从设计之初就存在巨大的缺陷。首先，它只是站在债权国的角度去思考如何分配赔偿以及应该索取多少赔偿的问题，单纯认为德国赔偿不是一个"赔偿能力"问题，而是"赔偿意愿"问题，忽视了德国作为债务清偿主体实施该计划的可行性。就现实情况而言，德国赔偿只能通过现金或商品服务来支付。但实际上德国现金有限，英法等国家又出于保护本国商品销售市场的观念提高贸易壁垒，防止德国商品进入本国。劳合·乔治说得很清楚，"德国必须赔偿，但要以不伤害法国、英国、意大利、比利时各国工业的形式支付"。[2] 因此，德国赔偿

---

[1] Thomas W. Lamont, "The Final Reparations Settlement", *Foreign Affairs*, Vol. 8, No. 3, Apr., 1930, p. 336.

[2] Leonard Gomes, *German Reparations, 1919~1932: A Historical Survey*, p. 58.

面临的一个重大问题是无法凑够外汇（主要是美元和黄金）来支付赔款。在伦敦计划出台的1921年，德国收支就存在100万马克的赤字（从1921年到1929年，除1926年德国出口有少量盈余外，德国一直未能获得出口盈余）。由于无法通过对外贸易获得外币清偿债务，德国领导人看到了货币扩张和货币贬值的政治优势。他们认为此举可以迫使协约国削减赔偿。[1] 随着德国贸易赤字提升，英法等协约国希望通过监管德国工业区、获得德国煤炭钢铁等工业来补偿。对于此举，英国认为"债务人是必须善待的，你必须监管他看他在什么样的情况下还债"。[2] 但是，监管计划也会遇到问题。协约国忽视了德国和其他欧洲国家一样也遭受了战争严重破坏，欧洲复兴需要德国赔偿来重启经济，而德国自身工业的恢复也需要资本注入。面对如此情形，英法等国自身难保濒临破产，更从情感上和情理上不可能也没能力投资德国。正如科斯蒂哥里拉所说的，"在经济意义上，美国是世界大战中的唯一赢家，就工业、商业特别是金融业而言，世界大战极大提升了美国相对英国的地位。"[3] 此时能够帮助德国的唯有美国。

其次，伦敦计划不符合美国"从德国支付能力出发"以及"适当减轻赔偿"的原则，而且唯一与美国清偿战债相关的C计划，以非强迫的方式被排在了AB债券计划之后。协约国并没有认真考虑C计划的可行性，只是用它来预防未来可能出现的战债问题，本质上是英法依旧希望借德国赔偿问题以取消战债。在1921年，凯恩斯毫不掩饰地写道："很有可能C债券不是被推迟就是被取消，这是迟早的事。"[4] C债券的设计是英法对美国利益的一种伤害。而缺乏美元的注入，欧洲的复兴变得遥遥无期。只能将希望寄托在德国可以自主恢复经济，履行君子协议，信守偿债的承诺。

尽管输掉了战争，德国也不希望用自己的资源进行赔偿，不愿意将

---

[1] Leonard Gomes, *German Reparations, 1919~1932: A Historical Survey*, p.77.
[2] Leonard Gomes, *German Reparations, 1919~1932: A Historical Survey*, p.58.
[3] Frank Costigliola, "Anglo-American Financial Rivalry in the 1920s", *The Journal of Economic History*, Vol. 37, No. 4, Dec., 1977, p.911.
[4] Leonard Gomes, *German Reparations, 1919~1932: A Historical Survey*, p.69.

负担压在自己纳税人的身上。① 鉴于德国在赔偿问题的拖延、违约,并试图等待修改赔偿计划,协约国之间出现了对待德国的不同态度。其中,最初在赔偿委员会占据上风的法国希望其他国家一道以严厉之态度迫使德国认真履约。而英国已经"从狭隘的民族主义出发,着手终结赔偿问题。认为既然德国不可能赔偿,那么就要促使德国成为英国商品的优质市场"。② 于是,整个1922年,在赔偿问题上的焦点集中于德法之间关于是否削减赔偿以及能否履约的较量,英美两国的角逐转为幕后。英国出于现实情况考虑,抱定最终会削减赔偿的判断,那么德国赔偿问题对英国存在的重要意义变成是否能够以削减赔偿为由推动战债削减。1922年春,英国计划在日内瓦经济会议上一举达成修改赔偿协议同时取消战债的目的。尽管在法国的抗议下将赔偿问题从议程中抹去,英德之间的协商早已私下进行。③ 而美国却猜准了英国的目的,拒绝参加日内瓦会议,劳合·乔治在日内瓦的计划落空。

从伦敦计划到道威斯计划,德国的支付时断时续,甚至有15个月是彻底违约的。④ 一如美国估计,伦敦计划举步维艰,赔偿问题越来越朝着美国预期的方向步步临近。尽管美国官方在政治上显得漠然,但私下不断出动金融家、银行家作为政府的代言人,在幕后操作两件事情。一方面,为促使英法等国尽快认识到美国投资的重要性,美国私人银行家屡次向英法等国表示愿意投资德国的项目,给德国提供贷款。另一方面,为了提高欧洲在德国赔偿问题上协商的效率,1921年美国银行家决定不在赔偿达成具体数额之前提供贷款。⑤

美国的诱导以及德国不愿意动用本国资源赔偿的心态,客观上使得

---

① Leonard Gomes, *German Reparations, 1919~1932: A Historical Survey*, p. 77.
② Carole Fink, Axel Frohn and Jurgen Heideking, *Genoa, Rapallo, and European Reconstruction in 1922*, p. 73.
③ Carole Fink, Axel Frohn and Jurgen Heideking, *Genoa, Rapallo, and European Reconstruction in 1922*, pp. 73-74.
④ 康欣:《国家债权与霸权转移——美国对英国的债权政治研究(1917—1945)》,第121页。
⑤ Carole Fink, Axel Frohn and Jurgen Heideking, *Genoa, Rapallo, and European Reconstruction in 1922*, p. 68.

德国急切地在国际市场上寻求贷款。为此赔偿委员会邀请银行家委员会于 1922 年 5 月底在巴黎召开会议，协商给德国的国际贷款事宜。但美国派出的代表摩根说，这种贷款只能在大量削减德国赔款，并在备忘录中增加附加条件的前提下进行。[1] 他同时表示，希望伦敦计划的修订可以"基于一个更协调和商业化的基础"。[2] 可见，美国开始寻求德国赔偿问题的非政治化途径，对赔偿问题的主导权也开始逐渐发生变化。

实际上，伦敦计划实施遇到困难越大，美国投资对于解决德国赔偿问题就越重要。但美国官方对德国赔偿问题似乎热情不再。对于 1920 年共和党人执政后，美国对德国赔偿等欧洲问题的态度，美国史学界褒贬不一。有专家认为共和党人在涉及赔偿、战债、军备等国际问题上几乎放任自流，置之不管，说明他们缺乏管理欧洲事务的能力和手段，完全显示了美国金元外交的无效。[3] 但也有反对意见认为，美国对欧洲问题的暂时缺位实际上显示了共和党人的乐观主义心态以及掌握局势的自信，因为他们认为不管欧洲情况如何，美国总能复兴欧洲的经济。[4]

就在欧洲赔偿问题陷入僵局时，美国却十分清楚债权的力量。在欧洲国家准备召开日内瓦会议时，美国也在督促各国与美国签订战债协议。对这两者之间的关系，学者科斯蒂哥里拉的解释非常清楚：胡佛和休斯都热心于帮助欧洲，但是要以美国的方式。欧洲国家接受美国的条件，才能在战债问题上获得美国让步。[5]

在缺乏资本注入、德法矛盾加剧、欧洲意见不一致的前提下，美国似乎料事如神。1922 年 12 月 29 日国务卿休斯发表了名为"新天堂"的演讲，表明担心赔偿问题会发展为法国占领鲁尔，先行提醒法国不要采

---

[1] Leonard Gomes, *German Reparations, 1919~1932: A Historical Survey*, p. 109.

[2] Carole Fink, Axel Frohn and Jurgen Heideking, *Genoa, Rapallo, and European Reconstruction in 1922*, p. 103.

[3] John Braeman, "Power and Diplomacy: The 1920's Reappraised", *The Review of Politics*, Vol. 44, No. 3, Jul., 1982, p. 344.

[4] John Braeman, "Power and Diplomacy: The 1920's Reappraised", *The Review of Politics*, Vol. 44, No. 3, Jul., 1982, p. 345.

[5] Frank Costigliola, "Anglo-American Financial Rivalry in the 1920s", *The Journal of Economic History*, Vol. 37, No. 4, Dec., 1977, pp. 911–912.

取军事行动。① 随后，法国就出兵占领了德国鲁尔工业区，这也宣告了伦敦计划的破产。

4. 道威斯计划、杨格计划与美国重回舞台

作为欧洲国家主导的伦敦计划失败后，美国重新回到德国赔偿的舞台。虽然在官方，美国对参与世界政治活动，特别是国内与国际联盟合作的反对之声依旧保持敏感，但美国银行家和金融专业人士已经迫不及待要在世界市场上大展宏图。② 1923 年，胡佛意识到"除非内在联系的战债、赔偿和军备问题得到解决，欧洲大陆的稳定便无从谈起"。③ 因此，设计具有可行性的支付体系是推动德国赔偿问题的关键，这首先需要金融专家委员会去评估德国实际的支付能力。由于美国参议院反对参与德国赔偿，美国金融家道威斯受命主持赔偿委员会的工作，并授权摩根公司通过美国发起对德国贷款，以推动道威斯计划的运转。因此，无论是道威斯计划还是后来的杨格计划，其本质都是美国政府以非官方形式在德国赔偿间歇性违约后的替代选择。④

对于美国而言，政府经常以私人借贷方式对海外贷款予以监管，利用银行家和职业经理人实施外交杠杆，控制甚至管理具有风险的境外实体，也通过资本化的企业来实现"看不见的手"的作用。因此在 1921—1922 年，美国政府曾经通过大量的海外投资，与银行家亲密合作去维护受援国的稳定，实现对该国的控制。其中，政府官员通常会帮助美国私人银行"控制贷款"。在 1923 年以后，银行家与政府的合作模式看似在后撤，但实际上是以更加隐形的方式在幕后运作。⑤ 因此，私人银行家实际上是美国政府运作和私人投资之间的桥梁。对此，迈克尔·赫德森说，

---

① Leonard Gomes, *German Reparations, 1919~1932: A Historical Survey*, p. 142.

② Akira Iriye, *The Cambridge History of American Foreign Relations Volume III: The Globalizing of American, 1913~1945*, New York: Cambridge University Press, 2013, p. 92.

③ Akira Iriye, *The Cambridge History of American Foreign Relations Volume III: The Globalizing of American, 1913~1945*, p. 144.

④ Akira Iriye, *The Cambridge History of American Foreign Relations Volume III: The Globalizing of American, 1913~1945*, pp. 143-145.

⑤ Emily S. Rosenberg, "Revisiting Dollar Diplomacy: Narratives of Money and Manliness", *Diplomatic History*, Vol. 22, No. 2, Apr., 1998, p. 162.

美国成为具有绝对优势的世界债权国,完全缘起于政府的运作。它成功的重要一环是政府对海外私人利益的培育,这种利益与国家总体利益是一致的。尽管私人投资者实际参与美国海外投资,但投资的浪潮并非由私人投资者掀起。①

道威斯计划的前提是德国能够获得足够的贷款来缓解当时债务违约问题,消除通货膨胀,并且避免整个欧洲金融结构的坍塌。在鲁尔危机后,美国和英法之间就德国赔偿问题有了明确的分工。美国主导的道威斯委员会专门处理在1921年之后,德国面临的货币稳定以及收支平衡问题;同时,在法国的要求下,另成立了由英国人雷金纳德·麦肯纳(Reginald Mckenna)领导委员会,以监督和管理德国赔偿中面临的支付转移问题。②

道威斯计划之下,德国需要每年支付2.5亿美元。在此基础上,德国的赔偿数额逐渐提高,其依据是德国的"繁荣指数"。按照要求,德国赔偿到第四年应该达到6.25亿美元的水平。同时为了使德国能够自食其力,德国可以得到2亿美元的贷款。③ 于是,1924年美国先将1.1亿美元贷给德国。此后,美国海外投资极速扩张起来,而且也建立起一种全球经济的复兴模式,暗藏的内核则是美欧之间的金融相互依赖,其原理就是美国资本的注入使德国可以对英国、法国、意大利等欧洲国家进行战争赔偿,同时欧洲金融市场变得极为重要,而欧洲市场的收益又以清偿美债的方式重新流入美国。④ 当然,对于这种运作模式,美国人也戏称为"将美国财政部的钱从一个口袋转移到另一个口袋"。⑤ 但不可否认的是,它促进了美元在整个欧洲的流通,成为日后美国与英国进行货币竞争的重

---

① [美]迈克尔·赫德森:《金融帝国:美国金融霸权的来源和基础》,第45—46页。
② Leonard Gomes, *German Reparations, 1919~1932: A Historical Survey*, p. 142.
③ 参见 Gordon Martel, *A Companion to International History 1900~2001*, Malden, MA: Blackwell Publishing, 2007, p. 157. 以及 Thomas W. Lamont, "The Final Reparations Settlement", *Foreign Affairs*, Vol. 8, No. 3, Apr., 1930, p. 341.
④ Akira Iriye, *The Cambridge History of American Foreign Relations Volume III: The Globalizing of American, 1913~1945*, p. 93.
⑤ William E. Leuchtenburg, *The Perils of Prosperity 1914~1932*, Chicago: University of Chicago Press, 1958, p. 67.

要基础。

从短期效果上看，道威斯计划的确使德国赔偿问题暂时缓解，这使美国认为自己可以仅仅通过非正式的经济外交就能解决欧洲地缘政治问题。但是实际上，正如科尔说，"道威斯计划提供了一个'在可见的未来，政府最大限度将自己体重置于欧洲政治天平上'的路径"。美国已经实际上卷入了欧洲纷争。[1] 英美之间关于德国赔偿问题的竞争也逐渐加剧，这集中体现在美国私人资本注入德国后引发的德国赔偿优先权问题、德国赔偿最终数额问题以及赔偿是否可以与债务挂钩几个问题上。

尽管有大量美国资本注入德国帮助德国缓解经济困难，但除1926年外，德国依旧未能改变收支逆差的状态。在贸易赤字的情况下，德国面对优先偿还美国私人贷款还是优先支付赔偿的问题。在德国向美国借款之初，曾经许诺将优先偿还对美国私人公司的债务，这引起了包括英国、法国在内的协约国的强烈不满。[2] 与此同时，美国私人资本注入后，德国并未有效利用贷款，反而将大笔开支用于公共设施建设上，造成了浪费。[3] 注重投资收益率的美国公司逐渐产生了德国是否可以清偿对美国公司债务的疑问。

实际上，道威斯计划作为由金融专家设计的临时赔偿计划，还存在许多悬而未决的问题。首先就是该计划仍未规定德国最终的赔偿数额，这就决定了迟早有一纸协议做出最终赔偿数额的裁定，从而取代该计划。[4] 其次，由金融专家提出的计划本质上无法调和美国、英国、法国之间最深刻的政治纠纷——利益如何分配、赔偿是否可以用以支付战债的问题。如果说前者是美国私人公司和英法等国共同关注的问题，那么后者才是英国和法国政府最关心的核心问题。

当道威斯计划运转到1927年，赔偿委员会代理人帕克·吉尔伯特

---

[1] Katherine A. S. Sibley, *A Companion to Warren G. Harding, Calvin Coolidge and Herbert Hoover*, Malden, MA: Wiley Blackwell, 2014, p. 60.

[2] Leonard Gomes, *German Reparations, 1919~1932: A Historical Survey*, p. 163.

[3] Leonard Gomes, *German Reparations, 1919~1932: A Historical Survey*, p. 167.

[4] Thomas W. Lamont, "The Final Reparations Settlement", *Foreign Affairs*, Vol. 8, No. 3, Apr., 1930, p. 341.

(Parker Gilbert)在报告中表明：如果不确定赔偿总额，那么就不会存在有效的赔偿协议。他指出，"很清楚的是，随着道威斯计划的实施，积累的问题也越来越多，如果德国不能有一个可以自负其责、自食其力的计划，如果没有外国的监管，没有转移支付的保障措施，德国赔偿问题以及建立在其基础之上的各种问题都不可能解决。"①

在吉尔伯特的游说下，1928年秋，各国首脑云集日内瓦讨论赔偿问题，形成了关于赔偿问题的参考条例。其中的核心内容是一致同意建立一个独立金融专家的委员会来解决既有德国赔偿存在的各种问题。其中包括对德国在过去赔偿、当前赔偿及其赔偿能力的评估，对德国的主要债权国诉求的考量和未来可能涉及的其他债权债务关系的平衡。1929年1月，由美国商人、金融家欧文·杨主导的德国在未来59年的赔偿计划，即杨格计划出台。其中规定，前37年的赔偿计划年金为5125千万美元，之后的22年一定程度减少支付赔偿负担。因此，德国赔偿将预计在1988年完成。根据该计划预计减少德国三分之一的赔偿负担。② 德国赔偿总额共计约110亿美元。③ 这些赔偿将通过新成立的总部设在布鲁塞尔的国际清算银行进行赔付。

对英国来说，接受杨格计划有一个艰难的历程。因为根据该计划，英国并没有获得多少切实的收益，等于空手而归，能够称得上的最大收获是从德国赔偿中所得足以清偿对美战债。这在美国人来看，是对英国实实在在的好处。④ 然而就英国而言却是一种妥协，因此英国同意该计划的条件是"美国向英国财政大臣（丘吉尔时任）确保英国在赔偿中所获，加上法国对英国支付的债务，能够使英国在赔偿和战债两个账户维持收支平衡"。⑤

---

① Thomas W. Lamont, "The Final Reparations Settlement", *Foreign Affairs*, Vol. 8, No. 3, Apr., 1930, p. 342.

② Gordon Martel, *A Companion to International History 1900~2001*, p. 157.

③ Thomas W. Lamont, "The Final Reparations Settlement", *Foreign Affairs*, Vol. 8, No. 3, Apr., 1930, p. 349.

④ Thomas W. Lamont, "The Final Reparations Settlement", *Foreign Affairs*, Vol. 8, No. 3, Apr., 1930, p. 352.

⑤ Leonard Gomes, German Reparations, *1919~1932: A Historical Survey*, pp. 169-170.

5. 杨格计划的失败与赔偿问题的终结

杨格计划仅执行了一年就因世界经济大萧条归于失败，德国在此计划下也仅按期支付了一年的赔偿。金融专家们并没有如愿将政治因素排除在外，因为德国赔偿问题从来不是也不会是一个单纯的经济金融问题。战争之后的赔偿对于协约国来说，不仅是能够获得多少收益重建金融秩序的问题，它同时存在着说服民众接受赔偿方案的政治成本，即战后伴随经济重建的是民族主义的抬头。在民众面前，政治家们并无号召削减自己赔偿份额、慷他人之慨的勇气。试图通过一份经济计划去调和德国、英国、美国的矛盾并不具备可行性。

根据杨格计划，赔偿将于1988年终止。对德国人来说，他们认为持续时间之长，数额之大，是要他们穷极一生甚至延续到子孙后代都在做无偿奉献。因此，虽然最终在协议上签字，但是德国在签字之初就抱着协议仍可以再修订的幻想，一如他们在伦敦计划、道威斯计划中的表现。对英国而言，按照原来的"巴斯比例"，英国本来可以获得约22.8%的赔偿份额现在被降低到了20.4%。同时，其他国家除可以清偿债务外，还留有部分的战争赔偿。而英国却几乎没有得到多少战争损坏赔偿。因此，英国也不满意该计划。

美国推动德国赔偿的主要动力，就是让欧洲国家可以获得支付战债的资本，从单纯的经济收益来说，美国似乎应该是该计划的受益者。因为在杨格计划下，这些国家所获赔偿将会有大部分流入美国。按照计划，欧洲国家可以获得的赔偿数额大体是其需要支付对美战债的65%，因此在德国赔偿的前37年，盟国所能获得的赔偿既可以用于支付对美战债也可以用于获得部分战争损失的补偿，但是到后面的22年，盟国所获的赔偿刚好等于其对美债务。杨格计划等于实际上将赔偿问题与战债合并解决了。[①] 但美国官方早已表明不愿意削减战债，杨格计划显然违背了美国的官方立场。在杨格动身离开华盛顿，去与欧洲各国就赔偿问题进行协调之前，胡佛政府给美国代表团成员命令"无论在何种情况下都不要答

---

① Leonard Gomes, *German Reparations, 1919~1932: A Historical Survey*, p.170.

应去讨论盟国之间的债务问题",① 杨格计划执行前景堪忧。

杨格计划的直接后果可能是使美国失去了战债武器,美国官方在战债问题上决然态度并非只想从经济上维持战债获取商业利润,而是试图以战债作为政策杠杆维持对欧洲的影响力,引导包括赔偿等一系列欧洲问题走向符合美国利益的方向上来。最终,美国自己都放弃了杨格计划。

除无法回避的政治博弈,杨格计划是金融家共同协商的旨在解决德国赔偿的金融方案,即便理论上具有可行性,但专家对1929年世界经济形势和德国经济自主性的估计太过乐观。美国的初衷是试图通过投资德国,帮助其获得自助的能力,同时为美国的贸易扩展市场,绝非希望德国一直依赖外部私人资本,或者永远等待赔偿政策调整来缓解财政压力。但是,从道威斯计划到杨格计划,德国一直未能解决出口盈余不足的问题,反倒在经济上形成了对外资的严重依赖。1928年夏季以后,美国对海外贷款极速收缩,同时投资于德国债券市场的资本也被迅速蒸发,恐慌与不安降低了投资者的热情。在1929年5月发行旨在合并德国短期债务的内部债券时,原计划发行5亿马克,但实际上只售出1.77亿马克。②金融家们高估了私人资本投入德国的热情,赔偿问题不再具有可持续性。杨格计划虽然使德国赔款减少了20%,但在1929年,德国需要将其国民收入的50%用于支付赔款,20%用于支付私人商业贷款,这意味着德国1929年有70%以上GDP用于支付债务,早就超过了其外债的上限,实际上走入了借新债还旧债的恶性循环。因此,1929年美国金融危机爆发后,美国投资大量减少以及随后德国采取的紧缩财政政策,进一步加剧了外资对德国投资的谨慎,甚至警告说:"无论德国是否支付赔偿,投资于德国都是不安全的"。③ 到1931年,德国已经陷入严重的政治经济危机之中,近三分之二的外债需要在三个月内清偿,同时德国可用于支付外债的外汇储备仅占短期外债的18%。此时,欧洲国家不得不面对德国债务不可持续带来的严重问题。在1932年洛桑召开的世界经济会议上,欧洲

---

① Roberta Allbert Dayer, *Finance and Empire: Sir Charles Addis, 1861~1945*, p. 188.
② Leonard Gomes, *German Reparations, 1919~1932: A Historical Survey*, p. 182.
③ Leonard Gomes, *German Reparations, 1919~1932: A Historical Survey*, p. 181.

国家联合一致，出于通过解决赔偿问题而取消战债的目的，减免了德国的赔偿负担。

四 债权杠杆在德国赔偿问题上效用

对美国在两次世界大战期间关于德国赔偿问题的外交表现，在美国自己的叙事中，通常会以"经济外交""美元外交""政治孤立主义"等词语一言蔽之。但实际上，若以战债与德国赔偿互动之视角，则发现其政策及其实现战略目标的复杂性、隐蔽性以及策略性。

以美国在德国赔偿问题的政策复杂性而言，一方面美国坚持要英法等国清偿战债，使得英法为减轻自身负担不愿意降低德国赔偿的数额；另一方面，美国为了维持和扩大美国商品在德国市场的份额，不愿意过度削弱德国，试图通过固定赔偿数额来减少德国的压力，同时削弱英法等国在德国赔偿上的收获。这种对德国政策的两面性，是基于美国的商业利己主义以及政治算计，并非对英法等国具有盟友的团队协作精神。正如赫德森说："美国切断了德国赔偿与盟国债务之间的联系。美国政府建议盟国和德国调整赔款关系，但是自己却不和盟国调整债务关系。美国敦促盟国，别期望获得战争成本和损失的赔偿，但希望盟国足额偿还美国推动战争胜利的军备成本。"[①] 这充分暴露了美国希望打压原有世界霸主英国在战后的赔偿收获，同时不放弃对英国债权优势的企图。

与战前不同的是，美国在处理德国赔偿问题的外交手段中，除了在威尔逊时期以官方态度表明限定赔偿数额、确定支付能力、不允许与战债挂钩的立场，美国政府更希望以私人银行家作为德国赔偿问题上的代言人和推动者隐蔽进行。因此在相当时间内，金融专家、银行家的私下交往模式成为美国主要的外交渠道，这便于美国官方在德国问题上保持既有距离又比较灵活的外交立场，同时也使美国避免在帮助其他国家重建的过程中发挥直接的作用。因此，外交上总能看到华尔街投资者以及纽约联邦储蓄的身影在前，国务院指导在幕后，确保与外国签订借贷协议有利于美国的对外贸易。例如在欧洲，私人银行摩根借贷参与稳定欧

---

① ［美］迈克尔·赫德森：《金融帝国：美国金融霸权的来源和基础》，第41页。

洲经济、缓解鲁尔危机以及1923年虚高的通货膨胀，并且在1924年推动以美国为中心的道威斯计划，启动德国赔偿计划的重构。①

不仅如此，为实现美国在德国问题上的外交目标，美国还审慎地选择干预赔偿问题的时机和策略。美国在巴黎和会上试图推动德国赔偿以"德国支付能力"确定具体赔偿数额的举动表明，美国并非确实对德国赔偿问题毫无兴趣。实际上，美国在德国赔偿问题上"并非是否参与该问题，而是在什么时间以何种形式参与的问题"。② 在巴黎和会之后以及日内瓦会议之前，欧洲政府并没有做好协调纷争、并接受美国的观念去解决德国赔偿问题的准备。同时，欧洲以及美国的公众意见也没有做好如此准备。简言之，美国干预的时机尚未成熟。③ 而在欧洲尚未确定赔偿数额问题时，拒绝过度参与德国赔偿问题；在德国需要融资时，拒绝对其提供贷款；在欧洲无法解决德国赔偿时，开始插手并主导德国赔偿问题。这是美国影响德国赔偿问题的策略和手段。因此，美国的这种适时缺位，实际上是在等待德国赔偿问题主导权的到来。

通过上述几种方式，美国在德国赔偿问题上全方位将权力渗透到了赔偿的四个方面：

第一，关于战债与赔偿优先性问题的欧美竞争。由于美国坚持要英法等国清偿债务，使得英法等国不得不考虑在德国赔偿所得、经济重建和清偿战债所需之间建立联系，因此希望先通过和美国进行战债谈判，确定可以减少多少战债，再确定从德国索取多少赔偿，这样可以直接由德国赔偿支付对美债务。而美国坚持战债问题仅是商业借贷属于经济问题，而非政治问题，要求美债问题不能与德国赔偿问题挂钩。进而在解决赔偿和战债的时间顺序上，声称美国在德国赔偿问题上所求甚少，可以由欧洲国家先解决德国赔偿这个欧洲问题，美方可以等待欧洲国家商

---

① Katherine A. S. Sibley, *A Companion to Warren G. Harding, Calvin Coolidge and Herbert Hoover*, p. 58.

② Carole Fink, Axel Frohn and Jurgen Heideking, *Genoa, Rapallo, and European Reconstruction in 1922*, p. 89.

③ Carole Fink, Axel Frohn and Jurgen Heideking, *Genoa, Rapallo, and European Reconstruction in 1922*, p. 89.

定好德国赔偿数额之后再讨论清偿战债的问题。这实际上是美国战债的强权体现。因为如果仅从商业贷款而言，美国作为贷方只需关心借方是否可以如约按期清偿债务，而无须关心借方资本的来源。美国的做法本质上是既要求债务国支付债务，又不允许其使用德国赔偿支付，目的是加强对欧洲特别是对主要借方英国的影响力，同时削弱英国在国际资本市场和债务市场的地位。这是战债存在以及战后欧洲经济窘境赋予美国此时的特殊权力。

第二，德国赔偿的数额问题。战后欧洲利益分配不均以及战债问题的存在，导致巴黎和会中德国赔偿数额悬而未决。而其后伦敦计划执行中的困难，部分原因是在美国置身事外的情况下达成的一个赔偿数额，而战债协议的签订实际上是在此之后，这不符合英法为主的债务国通过提高德国赔偿数额，从而减少对美负债的利益，对于英国更是如此。美国人相信：尽管整个欧洲在战后都陷入严重的流动性危机中，却没有人会怀疑拥有大量海外资产的英国的债务清偿能力，简言之，只要英国想偿债，他就能还清。[①] 在英美达成战债协议之后，英国一直渴望着美国能够改变战债政策，开始试图通过削减赔偿数额，以换取美国战债协议上的调整。这也是美国的欧洲债务国的集体心声。因此，在战债协议签订以后，没有美国的参与，达成德国赔偿数额已经不可能。从道威斯计划到杨格计划，德国赔偿的数额由从盟国需求的轨道走向了美国确定德国支付能力以及逐渐削减赔偿数额的轨道。

第三，德国清偿优先性问题。战争结束后，整个欧洲战胜国除战前负债外，还背负了沉重的美债，显然不可能也没有能力更从情理上不愿意援助德国，所以整个欧洲复兴的希望以及德国赔偿问题重启的前提，乃是美国私人资本通过道威斯计划和杨格计划注入德国，在欧洲流通，才能使德国一方面恢复经济，另一方面赚得美元再对英法等国进行赔偿。但也由于美国对德国贷款，产生了德国在债务清偿问题上应当优先清偿对英法的战争赔偿，还是优先偿还美国后来注入的私人债务的赔偿优先

---

① Carole Fink, Axel Frohn and Jurgen Heideking, *Genoa, Rapallo, and European Reconstruction in 1922*, p. 97.

性问题。在这一轮角逐中,美国通过私人银行吸纳了德国清偿的私人债务,又通过德国赔偿给欧洲来回收战债,这样德国支付的两部分都被美国收入囊中。

第四,争夺德国赔偿计划的主导权。在战后初期,德国赔偿问题的主导权是掌握在英国和法国手中的。英国的政治家认为,战后英国依旧可以通过赢得国际金融共同体的信心迅速重返金融霸主地位,当然这需要解决政府的借贷问题。[1] 出于这种乐观,英国拒绝了威尔逊在赔偿问题上的主张。但是,英国为保护本国工业限制德国商品进入英国市场,美国出于同样的原因又限制其债务国商品进入本国市场。因此,赔偿和战债问题的后果是贸易保护主义的抬头和货币贬值引发的恶性价格竞争。伦敦计划之后,英国才如梦方醒,意识到恢复帝国影响力的愿景备受美国钳制的现实:美国具有资本盈余可以重新恢复欧洲经济,如果英国仍未找到解决掉债务问题的途径,英国必须清偿对美国的债务。[2] 相反,美国对欧洲这一状态始终了然于胸。1922年时任美国国务卿休斯建议,应当"让一些独立的、有智慧的美国人用自己的经验,以及与欧洲人感同身受的善意去给争吵的欧洲国家提供良方,以促成赔偿协议的圆满达成,再用同样的手段解决战债问题"[3]。这样,以鲁尔危机为契机,美国用道威斯、摩根、杨格等金融专家和银行家等介入赔偿问题,引导了整个赔偿问题的走向,夺去了赔偿问题的主导权。

那么,美国对英国债权在德国赔偿问题上效用如何?

在整个20世纪20年代,因为拒绝战债与德国赔偿问题之间产生关联,战债与赔偿成为引发英美关系在1920年出现敌对情绪的首要问题。而美国对赔偿问题的影响力也存在缓慢的发展演变过程。第一次世界大战后整个德国赔偿问题中,美国尽管在巴黎和会期间遭遇了短暂的失败,但是美国在德国赔偿问题上的几个外交目标,如确定支付能力及赔偿数额、减轻负担、非政治化专家化在鲁尔危机后逐一实现。通过提供或者

---

[1] Roberta Allbert Dayer, *Finance and Empire: Sir Charles Addis, 1861~1945*, p. 112.
[2] Roberta Allbert Dayer, *Finance and Empire: Sir Charles Addis, 1861~1945*, p. 1.
[3] Paul Scheffer, "The United States and War Debts, II", *International Affairs*, Royal Institute of International Affairs 1931~1939, Vol. 12, No. 1, Jan., 1933, p. 444.

拒绝未来贷款、正式与非正式交涉、防止战债与赔偿之间的议题联系等手段，美国成功将德国赔偿问题纳入自身的政策轨道。毫无疑问，美国雄厚的经济实力及其对英债权是帮助美国实现上述目标之重器。到1929年，杨格计划出台，德国赔偿大幅削减，英国被迫在几乎颗粒无收的情况下签字，美国对德国赔偿问题的影响力也达到了顶峰。

但进入20世纪30年代，原本可以继续迫使欧洲国家在赔偿问题上对美妥协的美国债权，其影响力却逐渐下降。究其原因，是美国在战债问题上的过于僵化，并且忽视了债权交易网络的监管。德国赔偿问题经过道威斯计划和杨格计划已经大幅削减了德国赔偿的数额，但是美国与欧洲国家的债务却没有得到相应的调整。这使得盟国对美国削减债务不再抱有幻想。另外，世界经济危机爆发后，以邻为壑的贸易政策和金融政策，美国海外私人贷款的急剧削减，使得欧洲国家对获得美国贷款的幻想也逐渐破灭。上述原因导致原有矛盾重重的欧洲国家竟然在德国赔偿问题上暂时摒弃前嫌、同甘共苦，形成集体对抗美国债权之势。而当债务国们共同决定不再清偿债务，也不再需要德国赔偿时，美国的债权影响力降至最低点。

第四节　债权杠杆与英美在军事领域的竞争[*]

在1914年之前，英国作为世界霸主的主要权力来源有两个，一是其信贷体系，二是自身的海军实力。这两种权力使英国的霸主地位得到世界认可，并通过承担强国相应的国际责任而继续强化。[①] 但英国对美负债在冲击英国信贷体系的同时，使美国具有运用战债杠杆打击英国海上优势的能力，强烈撼动了英帝国的霸权根基。据此，有不少研究英美关系的专家认为，英国之所以对美国追求海上军事力量时采取"绥靖"政策，原因就是美国拥有战债武器。这一点在华盛顿海军会议前后的英美外交

---

[*] 本节内容作为课题阶段性成果已经公开发表，收录本书时，有删改，参见康欣《债权杠杆与华盛顿海军军备会议上的美英博弈》，《美国研究》2019年第5期。

[①] B. J. C. McKercher ed., *Anglo-American Relations in the 1920s: The Struggle for Supremacy*, London: Macmillan Press, 1991, p. 1.

博弈中充分显现。

按理说，国家债权与贸易、货币具有天然联系，对经济领域的溢出效应强，但对军事议题的溢出效应弱。因此，美国用战债迫使英国军事领域妥协的难度极大。与此同时，军事优势的重要性对于英帝国的兴衰不言而喻。有专家认为，1921年华盛顿会议是1918年之后英美霸权斗争中的关键节点，其中最突出的又是海军问题。也就是说，如果不能成功地捍卫英国海上军事力量的战略优势，就意味着英帝国捍卫霸权的彻底失败。甚至有专家提出应当通过观察第一次世界大战结束到第二次世界大战前英国海军政策的变化，来评估美国挑战英国霸权的成败。[1] 那么美国在华盛顿海军会议上的战略目标是什么？美国是如何运用对英国债权迫使其对美国的海军扩张保持沉默？

一 美国强军计划与华盛顿军备会议上的核心目标

进入20世纪后，美国海上军备扩张的野心随其经济利益向全球拓展而不断膨胀。1916年，美国总统威尔逊提出了扩建海军的"1916计划"，该计划的核心目标是"将美国海军建设成世界最强舰队"。[2] 为此，美国打算在1925年之前完成"将海军力量扩展至与世界最强大的海军持平的任务"。[3] 但这一计划因威尔逊总统未能成功连任而暂时搁置。[4]

世界大战后迅速升温的反战文化影响了美国海军扩建计划的进程，尽管美国政府在1919年春批准了"1916计划"，[5] 但是美国不能忽视因战后创伤导致美国国内与欧洲对军备扩张的抵制之声。大举扩张海军的

---

[1] B. J. C. McKercher ed., *Anglo-American Relations in the 1920s: The Struggle for Supremacy*, p. 5.

[2] Phillips Payson O'Brien, *British and American Naval Power: Politics and Policy, 1900~1936*, Westport: Praeger, 1998, p. 122.

[3] Phillips Payson O'Brien, *British and American Naval Power: Politics and Policy, 1900~1936*, p. 118.

[4] H. P. Willmott, *The Last Century of Sea Power, Volume Two: From Washington to Tokyo, 1922~1945*, Bloomington: Indiana University Press, 2010, p. 13.

[5] B. J. C. McKercher ed., *Anglo-American Relations in the 1920s: The Struggle for Supremacy*, p. 58.

结果，必然是引起公众的愤怒。这决定了美国海军军备的扩张不能大张旗鼓地进行，必须低调审慎。随着1919年德国舰队在斯卡帕湾的溃败，以及美国海军实力的明显增强，美国已经成为英国海军霸权的主要挑战者。① 但英国在海上的优势仍是全方位的，英国不仅在船只的类型、数量和配置上具有优势，而且在欧美国家的观念中，英国皇家海军的战斗力和地位亦是无人能敌。英国海军拥有实际和观念上的强烈影响力。因此，即便美国试图逐渐扩张海军，但在反战的、限制军备的舆情及与英国皇家海军实力尚存差距的现实下，美国在1921年11月召开的华盛顿海军军备会议上选择了折中的路径——仅要求在主力舰上与英国持平，同时拆散英日同盟。这一方案既可以抵制反战声音，又巧妙地通过裁军口号以及号召进行国际合作，以取代可能诱发世界大战的军备竞赛和联盟体系，②便于美国以最小的成本削弱英国的海上霸权。

二 美国利用战债削弱英国海上军事优势的手段

1. 利用战后英国的金融困境

在第一次世界大战结束后，欧洲各国财政部长面临国家公债膨胀的严峻挑战，英国也不例外。战争期间英国通过发行国库券的方式从民众手中筹钱为战争融资，同时还大举向美国借债，英国财政部承受着内债与外债的双重挤压。到1919年3月，外债和内债之和已经达到了74.34亿英镑，1920年更升值到78.28亿英镑的水平。③ 同时，严重的失业问题以及战后通胀导致GDP急剧下跌，1921年英国GDP比上一年下降17.9%。④ 负债积重、GDP下降几乎没有给英国财政预留任何政策调整的

---

① B. J. C. McKercher ed., *Anglo-American Relations in the 1920s: The Struggle for Supremacy*, p. 2.
② Phillips Payson O'Brien, *British and American Naval Power: Politics and Policy, 1900~1936*, p. 168.
③ Francis W. Hirst, *The Consequences of the War to Great Britain*, London: Oxford University Press, 1934, p. 251.
④ H. P. Willmott, *The Last Century of Sea Power, Volume Two: From Washington to Tokyo, 1922~1945*, p. 12.

空间。进入1920年,政府就开始面临无力给纳税人贷款的严重财政困难。① 雪上加霜的是,由于短期债务所占比例之大,已经严重威胁到英国的货币稳定,英国财政部又被迫将大量精力用于稳定汇率。

要走出金融困境需要两个条件,一是国内开源节流,二是得到国际金融合作以减轻负担、稳定汇率。于是,英国政府自1919年便开始削减政府预算,计划1920年度将预算控制到上一年度的五分之二,② 但该计划推进却遭受重重阻力。战后,欧洲各国工会都提出了增加社会保障和失业福利支出的新要求,使得国内社会福利难以削减。同时,1920—1921年债务和军备开支仍占预算的49.88%。这样,若无法通过国际合作分摊物价、调整利率,同时为工业重组提供贷款,英国战后经济复苏的预期将更为悲观。鉴于美国是英国的债权国,英国自然期待得到美国在稳定国际经济秩序、调整物价上的国际合作。如果此时美国同意大幅削减战债,则可以帮助英国减轻债务负担,便于英国将资本用于稳定汇率。因此,英国在1919年美国提出第一个战债清偿计划以后,对美国的首要外交目标就是试图削减甚至直接取消战债。

2. 建立债权与海军军备的逻辑联系

英国所处的金融困境是美国利用战债影响英国军事政策的契机。为将战债与军备这两个相去甚远的议题联系起来,美国建立了还钱与花钱之间的逻辑。显然,英国支付对美债务是还钱问题,而建设海军军备则为花钱问题。既然英国叫嚣无力偿还战债,提出取消战债的请求,那么英国哪来的钱进行海军军备建设?这样,作为英国的债权国,美国获得了对英国财政开支进行监控的权力。为实现削弱英国海上军事力量的目的,美国以债务国无力偿债为由,率先抛出各国限制海军军备的提议。1920年12月,美国国会参议员威廉·博尔奇(William Borah)设计出美、英、日三方谈判草案,主张在五年时间内美、英、日三国海军建设预算削减至半。该方案不仅受到美国公众的追捧,媒体跟风宣传限制海

---

① B. J. C. McKercher ed., *Anglo-American Relations in the 1920s: The Struggle for Supremacy*, p. 8.

② H. P. Willmott, *The Last Century of Sea Power, Volume Two: From Washington to Tokyo, 1922~1945*, Bloomington: Indiana University Press, 2010, p. 12.

军军备的重要性，连军方和国会议员也纷纷评论作支持表态。① 博尔奇的一系列操作客观上将海军军备问题提上议程，美国国内就是否应该限制海军军备的讨论迅速升温，甚至参议员博尔奇也因其言论一时之间成为炙手可热的政治人物，② 其知名度达到了可以与美国新任总统哈定在国会一争高下的地步。彼时哈定总统刚刚上任，其海军政策尚不明晰，在裁军还是扩军选择上动摇不定，时人评价其"甚至缺乏统一的海军政策"。③ 而博尔奇却旗帜鲜明地主张美国走限制海军军备的道路。因此，在1921年，博尔奇旨在限制海军军备的议案以参议院全票通过，在众议院仅四票反对的压倒性优势通过。④ 博尔奇而非美国总统成了海军政策的代言人。

此后，博尔奇开始明确地建立战债与军备问题的经济关联。无独有偶，1921年6月，另一位美国参议员詹姆士·瑞德（James Reed）提出，"我知道英国对美负债利息高达4亿美元。为何英国无力清偿对美债务，却可以花费7亿美元扩建英国皇家海军？"⑤ 两个月后，博尔奇在国会上更加明确地建议美国政府将战债与海军军备问题联系在一起，并提出偿债协议的签订要在华盛顿海军军备会议之后。他直言战债使美国拥有了对债务国的权力，"应该在华盛顿军备会议中使用债权以迫使债务国削减军备、降低海军军费。"⑥ 在他看来，美国纳税人因对欧洲贷款承担了极大的财务压力。容忍债务国在拒付债务利息的情况下维持并扩大海军军备开支，相当于让美国纳税人在承担本国军费开支之外，还为欧洲债务

---

① Phillips Payson O'Brien, *British and American Naval Power: Politics and Policy, 1900~1936*, p. 157.

② Christopher Hall, *Britain, America, and Arms Control, 1921~1937*, New York: St. Martin's Press, 1987, p. 25.

③ Phillips Payson O'Brien, *British and American Naval Power: Politics and Policy, 1900~1936*, p. 158.

④ Thomas Andrew Bailey, *A Diplomatic History of the American People*, New York: F. S. Crofts and Company, 1940. p. 1573.

⑤ Roberta Allbert Dayer, "The British War Debts to the United States and the Anglo-Japanese Alliance, 1920~1923", *Pacific Historical Review*, Vol. 45, No. 4 (Nov., 1976), p. 581.

⑥ "The Administration's Plan to Refund Foreign Debts", *Advocate of Peace Through Justice*, Vol. 83, No. 8, Aug., 1921, p. 309.

国的军费开支埋单。①

博尔奇的言论得到美国纳税人的支持，美国公民意识到，"只要欧洲停止军备扩张，省下的钱就可以用来偿债"。② 这种观念成为美国政府要求欧洲国家裁军的外交武器。美国还坚持，如果欧洲顺利裁军，还可以将更多的资金用于本国的经济建设，有助于世界的繁荣与稳定。尽管欧洲人对美国试图扩张军备的战略需求早已熟悉，但留给欧洲的唯有两个选项：削减军备，或者偿债。如果欧洲人选择赖账，那么就更没理由阻止美国发展军备。美国的舆论导向很快传递给英国。英国内阁档案文件《英国对美国战债备忘录》中记录："美国舆论中有一种声音主张，协约国对美负债与海军军备问题存在密切关联。……如果协约国有钱用于造舰和军费开支，他们也应有钱偿还部分战债利息，从而减轻美国公民的纳税负担。"③

3. 选择联系战债与海军议题的时机

1921年是英国步入"一战"结束后财政最困难的一年。为平衡国际收支，在控制预算方面屡遭失败的英国政府痛下决心，授命财政大臣埃里克·格迪斯（Eric Geddes）于这一年开始了最为严厉的财政改革，其措施之激烈以至后人将这一举动称为"格迪斯之斧"（Geddes's Axe）。"格迪斯之斧"的核心内容是最大限度削减财政预算，其中重要的一项是削减军备开支。正当格迪斯委员会分析英国金融形势，开始发布英国经济形势报告之时，美国抓住英国金融困难、打算削减军备的历史机遇，邀请英、法、日等国派代表赴华盛顿共商限制海军军备事宜。此时赴美谈判的英国政治家显然已经十分清楚政府的财政状况，明确政府对节约紧缩的需求了。④ 因此，英国赴美参加华盛顿海军军备会议的代表，必须

---

① "The Administration's Plan to Refund Foreign Debts", *Advocate of Peace Through Justice*, Vol. 83, No. 8, Aug., 1921, pp. 309–310.

② [美]迈克尔·赫德森：《金融帝国：美国金融霸权的来源和基础》，第74页。

③ BDFA, part II, Volume. 11, p. 271.

④ 参见 Thomas Andrew Bailey, *A Diplomatic History of the American People*, New York: F. S. Crofts and Company, 1940, p. 1620; Christopher Thomas Crook, Empire and Europe: A Reassessment of British Foreign Policies 1919~1925, PH. D. Dissertation, University of Sussex, 2017, p. 76.

考虑到海军军备谈判的结果可能给英国带来的财政负担。外交上为英国政府纾困的现实途径有两条：或在军事上承诺削减军备，或在经济上争取劝服美国削减战债。这导致了这一阶段英国对美国外交的脆弱性。

为诱导英国自觉把裁军与偿债联系在一起，美国政府紧锣密鼓地同时进行两件事，一是筹备1921年11月12日召开的海军军备会议，二是准备与英国为首的债务国进行债务谈判。美国一边开海军会议，一边在1921年年底告知英国准备开始偿债。在1922年1月，美国成立外债委员会，负责与债务国展开清偿协议的谈判。这样尽管美国在官方表示不在海军会议上商讨战债问题，但对债务国而言，两个议题已经在时间上与逻辑上联系在一起了。

4. 在华盛顿海军军备会议上重点强调军备的经济负担

1921年11月华盛顿海军军备会议开幕。哈定总统在会议致辞中特别提到了债务给世界经济带来的压力，"战后世界有胜利的光荣，有取得成就的欣喜，有对自由的向往，有对国家的奉献，也有巨大的悲伤，债务的负担以及遭受破坏的荒芜"，而"走出战后灾难的阴霾则要建立新关系、新构想、新期待"，其中当务之急就是"债务步履蹒跚的世界需要清除债务负担"。[①] 哈定总统不仅从人类文明、战争代价、交换诚意和领袖责任等视角说明了削减军备、消除战争的愿景，还特别提出军备竞赛不仅与谋求幸福背道而驰，而且会造成过高的成本，因此应当以经济视角去衡量军备竞赛的后果。[②] 由于美国官方的既定政策是极力避免将战债与军备问题挂钩，哈定总统的演讲仅隐晦提到军备问题与世界经济复苏的关系。但是，战债问题却成为海军军备会议上的重要推手。会议中一个有趣的现象是，在会议的各式文件和发言中，英法日等参会国家一概只公布或者统计服役军舰的吨位，唯有美国在公布造舰计划、造舰吨位的同时，特别提及了制造军舰的美元价格。[③]

会议期间，英国驻华盛顿大使加迪斯深知英国外相乔治·寇松

[①] BDFA, part II, Volume. 11, p. 1.
[②] BDFA, part II, Volume. 11, pp. 1–2.
[③] BDFA, part II, Volume. 11, pp. 12–14.

(Marquess Curzon of Kedleston)最为关心战债及经济稳定的问题,因此去信表明,"美国工商界目前已经敦促国务院,考虑召开会议专门讨论国际债务、汇率、贸易事务,但暂时遭遇美国国内的反对,如果军备会议达成一个满意的结论,美国将以立即派出访欧使团研究欧洲经济问题,解决上述问题。"① 可见,美国官方尽管公开场合对战债问题讳莫如深,却私下通过工商界暗示英国,如果希望获得美国在战后复兴、贸易、债务问题上的合作,则欧洲必须在军备问题上对美妥协与让步。

5. 通过私人关系在非正式场合释放削减战债消息,诱使英国在军事上做出让步

美国的官方发言对战债问题三缄其口,是为防止英国联手其他债务国剥夺美国债权,但美国又希望在裁军问题、日美同盟以及美国增加主力舰方面获得英国的配合。解决上述矛盾的最好办法是通过私人关系在非正式场合进行沟通。为此,美国在华盛顿海军军备会议期间的外交活动,主要以英美两国的银行家为媒介,作为沟通英美战债政策的纽带。1919 年,志同道合的英格兰银行董事查理斯·加迪斯(Charles Gaddis)与英格兰银行副行长蒙塔古·诺曼爵士(Montagu Norman)建立了友谊,他们与美国方面摩根大通的主要合伙人以及纽约联邦储备银行行长本杰明·斯特朗(Benjamin Strong)来往密切,这些银行家外交活动对 20 世纪 20 年代的英美关系产生了重大影响。其中最值得关注的是斯特朗与诺曼的友谊。他们的关系随英美金融领域合作的需求增强而日渐加深,两人不仅通信频繁,还建立了定期互访的习惯。在 20 世纪 20 年代,英国亟须美国减轻战债的时刻,斯特朗对其密友透露了美国将减轻战债、进行两国中央银行的合作,以确保国际金融稳定的消息。让英国的银行家和政治家认为已经得到了美国政府非正式但可靠的合作保证。② 但是显然,美国合作的条件就是英国对美国外交妥协,其中主要内容就是希望英国在海军军备问题上松动。为做政策调整,英国对美国的军备发展速度和

---

① BDFA, part II, Volume. 11, p. 55.
② B. J. C. McKercher ed., *Anglo-American Relations in the 1920s: The Struggle for Supremacy*, pp. 158 – 162.

自己的比较优势进行了评估。英国预计，美国完成"1916 计划"的时间是 1925 年，届时美国将拥有 29 艘一级战舰以及 6 艘战斗巡洋舰，而英国即使停止建设也会有 33 艘一级战舰和 10 艘战斗巡洋舰，从而在军舰数量上占优。那么，英国会选择容忍美国海上实力继续发展，还是与美国展开军备竞赛？[1]

最终，在 1921 年 6 月伦敦帝国会议上，英国内部同意放弃其海军军备的"一强标准"，[2] 完成了在华盛顿军备会议上允许美国继续打造主力舰的外交准备。对于 1921—1922 年的华盛顿会议上英国对美国的让步，历史学家约翰·费理斯（John R. Ferris）认为"它是现代历史的一个转折点，因为在那一刻，美国成了一个强大的海军力量。"[3] 但对于英国来说，很多海军将领都对政府的决定遗憾不已。阿兰·道布森（Alan P. Dobson）在分析英国做出如此决策的原因时说，造成英国容忍美国发展其海军主力舰数目与英国持平的原因是多元的，包括英国自身经济困难、紧缩战略、削减军备的需求。但它也反映了英国担心与美国展开海军竞赛后，唯恐无法与美国达成债务协议。而上述问题都会造成英国在财政上处于一种入不敷出的境地。[4] "华盛顿会议上英美之间的融洽气氛，实际上是为了给其后的战债讨论做铺垫。因为美国十分清楚，目前欧洲政治家脑中的主要问题就是战债问题。"[5] 历史学家巴尼特和保罗·肯尼迪则认为，对英美友谊的感情链接，致使英国政治家愿意牺牲

---

[1] Phillips Payson O'Brien, *British and American Naval Power: Politics and Policy, 1900~1936*, p. 150.

[2] 早在第一次世界大战之前，英国海军发展一直采用的是"两强标准"，即英国皇家海军力量应当不亚于任何两国海军之和。这个发展战略到 1910 年调整为"一强标准"——英国海军实力与世界第二强大海军相比应当有 60% 优势。参见 Alan P. Dobson, *Anglo-American Relations in the Twentieth Century: Of Friendship, Conflict, and the Rise and Decline of Superpowers*, New York: Routledge, 1995, p. 51.

[3] B. J. C. McKercher ed., *Anglo-American Relations in the 1920s: The Struggle for Supremacy*, p. 55.

[4] Alan P. Dobson, *Anglo-American Relations in the Twentieth Century: f Friendship, Conflict, and the Rise and Decline of Superpowers*, p. 51.

[5] Anne Orde, *British Policy and European Reconstruction after the First World War*, Cambridge: Cambridge University Press, 1990, p. 172.

英国的实际需求来"安抚"美国，但英国工业无法匹敌美国海军的潜在增长也是重要原因。①

此外，有部分专家认为，银行家之间的私下沟通让英国产生美国已经同意协调金融关系的幻觉，导致英国政府上当受骗。英美关系专家麦克切尔描述道："1922 年，英国可以在英日同盟问题上妥协、同意在战舰上与美国平权，开始在 1923 年清偿对美国的债务，又允许美国在 1924 年主导德国赔偿的道威斯计划，并于 1925 年恢复金本位制，但后来美国拒绝减免英国的战债，在管理货币问题上拒绝与英国合作，并且囤积黄金与英国斗争时，英国终于把他们面对的高失业率、政府严重失衡的问题归咎于美国的政策。总之，英国感到被朋友出卖了，认为美国'让世界失望'，他们没有信守承诺。"②

6. 善用"英美可能发生战争"的公众舆论，用削减战债迫使英国拆散英日同盟

《巴黎和约》墨迹渐干，欧洲国家之间的矛盾通过战后协议暂时得以缓和，但英美关系却发生变化。战争期间，美国相对英国实力的上升，导致在贸易、汇率等一系列问题上产生利益冲突，立场迥异的状况引发英美关系的微妙变化。尽管由于文化的相似性，英美曾出现过一些主张泛盎格鲁—撒克逊友好关系的言论，但英国外交、金融和海军政策的负责人往往把美国视为对手。随之而来的是美国国内的反英情绪日渐升温，终于在英美两国都出现了"英美是否必有一战"的舆论。这似乎是新兴国家与原有霸权国关系调整的一个必经阶段。美国充分利用了国内反英舆论，趁英方代表在华盛顿开会之际，用媒体持续释放关于两国战争、战债问题的讨论。美国认为，只要英日同盟存在，就有可能联手对美国发动攻击，这将对美国极为不利。而对于财政吃紧的英国根本无力承担美英战争成本。因此，必须在美日之间选边站队。为了安抚美国，英国终于在英日同盟续约问题上也开始犹豫不决。

---

① B. J. C. McKercher ed., *Anglo-American Relations in the 1920s: The Struggle for Supremacy*, p. 60.

② B. J. C. McKercher ed., *Anglo-American Relations in the 1920s: The Struggle for Supremacy*, p. 161.

1920年5月10日，美国国务卿班布里奇·科尔比（Bainbridge Colby）对驻英大使约翰·戴维斯（John Davis）传达了美国政府在英日同盟问题上的立场：（1）确保英日同盟续约不影响中国的权益和门户开放政策。（2）保证英日同盟不针对美国。（3）官方暂不合适出面达成以上目的，要求大使通过非官方形式保证英日同盟续约问题向着美国期望的方向发展。① 此后，美国主要以私下沟通的方式影响英日同盟续约问题。

为给英国施加财政压力，美国先敦促英国偿债。1920年11月，美国通过私人渠道向张伯伦表明，"如果可以一次性偿还债务的话，这'将比同时进行的其他任何事情都有益于加强美英之间的友好关系'，相反，如果不能一次性解决的话，'目前我国的想法可能会导致误解'。"② 美国的一番表态虽激怒了英国，但也向英国警示了战债问题的迫切性和重要性。极为敏感的英国立刻认识到，当美国提及战债问题时，美国并不仅仅在考虑其经济问题。英国认为，"从英国债权国和债务国的双重身份出发，战债问题是英美两国友好关系的一个障碍，而美国却将其作为在巴黎和会和其他问题上迫使欧洲国家妥协的政策工具"。③

尽管美国催债的措辞引起了英国方面的极大不满，但以英国的处境只能选择隐忍。因为此时，"英国需要支付给美国的战债远多于英国从其盟国实际回收的战债"。④ 到1921年，英国国际收支失衡的局面进一步加剧。3月11日，英国财政部长在内阁会议中做了英美战债问题的汇报，指出英国应当在1922年3月31日之前与美国达成代位清偿债务协议，否则英国将面临在美国参战前对盟国的贷款无法回收，而英国又同时需要清偿对美负债的被动局面。⑤ 这实际通告了英国处理战债问题的最后期限。此时，激怒美国的经济后果，成为英帝国内部讨论英日同盟问题去

---

① FRUS1920, Vol. 2, p. 680.
② 英国内阁档案文件，档案编号：CAB/24/116/13.
③ 英国内阁档案文件，档案编号：CAB/24/105/59.
④ Sidney Pollard, *The Development of the British Economy, 1914~1950*, London: E. Arnold, 1962, p. 186.
⑤ 英国内阁档案文件，档案编号：CAB/24/121/5.

留的限制条件。

对于这一点,英国海军大臣李勋爵(Lord Lee of Fareham)在1921年5月给政府的《英日同盟备忘录》中记录道,"美国对日本的恐惧,他不喜欢英日联盟,是1916年后美国扩张海军军费问题的真正动因。我深信如果这些问题不排除,达成裁军协议的希望渺茫。因此,与日本续约还是终止,并不仅仅是外交部要考虑的问题,更是海军部门与财政部需要亲密合作的问题"。[1] 美国海军上将告知他,美国人民激烈反对英日同盟,如果同盟继续存在,美国方面就很难约束国内存在的扩建海军的需求,不仅如此,美国将自己按照一强标准来建设抵御英日联合进犯美国的海军。[2] 这实际上在告知英国,如果不放弃英日同盟,美国将与英国展开军备竞赛。

1922年3月31日的利息支付日期日益临近,债务问题对英国的压迫感也日渐加强,但英国仍没有找到一个处理战债问题以及英日同盟去留问题的合理办法。英国的态度和立场开始发生变化,在华盛顿会议期间可能涉及的一系列问题上,金融议题对英国军事议题的渗透力逐渐增强。1921年10月7日,华盛顿海军军备会议召开前夕,英国内阁在讨论军备会议中英国的立场和对策时,将英美之间的金融地位问题作为一个重要的参考项,认为"金融问题虽然不在会议范围内,但是有重要影响"。[3] 英国开始认为,战债、海军军备问题以及英日同盟的去留问题实际上是密切联系在一起的。它们都是可能导致与美国摩擦的核心问题,于是产生了将这些问题打包解决的想法。[4]

英国萌生这一想法与美国政局的动态变化存在关联。1920年,当美国公开向英国表示反对英日同盟续约时,美国国内正处于激烈总统竞选与两党竞争中。身为总统候选人的威尔逊和哈定都因债务问题触及纳税人利益,不敢轻易承诺放弃债权。非但如此,美国大选扩大了民众的

---

[1] 英国内阁档案文件,档案编号:CAB/24/123/65.
[2] 英国内阁档案文件,档案编号:CAB/23/25/27.
[3] 英国内阁档案文件,档案编号:CAB/23/27/4.
[4] Roberta Allbert Dayer, "The British War Debts to the United States and the Anglo-Japanese Alliance, 1920~1923", *Pacific Historical Review*, Vol. 45, No. 4, Nov., 1976, p. 577.

"反英"情绪,导致英国对美国媒体和纳税人的态度极为敏感,英国部分政治家观察到,共和党相比民主党对英国的态度更为缓和些,一旦共和党当选,英美战债问题的讨论会较为顺利。① 而在哈定当选总统后,英国被告知新政府可能采取更加和谐的债务政策,亦有可能朝着取消的方向进展。② 这一消息使英国寄希望于新任政府可以改变战债政策,也开始试图用对英日同盟问题上的妥协向美国讨价还价。英国的思路是,既然美国反对英日同盟,并且希望英国帮助其限制日本在中国的扩张,特别是在山东半岛的扩张,那么"如果英国在这些问题上协助美国,是否可能指望美国在战债问题上有新态度?"③ 因此,当英国在1921年8月11日接到华盛顿海军军备会议邀请之际,英国立刻认为这是合并解决英日同盟与战债问题的时机。然而,美国对此早有预案。美国告知英国,"战债问题不在华盛顿会议范围内,不欢迎财政部部长参加,英国代表在华盛顿不应该谈论战债问题"。④ 这表明美国并未打算在官方讨论战债问题。

而事实上,美国更倾向于在战债以及英日同盟问题上与英国进行非官方的接触,以私下交流的方式将两个问题联系起来,促成英国在英日同盟问题上的逆转。9月12日,美国休斯一反之前美国政府反对英美日三方协议的立场,忽然出面澄清道:"希望华盛顿会议的结果之一,是可以在东亚和太平洋政策上形成一个三方协议"。但他强调,这样的三方协议只能在排除其他国家,仅由英美日三国私下达成。这一宣言,表明美国一改之前强硬态度,开始为紧张的英美关系"破冰"。⑤ 这推动着英日同盟问题快速进入私下协商解决的途径。

在1921年11月华盛顿会议召开前夕,英国代表抵达华盛顿时,他们

---

① 英国内阁档案文件,档案编号:CAB/24/104/57.

② Roberta Allbert Dayer, "The British War Debts to the United States and the Anglo-Japanese Alliance, 1920~1923", *Pacific Historical Review*, Vol. 45, No. 4, Nov., 1976, p. 580.

③ Roberta Allbert Dayer, "The British War Debts to the United States and the Anglo-Japanese Alliance, 1920~1923", *Pacific Historical Review*, Vol. 45, No. 4, Nov., 1976, p. 577.

④ Roberta Allbert Dayer, "The British War Debts to the United States and the Anglo-Japanese Alliance, 1920~1923", *Pacific Historical Review*, Vol. 45, No. 4, Nov., 1976, p. 583.

⑤ Ian H. Nish, *Alliance in Deciline: A Study in Anglo-Japanses Relations, 1908~1923*, London: Bloomsbury Academic, 2012, p. 357.

发现尽管美国官方表明不在会议上讨论战债问题，但美国媒体却在热议战债问题。① 同时，"到 11 月，英日同盟的去留问题成为美国与其他参会国家私人谈判的主题。"② 英国内阁大臣莫里斯·汉基（Maurice Hankey）刚到华盛顿参会，就通过各种途径感受到"美国民众对节约与减税的需求特别符合这里大多数人对裁军与和平的渴望"。③ 他在会议期间给英国首相的书信中补充道："在这里和我交谈的所有美国代表和大政治家都告诉我，只有在这个会议上取得成功，与会期间达成的友好国际氛围才将推动在其他问题上达成协议，我认为他们考虑的是战债问题……因此您在华盛顿的工作是增进与美国当局和人民的好感……"④ 无独有偶，英国首相的私人秘书爱德华·格里格（Edward Grigg）曾经回忆道："我记得当我和劳合·乔治在一起时，美国高层告诉我们，如果英国放弃英日同盟，其他需要美国合作的事情可以优先，其中主要问题，我们确信，就是仍然十分显著的战债清偿问题。"⑤

美国私下传递的消息在英国看来是与美国沟通的契机，但更多是警告。因为战债问题的久拖不决不利于英国在华盛顿会议上与美国抗辩，争取实际利益。英国需要尽快与美国达成战债协议。否则，正如 1922 年 2 月英国驻美大使加迪斯分析指出的："如果不能按照美国的意愿处理英日同盟协议问题，美国政府就会把暂停关税以及延迟与各国财政部达成战债协议的手段作为武器，在华盛顿会议期间以及其后使用。"⑥

最终，在华盛顿会议上四国联盟取代了英日同盟，日本被英美两个大国孤立了。对于英国和美国都十分重要的是：英日同盟的解体剔除了

---

① 英国内阁档案文件，档案编号：CAB/63/34.
② Ian H. Nish, *Alliance in Deciline: A Study in Anglo-Japanses Relations*, 1908~1923, p. 354.
③ 英国内阁档案文件，档案编号：CAB/63/34.
④ 英国内阁档案文件，档案编号：CAB/63/34.
⑤ Roberta Allbert Dayer, "The British War Debts to the United States and the Anglo-Japanese Alliance, 1920~1923", *Pacific Historical Review*, Vol. 45, No. 4, Nov., 1976, p. 582.
⑥ Roberta Allbert Dayer, "The British War Debts to the United States and the Anglo-Japanese Alliance, 1920~1923", *Pacific Historical Review*, Vol. 45, No. 4, Nov., 1976, p. 581.

英美关系中的潜在威胁，但也没有替代国家可以保护英国在远东的利益了。① 对日本来说，华盛顿会议等于给英日同盟一个体面葬礼，"促使英国放弃这个联盟的唯一原因就是美国的不满"。②

对于英国在美日之间的取舍，当时日本驻伦敦的武官伊丹将军有极为清醒的判断。他强调英国试图通过取悦美国来说服其取消战债的做法十分错误，"我确信他们不会（取消债务），并且当你通过放弃一个朋友来得到另一个朋友的时候，你将会得不偿失。"③ 伊丹将军一语成谶。在华盛顿海军军备会议后的英美债务谈判中，美国甚至给其他国家的战债协议也比英国优厚，这令英国大失所望。

而此事件给美国外交带来的一系列政治后果。在华盛顿会议上，美国初尝利用债权换取政治—军事权的胜利果实，因此在20世纪20—30年代的对英外交中，屡次在私下向英国传达部分减免债务的信息，以换取英国在贸易、领土等一系列问题上的妥协。但是对英国而言，开始明白美国根本不愿意在战债上做实质性让步，美国人在战债问题上做出的种种承诺不可轻信。1927年年末，英国外交部就英美战争的可能性进行了严肃地讨论，表明英国在海军军备问题上已经日趋强硬。④ 到1929年，美国总统胡佛企图故技重施。为了达成海军协议，建议英美在战争债务问题上达成某种妥协，他邀请英国首相麦克唐纳于该年9月对美国进行国事访问。⑤ 虽然此后英美达成了《伦敦海军条约》，但这一次英国拒绝在海军问题上对美国做过多让步，美国债权外交逐渐失效。

---

① Alan P. Dobson, *Anglo-American Relations in the Twentieth Century: Of Friendship, Conflict, and the Rise and Decline of Superpowers*, p. 61.

② Phillips Payson O'Brien, *British and American Naval Power: Politics and Policy, 1900 ~ 1936*, p. 162.

③ Malcolm D. Kennedy, *The Estrangement of Great Britain and Japan, 1917 ~ 1935*, Berkeley and Los Angeles: University of California Press, 1969, pp. 55 – 56.

④ B. J. C. McKercher ed., *Anglo-American Relations in the 1920s: The Struggle for Supremacy*, p. 2.

⑤ Robert Self, *Britain, America and the War Debt Controversy: The Economic Diplomacy of an Un-special Relationship, 1917 ~ 1941*, p. 62.

第六章

美国债权政治的经验及其对中国战略启示

> 战后由于金融原因,其他权力将掌握在我们手中。
> ——美国总统威尔逊(Thomas Woodrow Wilson)1919 [1]

> 第一次世界大战使得金融走进世界地缘政治的中心舞台。20世纪20年代是关于金钱的十年,如何筹钱、借钱和花钱是这个时期最大的政治。
> ——英美关系史学家麦克切尔(B. J. C. McKercher)1991 [2]

> 如果观察到20世纪30年代是美国维持贸易顺差和盈余,而现在中国是造成美国消费者廉价商品和贸易逆差的原因,你就会明白一旦现在的中国对贸易战采取报复性行为的话,那么美国要比它历史上的情形脆弱得多。
> ——摩根斯坦利首席经济学家斯蒂芬·罗奇(Stephen Roach)2014 [3]

---

[1] 转引自 Robert E. Hannigan, *The Great War and American Foreign Policy, 1914~1924*, Philadelphia: University of Pennsylvania Press, 2017, p. 159.

[2] B. J. C. McKercher ed., *Anglo-American Relations in the 1920s: The Struggle for Supremacy*, London: Macmillan Press, 1991, p. 125.

[3] Stephen Roach, *Unbalanced: The Codependency of America and China*, New Haven: Yale University Press, 2014, pp. 190–191.

第一节　英美霸权转移中美国的债权经验

一　保持权力：债权领域内维持债权的启示

1. 以退为进，保持债权

战后分赃是胜者的惯例，但美国在第一次世界大战后却没有急于干预欧洲事务，而是选择了以退为进。

首先，战后初期世界利益分配原则不是强者多得，而是战争贡献。战争改变了战后主要欧美国家的力量对比，美国因战时经济满载活力，英法经济遭受重创，但英法作为获胜方的主导性力量，在战后的主要收获是在战场上克敌制胜的军事能力，以及率领协约国对敌作战积累的政治威望。因此，在战后初期贡献至上的语境下，美国若贸然参与权力争夺必然会遭遇失败。在巴黎和会期间，法国领导人乔治·克里孟梭（Georges Clemenceau）明确表示，要认可法国在击败德国过程中所扮演的角色，以及战争给法国带来的代价，并承认法国在战后缔造和平时拥有的独一无二的权力。[①] 法国的傲慢态度，加之法国首先提出取消战债，导致美国在巴黎和会中果断选择与英国沟通，采取让英国去主导战后利益分配的策略。正如美国总统威尔逊坦言，在缔结盟约时"或多或少"按照英国的游戏规则出牌，让英国感受到自己的意见能够充分地在最终草案中体现出来，是一种很好的政治策略。[②]

其次，战后美国虽然拥有了大规模对英法两国的债权，但极容易被英法两个大国联合剥夺。为了占据道德上的优势，美国不断表明，战争期间协约国是借钱打仗，战后分享胜利果实，而美国在战争期间自己融资，只从自己民众中筹钱。美国非但没有向其他国家举债，还向协约国提供无息贷款，甚至从未索取利息。这些战争负担全部由美国人民承担。不仅如此，战后"只有美国没有要求或者攫取战争收益，他不想也没有

[①] Robert E. Hannigan, *The Great War and American Foreign Policy, 1914~1924*, p. 159.

[②] Adam Tooze, *The Deluge: The Great War and the Remaking of Global Order, 1916~1931*, New York: Viking Penguin, 2014, p. 28.

从德国获取任何赔偿。他并无任何额外的领土野心,也没有占领领土"①。美国如此表态,旨在将美国塑造为一个毫不利己、无私帮助协约国的形象,并且将战债定性为巨大的战争贡献,从而使得各国被迫承认战债的存在。在此基础上,美国坚持对协约国的贷款必须遵循严格的商业原则。为此,美国尽管在巴黎和会期间提出"十四点计划",但是该计划的内容中并不包括德国赔偿,其主要目的之一就是防止债权因政治化而被取消。

2. 善用民意,绝不勾销

将国家债权转由美国公民持有是美国政府维持债权的另一种手段。自美国在1917年通过《自由借贷法案》以来,美国政府用爱国主义动员民众认购债券。为促进债券销售,政府成立了战争贷款组织,通过海报、广告,甚至雇佣明星来促销,仅销售人员的数量就达到200万人。② 这些被超级认购的美国自由公债也随着债券的销售发生身份转换,美国公民取代美国政府成为债权人,这一过程的本质是将战债市场化。到战争结束后,面对英法等国强烈要求取消战债的政治压力,美国领导人便声称,取消战债会遭遇国内政治阻力,从而有效地抵制了英法的主张。非但如此,在战后签订战债协议时,美国还要求英国政府发行可市场化销售的债券,用以交换原始债券,③ 这些将债权私有化的举措客观上对债权起到了保护作用。

正如战后欧洲协约国内最大的政治是"榨干"德国,英国和法国领导人至少在战后初期不敢公开削减德国赔偿,担心此举会彻底激怒为战争付出巨大代价的公众。而美国通过将政府所持债券商业化,把战后的民众诉求转化为欠债还钱,这样一来,取消战债等于剥夺公民私有财产,战债也就成为美国最大的政治,成为美国政治家不敢触碰的政治议题。

---

① James Goodwin Hodgson, *Cancellation of International War Debts*, New York: H. W. Wilson Company, 1932, pp. 58 – 59.

② [美] 杰瑞·马克汉姆:《美国金融史(第二卷):从 J. P. 摩根到机构投资者》,高凤娟译,中国金融出版社2018年版,第78页。

③ Harold G. Moulton and Leo Pasvolsky, *War Debts and World Prosperity*, New York: The Century Company, 1932, pp. 92 – 93.

鉴于英国也是通过对国内发行国库券，号召民众认购的方式为战争融资，因此美国将债券商业化的举动虽然不利于英国取消战债负担，但却能换取英国的同情，给美国继续维持债权找到了正当的理由。

3. 政商联合，扩大债权

早在19世纪末，美国的银行家已经在拉美地区积累了丰富的资本扩张经验，形成了政商联合的国家利益推动模式。这一模式在第一次世界大战中重现并持续升级。在美国官方尚未宣布参战之前，银行家们早已在进行疯狂的战争投资。1916年，美国就有1500家银行机构在从事债券销售和贷款活动。例如库恩—勒布公司在协助法国进行战争融资，摩根公司则帮着俄国、法国和英国发行债券。[①] 这些看似逐利的行为客观上提升了纽约金融市场的地位，兴起于19世纪末美国的银行家与政府利益绑定模式并没有改变。

但商业化、专家化的口号以及银行家"亲欧"的私人行为对欧洲政客颇具迷惑性。拥有财富的美国银行家大多有到英国度假生活的习惯，这既是维持体面生活的表现，也是向更加先进的伦敦金融中心学习经验的职业诉求。[②] 长期的交往使纽约银行家与伦敦保持了密切的关系，获得伦敦的高度信任。这使得英国在融资困难时经常求助于美国银行家在纽约发行债券，摩根公司显然是其中重要一员。但是1916年年底，当英国试图在美国私募市场上发行巨额债券时，摩根公司的高级合作人戴维森在关键的时期违背职业操守将消息泄露给美国政府，此举不但成功地使美国政府抵御了债券泡沫的风险，更重要的是挫败了英国稳定汇率的努力，迫使英国转而求助于美国的官方借贷。

此后，当德国赔偿因缺乏出口盈余而拒不赔偿时，又是美国银行家提供思路：他们可以贷款。于是，小J.P. 摩根私下与英法交涉，并安排为德国提供2亿美元贷款。美国又派芝加哥银行家道威斯主持德国赔偿问题，美国的债权进一步扩大。可见，美国银行家表面上与政府政治家

[①] ［美］杰瑞·马克汉姆：《美国金融史（第二卷）：从J.P. 摩根到机构投资者》，第78页。

[②] B. J. C. McKercher ed., *Anglo-American Relations in the 1920s: The Struggle for Supremacy*, London: Macmillan Press, 1991, p. 5.

观点不完全一致，但涉及重大问题时，他们则以赚钱亦不牺牲国家利益为原则，并且在关键时刻能担当重任。"一战"后，英法两国多次试图通过摩根公司为中介，游说美国政府取消战债时，美国财政部长麦卡杜则屡屡以不喜欢摩根为由，拒绝英法取消战债的请求。但1934年欧洲国家集体赖账以后，美国政府和民众却没有因此归罪于摩根公司，美国公民也没有因需要讨回战债投资而对罗斯福总统施压，总统亦对战债问题采取了冷冻的态度。显然，之前美国多位总统对英国声称取消战债将激怒美国民众的说法，并非领导人的集体误判，而是阻挡英国取消战债的工具。究其原因，是因为在美国海外扩张的历史上，形成了一批高度专业化的银行家，他们在国外扩展信贷业务，设立分支机构，监管贷款，服从并服务于美国国家利益。就摩根公司而言，与国家战略保持一致则是它屹立百年的历史经验。从国家视角来看，这是美国信贷扩张、霸权成长的历史经验。

由此可见，美国在政治上的"孤立主义"不过是以退为进的策略，其主要目的是在战后初期政治大于经济的环境下，抵制英国剥夺美国债权武器。而只有将债权保留下来，才能等到世界政治主题由"瓜分"转为"重建"。在重建议题上，美国强大的经济实力和对欧洲的债权就起到了决定性作用。

二 交换权力：债权与其他问题领域互动的启示

美国以债权与其他问题领域交换权力的过程，本质上是美国"以钱换权"、英国"以权还钱"的过程，二者的差别在于：美国通过将债权转化为军备扩张权，便于保护美国庞大海外贸易和投资的安全，拓展了美国的地缘政治空间，实现了权力之间的协同与良性循环；而英国以放弃海军主导优势，牺牲汇率稳定为代价换取减轻债务，从根本上动摇了英帝国的贸易和金融根基，加之在工业竞争力上已经失去了相对美国的比较优势，因而创造财富能力衰弱，最终导致了霸权的衰落。

1. 联系战略，扩张军备

"第一次世界大战使得金融走进世界地缘政治的中心舞台。20世纪

20年代是关于金钱的十年，如何筹钱、借钱和花钱是这个时期最大的政治。"① 建设海军和偿还战债都需要花钱，而战后的英国却失业率高居不下，通胀严重，工业生产乏力，效率低下，财政吃紧。从海军军备来看，负债累累的情况下仍花钱建设海军的逻辑显然行不通。因此，削减对美债务也是英国减轻军备压力的重要途径。与此相对，大洋彼岸的美国却在扩张海军。在威尔逊时期建设世界最强海军计划出台后，理性的英国应该对美国的建设进程抱有警惕。因为对于英帝国的庞大体系而言，海上优势是最不可侵犯的帝国利益，它是保护海外贸易、拓展海外利益的必需品。但英国首相劳合·乔治及其幕僚认为，只要（英国）对美国不构成威胁，美国建设海军的进程就不会加快。② 这既是战略误判，也是现实无奈。毕竟，相较于在偿还巨额战债的背景下大规模建设海军，选择与美国交好成本更低。对于这一点，沃尔特·朗（Walter Long）承认，"如果美国选择将其所有资源都投入更强大的海军建设上来，我们之间是不可能竞争的，仅从金融角度来看，我们（英国）终将落败。"③

美国及时捕捉到了英国在削减战债和扩充军备之间的矛盾。从1921年开始，便以削减战债为诱饵，抓住英国急于与美国签订战债清偿协议的时机，美国一方面邀请英国参加华盛顿海军军备会议，成功地在私下向英国传递可以削减战债的消息；另一方面则敦促英国偿债，迫使英国做选择：要么暂时允许美国扩充主力舰，要么和美国谈判削减战债。这样，为暂时获得一个较为优惠的战债协议，英国被迫在海军军备问题上对美国部分妥协。最终，英国容忍美国海军势力的扩张对英帝国的全球贸易和军事威严都造成了现实伤害。

2. 专家介入，投资德国

战后美国并没有过度介入德国赔偿问题，当威尔逊总统试图降低赔

---

① B. J. C. McKercher ed., *Anglo-American Relations in the 1920s*: *The Struggle for Supremacy*, p. 125.

② B. J. C. McKercher ed., *Anglo-American Relations in the 1920s*: *The Struggle for Supremacy*, p. 5.

③ 转引自 B. J. C. McKercher ed., *Anglo-American Relations in the 1920s*: *The Struggle for Supremacy*, p. 61.

偿数额的努力失败后，美国便任由英法两国主导德国赔偿问题。但是，美国共和党政策制定者预计，"美元外交"最终将发挥决定性作用。事实上，"到了20世纪20年代中期，随着道威斯计划的实施，英国法国对德国问题的初始涉及方案被推翻，美国的计划成功了。"①

美国计划分两个步骤：第一步向英国施压，坚持让英法偿债。显然，如果美国彻底放弃战债，那么英法两国无疑会从德国赔偿获益，为英国经济迅速复苏提供物质基础，这不利于美国实现削弱英国并从其手中夺取美洲市场份额的计划。因此，美国先以削减战债会遭到国内反对为由，随后强调战债的商业性质，英法必须欠债还钱。这样，英法两国在德国赔偿上至少要满足弥补战争损失和清偿对美债务双重要求，从而引发德国因负担过重抵制偿债。鲁尔危机在一定程度上就是美国坚持要债，英法坚持索偿的必然结果。第二步竭力削减英国从德国赔偿中所得。美国由金融专家和银行家介入赔偿问题，趁机与德国合作令其尽量少还英国。美国料定德国不愿意偿债，于是表示可以给德国贷款发展德国经济，使其有能力赚钱赔偿，这使得英、法、德暂时达成一致。但是，"获得美国贷款的德国究竟是希望优先发展本国经济还是优先偿债"似乎是个显而易见的问题。美国通过道威斯计划推动德国赔偿时规定，德国应优先清偿对美国的债务。这样，在德国赔偿问题的支付链条中，德国将贷款优先用于本国发展，其次用于清偿美债，最后才赔偿给英国、法国。在实际操作过程中，从道威斯计划开始，德国对英法的赔偿中15个月都在违约，英法两国从德国赔偿中实际收益大为削减，而他们对美战债却始终在偿付。

美国通过专家介入德国赔偿问题的结果是：按照1919年德国赔偿计划，德国赔偿与英法对美债务的比例大约是3∶1，但在美国强硬债权政治的影响下，道威斯、杨格计划相继执行，法国最终留下了40%的德国赔款，英国仅留下了德国赔偿的22%，其余都被转移给美国用来清偿战

---

① Robert E. Hannigan, *The Great War and American Foreign Policy*, *1914~1924*, p.159.

债了。① 从而实现了从金融上削弱英国的目的。

3. 黄金偿债，转移币权

战债问题对货币领域具有极强的溢出效应。在战后世界经济尚未稳定的情形下，一旦开始支付战债本息，汇率波动以及黄金转移偿债会给整个支付体系造成冲击。美国的高关税政策导致债务国赚不到美元，只得用黄金支付战债。当美国国库被黄金填满后，金本位制就成为美国与英国进行货币竞争的主要武器。这致使英国采取三个措施应对：一是禁止英国黄金流出；二是倡导金汇兑本位制，让部分国家将黄金运送至英国，再将币值与英镑挂钩；三是既然不能用黄金偿债，则必须获得贸易盈余赚取美元，同时自身货币贬值增加价格竞争力。但英国同时需要维护伦敦金融中心地位，让英镑回归战前平价。两难之中，英国在1925年做出了错误的决策，采用金本位制，回到了4.86战前平价。英镑币值被高估，重创英国商品出口，导致贸易一蹶不振，又恶性循环影响了英镑的地位。这一切都源于美国坚持要英国偿债，并成功利用了战债偿付与黄金流入关系。因此，黄金优势也成为美国用金本位制与英国主导的金汇兑本位制进行斗争的物质基础。

三 维系权力：债权交易网络关系的控制

金融权力是一种关系性权力，债权也不例外。一旦债务国形成打击债权国的联盟，改变了整个债权交易网络关系，债权国就面临放弃债权或者是被迫选择制裁的局面。由于金融制裁有成本高、收益小的特点，若非必须，债权国不会轻易选择制裁。因此控制债权交易网络关系是债权大国防止债务国集体违约，维护债权的重要举措。第一次世界大战爆发后的债权交易网络关系中，协约国在战争中成了美国的债务国，在战后依旧急需美国资本重建经济，连战败国德国也指望美国通过私人贷款和官方贷款救济德国。美国处于整个交易网络的顶端，不存在债权竞争压力，但美国在1929年经济危机到来之前，依旧高度重视交易网络的变

---

① Adam Tooze, *The Deluge: The Great War and the Remaking of Global Order, 1916~1931*, New York: Viking Penguin, 2014, p.42.

化对债权的潜在威胁,并没有放松对海外资本的监管。

1. 分别缔约,防止联合

在1922年美国成立外债委员会后,英国就试图联合债务国同美国集体签订战后战债清偿协议。但美国表示,1917年美国开始对各国贷款时是分别谈判予以贷款的,因此在战后清偿战债时将邀请各国代表分批前往华盛顿单独谈判签约,并且在谈判时将遵循"支付能力"的原则。显然,按照支付能力来评估,英国在债务国中的金融实力最强,因而获得减免债务的可能性最弱。而负债最重、战争贡献最大的法国可能获得的减免最多。因此,当美国谈判邀请一经发出,法国首先率代表团赴美谈判。[①] 这样,美国的两个最大债务国英法之间无法达成一致,美国成功破解了债务国联合抵制债权的努力。

2. 鼓励竞争,分化瓦解

1929年世界经济陷入萧条,美国仍然不愿意根据债务国日益恶化的金融状况,重新调整与债务国签订的战债协议,这导致了欧洲债务国的集体抵抗,以一纸"绅士协定"表明了联合取消德国赔偿的意图,暗示美国准备集体违约。债权交易网络关系的变化引起了美国的高度重视,为敦促各国继续偿债,再次对债务国联盟进行分化瓦解。1932年美国私下告知英方,在战债问题上可以将英国和其他债务国区别对待,提出了包括免除利息、分别发行债券等优惠条件诱使英国继续偿债,[②] 并暗示法国不会得到如此条件。美国这种旨在对债务国各个击破的办法起到了立竿见影的作用,英国果然违背了"绅士协定"的精神,选择在12月偿付了一年的战债。[③] 而法国为了在战债谈判上获得和英国同等的待遇,也选择了支付战债。这是美国控制债权交易关系的又一次成功的尝试。

但是,1933年美国削减战债的空头支票并未兑现。在英法看来,美国战债政策过于僵化、强硬,完全没有顾及欧洲国家深陷危机的现实,

---

① Harold G. Moulton and Leo Pasvolsky, *War Debts and World Prosperity*, pp. 82 – 83.

② Robert Self, Britain, *America and the War Debt Controversy: The Economic Diplomacy of an Unspecial Relationship, 1917~1941*, New York: Routledge, 2006, p. 115.

③ Leo Pasvolsky, "American-British War Debt Negotiations", *World Affairs*, Vol. 96, No. 4, Dec., 1933, pp. 212 – 214.

债务国们彻底放弃了美国调整战债政策的一切希望,最终通过集体违约的方式,剥夺了美国绝大部分债权。可见,美国成功地实现对交易网络的控制是其维持债权、提升国家实力的重要原因。但美国在战债政策上缺乏灵活度,同时失去对债权网络关系的控制而导致债务国的集体反制,也是美国最终失去债权的重要原因。

第二节　历史与现实：美国经验对中国的启示

一　债权与英美货币竞争对中美货币争论的启示

1. 美国对中国货币权的忧思

2008年欧美债务危机的爆发,重启了对两次世界大战期间债务问题以及20世纪80年代拉美债务危机的历史反思。当债务危机暴露出长期积累的国际货币体系弊端时,中美两国作为此时世界上最大债权国和债务国,以及世界上最大贸易盈余国和贸易赤字国的双边关系受人瞩目。现代金融史启示世人:完善大国协调与合作机制是协调处理国际债务问题,避免走入危机重蹈历史覆辙的最优选择。但是中美两国金融协调的前提,乃是美国对中国国家地位的认可与尊重。对于中国而言,中国在国际货币基金组织(IMF)中的地位与其国际信贷关系中的地位存在差异,适当提高中国的IMF份额是国家经济实力相对提升后合理要求和必然结果,这便于中国参与全球经济治理,未来承担更多国际责任。但是,当2009年时任中国人民银行行长周小川提出建立新的"特别提款权"时,美国立刻对中国所持美债的意图及其对美元汇率、人民币地位产生持续焦虑。美国方面急于判定,对于现存的国际货币体系以及美元的地位而言,中国究竟会是接受者、破坏者还是规则制定者?美国学者认为,中国与既有国际经济体系之间的关系必然会反映到中国的经济政策上,[1]试图重点关注中国的汇率机制和贸易政策来得出简单结论,产生了美国的三种错误论调。

---

[1] [美]埃里克·赫莱纳、乔纳森·柯什纳编著:《金钱长城:中国国际货币关系中的权力与政治》,于海生译,华夏出版社2018年版,第36—37页。

论调一：中美之间的贸易顺差导致中国积累了过多的外汇储备，干扰了美国的信贷市场。甚至有人认为美国爆发次债危机的部分原因，是以中国为代表的新兴经济体将贸易顺差获得的美元投入美国金融市场，从而鼓励美国债务的积累，导致了金融危机。换言之，危机不是由于美国贸易逆差直接导致，而是由中国等国家的投资行为间接导致。

论调二：中国对美贸易顺差是中国的汇率机制导致的。美方认为，通过人为压低人民币价值，中国出口到世界市场上的商品获得了不公平的优势。因此，实行汇率机制自由化，就能够将中国的经常项目账户盈余降到一个正常水平，并且有助于全球经济的再平衡。[1]

论调三：中国对外投资迅速扩张，对美国的海外利益形成了威胁。

这三种论调体现在外交辞令上，就是美方给中国贴上了"中国导致美国制造业空心化""中国是汇率操纵国""中国海外投资是新殖民主义"三个标签。显然，上述观点错误地将中国经济政策上的合理调整当作对国际经济机制的挑战，本质上是美国缺乏以发展的眼光看待中国的成长，对新兴国家发展过程中的合理诉求缺乏理解。那么抵制美国上述恶意标签，是否可能通过研究美英关系史来了解美国未来政策走向？中国是否可能"以其人之道还其人之身"？

2. 美国的经验与历史启示

美国作为英国债权国时期的历史表现是当代债权大国的教科书。但以史为鉴，仍需要厘清两个问题。第一，在货币领域，美国在霸权转移过程中对英国实施了哪些策略？两次世界大战期间美国对英国实施债权策略的条件与中美之间有哪些异同？这决定了中国应该学习什么和怎么办。第二，作为债务国的英国采用了何种对冲策略予以反制？也就是在债权关系中，中国作为债权国应该防止什么的问题。

首先，宏观上最终迫使债务国英国对债权国美国妥协，导致在英镑被高估的情况下依然采用金本位制的制约因素包括有：债务清偿的压力、汇率稳定的乏力、物价稳定的困难以及资本的短缺。但英国面对上述四

---

[1] ［美］埃里克·赫莱纳、乔纳森·柯什纳编著：《金钱长城：中国国际货币关系中的权力与政治》，第83—84页。

种困难实际上都可以通过对美贸易顺差获得足够的美元来解决。大量的美元以及美元储备可以帮助英国清偿债务，可以作为稳定英镑与美元汇率以及稳定物价的工具，也可以缓解战后资本短缺的困难。而美国从1922年开始在贸易政策上提高关税的主要作用，就是防止英国通过海外贸易特别是对美国的贸易顺差获得足够的美元和黄金，从而延迟英国恢复金融与贸易秩序的时间。

其次，围绕着防止英国获得美元和黄金偿债，阻挠英国战后复兴进程的任务，美国的具体做法是：在1919年以后英国要求取消战债的时刻，美国拒绝取消战债；在英国需要通过对美贸易顺差获得美元偿债的时刻，美国提高关税；在英国试图团结欧洲国家倡导金汇兑本位制时，美国开始和欧洲国家进行战债协议谈判干扰英国合作进程，并提倡金本位制；在英国即将返回金本位制前要求稳定黄金与美元的汇率时，美国拒绝合作并反对美元升值；在英国要求美国配合稳定世界物价水平时，美国置若罔闻。此外，为了维持美国在对英国战略上的灵活性，美国在贸易上降低对英国市场的依赖，没有在战后过度增加对英国的直接投资，而是通过道威斯计划主要投资于德国。同时在金本位制的问题上，派金融专家说服英帝国自治领中具备黄金储备和产量优势的南非进行倒戈。

可见，美国作为新兴国家没有屈服于霸权国英国的政治经济压力，在多数情况下采取了一种不服从、不合作的态度。美国的战略自信源于何处？是由于英美之间在金融上业已形成的非对称相互依赖关系。简言之，美国掌握的债权是欧洲债务国金融压力的来源，而美国战后对欧洲的投资又是缓解欧洲国家物价、汇率、失业、收支失衡等大部分金融压力的途径。因此，是否减免债务、是否追加投资是美国控制欧洲问题的两张王牌。相反，美国在政治上远离欧洲，在贸易和投资上又逐渐减少了对英国市场的依赖，这种策略使美国在经济外交上可以不受英国的束缚，拥有了一定的自由裁量权。

当然，美国在第一次世界大战后阻止英国复苏的历史经验并不能完全适用于当今的中美两国，因为中美经贸关系与债务关系的现状存在基本差异。

首先，英美之间货币权力的转移是建立在战争背景下。这一特殊条件使得英国为赢得战争所需贷款的紧迫性远超于和平时期的信贷需求。如果不能顺利从美国获得贷款，英国则可能面临战争失败、国土沦陷以及战后赔偿等一系列问题，其破坏性也超过了一般融资困难所导致的社会危机。这使得战争背景下对英国贷款的美国具有了超过一般债权国的影响力。相比之下，如今中国是通过购买美债的方式对美国融资成为美国的债权国，而非通过借贷协议，因此并不拥有通过融资协议制定债务支付规则的权力。

其次，在当今"美元本位制"的体制下，黄金作为汇率体系的中介意义大不如前。可以说，1973年美元与黄金脱钩后奠定的美元霸权地位，使美国在金融上的权力已经远超于以往任何霸权国家。

最后，美国实现货币权力转移的物质基础是美国企业的全球扩张，其国际贸易体系环境是对贸易自由化的推崇。但当今世界出现了逆全球化趋势，欧美国家以国家安全为由对跨国企业的贸易往来与企业扩张进行严格控制，贸易自由化因关税壁垒出现后退，导致金融上人民币国际化的难度系数远超于第一次世界大战后美元的国际化进程。因此，学习美国霸权成长的历史经验时必须有选择地甄别采纳。但中国在上述限制之下，仍可以从第一次世界大战后英美货币斗争之中汲取下述经验：

第一，正如美国在战后经常项目的盈余是其实施债权战略的基本前提，维持经常项目的顺差亦是中国稳定汇率、维持对美债权、抵御金融风险的基本前提。第一次世界大战后，美国在维持战债的情况下逐渐提高关税，其目的是保护本国工业，确保海外贸易收益，这是美国能够通过贸易顺差成为资本盈余国家的基础。贸易和资本优势是美国外交政策独立性的保障，也是欧洲国家涉及调节汇率、稳定物价、控制黄金储备问题上脆弱性的根源。因此，中国在国际货币体系中获得持续影响力的前提是中国维持国际收支顺差。这就决定了中国在2018年开始的中美贸易摩擦中，对于关税问题不能做过多让步。美国提高关税的根本目的是限制中国获得美元，使中国失去威慑美国以及调整国家金融政策的工具。一旦中国出现因关税削减产生大量的贸易逆差，就会导致中国国际收支失衡，这不仅会增加经济调节的成本，而且将会最终失去经济政策自主性。

第二，继续保持汇率自主性，抵制因外部压力导致的汇率政策调整。第一次世界大战后的英美历史表明，英国曾经在英镑被高估的情况下，为减少恢复金本位制度带来的损失，要求美国稳定汇率，试图通过美元升值要美国分担英国调整货币体系的成本。在恢复金本位制后，英国又协同其他欧洲国家给美国施加美元升值压力，但美国都没有屈从于英国的战略目标，其汇率调整的依据是美国自身物价水平和黄金交易量。同理，不管美国在外交上给中国施加何种压力，中国国家汇率的调整都应该首先基于国内经济状况和国际收支状况。在此方面，中国的外汇储备和对美债权增强了抵御外部风险的能力。本杰明·科恩认为，在避免汇率外部压力的问题上，中国已经增强了自身的"自主性权力"，中国政府可以根据自己的需要，凭借其大量增加的外汇储备而推迟某国所要求的政策调整。① 这是中国货币权力逐渐提升的重要表现。

第三，利用资本优势继续维持一定的债权规模，形成海外贷款投资策略与人民币国际化的战术配合。第一次世界大战后英美货币权力转移的历史显示，美国在对外贷款时，设计债务清偿的转移支付体系帮助美元国际化，并在形成债权后通过道威斯计划提升美元在国际结算中的地位。因此，美国的债权策略上是与黄金流入、金本位制、美元国际化相互配合的。鉴于中国是通过购买美债的方式拥有债权，因此无法像"一战"中美国给欧洲贷款时通过支付体系，增加人民币在国际贸易结算体系中的作用，但中国已经通过货币互换提高了人民币的国际份额。而美国担心货币互换会增加人民币国际化速度给美元地位带来冲击，开始提出建立美债国际回购便利工具，让持有大量美国国债的大国和机构可以与美联储进行回购交易，用美债换美元。美方认为此举不但可以降低拥有大量外汇储备国家对央行互换额度的需求，也降低这些国家在危机时向缺乏流动性的市场出售美债的需求。② 但美国这种策略实际上暴露了其

---

① [美]埃里克·赫莱纳、乔纳森·柯什纳编著：《金钱长城：中国国际货币关系中的权力与政治》，第124页。
② U. S. Fed Announces Temporary Dollar Liquidity Arrangements with Other Central Banks, People's Daily Online, http：//en. people. cn/n3/2020/0320/c90000 - 9670367. html, March 20, 2020.

对中国拥有大量美元以及人民币国际化进程的担心。对于中国而言，继续通过对外贷款投资推进人民币国际化是应有的策略。同时也应注意到，美国对外贷款很少是无息贷款或是彻底取消债务。即便后来战债问题长期搁置，但它仍在账面上存在。从债权的角度上看，尽管免除债务有助于促进不发达地区的经济发展，但适当采取在债务谈判中保持账面债务的做法，仍具有外交意义。它将为中国推动人民币国际化提供机会与合法性。

第四，中国应当在立足亚洲金融合作的基础上，适当加强对北美重点国家的投资。尽管增加贸易投资可以增强两国的相互依赖，但战后美国作为英国债权国却降低了对英国的经济依赖，在增强美国经济政策自主性的同时，加强与英帝国自治领南非的经济联系，并通过减免债务、承诺贷款、威胁拒绝贷款等方式，使得欧洲债务国放弃了英国的金汇兑本位制。

第五，高度重视债权交易网络关系的变化及其走向。从债务关系的交易网络上看，第一次世界大战后英美在债权、货币领域的交锋中，英国也曾经通过形成债务国之间的联盟，号召欧洲国家对美国采取集体违约，最终导致美国失去了战债问题的影响力。因此，作为债权国的中国最好单独谈判、单独缔约，防止自己的债务国之间形成合作直接赖账；另一方面，鉴于美国历史上为了防止欧洲国家给美国输入通胀曾经冻结黄金，当前的中国也要通过和美国的主要债权国进行合作，防止美国通过冻结部分美债的做法损害中国利益。

二 债权与英美贸易竞争对中美贸易政策的启示

2018 年以来，中美关系进入频繁的贸易摩擦阶段。2018 年 3 月，美国贸易代表办公室发布了调查结果《301 报告》，对中国提出了包括知识产权、美国公司在中国的市场准入，甚至汇率操控等多项"指控"，据此对华加征关税，将世界多边贸易体系推向崩溃的边缘。[①] 7 月 6 日，美国

---

① 参见 Chad P. Bown, "The 2018 US-China Trade Conflict after 40 Years of Special Protection", *PIIE Working Paper*, April 2019.

对340亿美元的中国商品加征25%进口关税的措施落地。中国于同日对同等规模的美国产品加征25%的进口关税。① 至拜登政府上台，美国虽然取消了中国"汇率操纵国"的标签，但鉴于特朗普时期贸易摩擦给中美关系的负面影响依旧存在，中美经贸关系的紧张状态仍未得到完全改善。在美方舆论中，认为中美之间贸易不平衡是造成美国失业问题的根源，这与第一次世界大战后英国将其失业问题的根源归因于美国的关税政策颇为类似。在中方的舆论中，也出现了用减缓购买抑或是抛售美债以劝阻美国停止对中国商品加征关税的声音。关税战引发了学界和政界对中美关系的忧虑，担心尽管中美双方仍存在善意，但"有可能滑向经济与军事全面的竞争中"。② 回顾与当前中美关系类似的历史渊源时，不少学者自然追溯到了两次世界大战间的英美关系。从现象上看，当时新兴国家美国在第一次世界大战后成为原有霸权国英国的债权国，而今天中国作为新兴经济体也因购买美债成为美国的债权国。学界忧虑：当英美两国在贸易全球扩张的过程中狭路相逢时，英美之间爆发了贸易战，导致了世界性经济危机。那么今天中美之间的贸易摩擦是否也会引发世界经济衰退，进而导致军事冲突？2019年，美国国家经济研究局的大卫·杰克斯（David S. Jacks）等发表《两次世界大战中的贸易联盟与贸易战》一文，认为20世纪30年代的经验表明，贸易战通常是贸易联盟形成的前奏，并且有导致世界大战的风险。今天中美贸易战会加速形成分别以中美两国为核心的贸易联盟，这显然不利于国际贸易的发展甚至会引发国际冲突。③ 而以研究英美经济关系史成名的大卫·莱克（David A. Lake）在《经济开放与大国竞争：给中美的教训》一文中也指出：特朗普政府在经济外交上的许多表现都暗自针对中国，这些政府驱动的保护主义外交政策将诱发20世纪30年代后消失的贸易联盟重现，结果是中美步步走

---

① 任泽平等：《中美贸易摩擦：本质、影响、进展与展望》，澎湃新闻，https://www.thepaper.cn/newsDetail_forward_10559971，2020年12月28日。

② 参见David A. Lake, "Economic Openness and Great Power Competition: Lessons for China and the United States", *The Chinese Journal of International Politics*, Vol. 11, No. 3, Sept., 2018.

③ 参见David S. Jacks and Dennis Novy, "Trade Blocs and Trade Wars During the Interwar Period", *Asian Economic Policy Review*, Vol. 15, No. 1, Jan., 2020.

向排他性质的贸易结盟。① 耶鲁大学教授、前摩根斯坦利首席经济学家斯蒂芬·罗奇（Stephen Roach）在其著作《不平衡：美国与中国的相互依赖》中也提醒道：尽管中美当前情况与 20 世纪 30 年代不尽相同，但仍然万万不能忽视金融系统性风险，这是 20 世纪 30 年代建议提高关税的两位国会议员犯下的错误。如果观察到，20 世纪 30 代是美国维持贸易顺差和贸易盈余，而现在美国赤字和美国消费者廉价商品的来源是中国，就应该知道一旦当前的中国对贸易战采取报复性行为的话，那么美国会比历史上的情形更加脆弱。②

尽管上述专家的视角不同，但是学界基本共识是：大国之间采取激烈的保护性关税政策不可取，贸易战是导致世界经济萧条的重要原因。目前，高度相互依赖的中美之间仍存在关税手段之外的调节金融与贸易的方式，应该通过政策协调而非简单地提高关税限制进口来解决中美之间的债务、汇率与贸易发展的一系列问题。

显然，美国政府的行为与经济学家的建议背道而驰，究竟原因何在？回顾英美之间的债权与贸易发展史，会发现当今美国贸易政策有其深刻的历史根源，美国一直没有摒弃两次世界大战期间的三种思维。

思维一：认定国家债权影响力可以作为外交政策工具，并积极利用债权与贸易之间的关系帮助美元国际化。

思维二：不惜破坏自由贸易原则、扰乱国际经济秩序来维持高关税政策，其目的是保护国内利益集团、拓展海外贸易以及争夺海外市场。

思维三：拒绝调整国际收支、债务问题与国际贸易之间的不平衡状态，将国际经济体系调整的成本分摊给其他国家。

上述三种政策思维导致了美国现在的三个举动：对中国债权抱有警惕，通过赖账稀释中国债权；打贸易战破坏自由贸易；给中国贴"汇率操纵国"标签，迫使中国屈从于美国强硬的经济外交政策。但历史已经启示，如果美国不放弃上述错误举措，摒弃贸易上以邻为壑破坏性的措

---

① 参见 David A. Lake, "Economic Openness and Great Power Competition: Lessons for China and the United States", *The Chinese Journal of International Politics*, Vol. 11, No. 3, Sept., 2018.

② Stephen Roach, *Unbalanced: The Codependency of America and China*, New Haven: Yale University Press, 2014, pp. 190 – 191.

施,一旦发生国际金融的系统性危机,那么美国试图打压中国的举措最终会得不偿失。对于中国而言,"历史是最好的教科书",英美之间的债权关系与贸易政策互动给当前的中美关系何种提示?

第一,在体系层面上美国不会为贸易与金融体系调整的成本主动埋单,将会以更多压力迫使中国承担体系调整的重任。20 世纪 20—30 年代,美国作为债权国阻止债务国对美出口商品的行为破坏了自由贸易原则,造成了资本主义世界的贸易战以及其后的世界经济萧条,让整个欧洲为国际贸易与支付体系调整分担成本。当欧洲债务国不愿意偿债的时候,美国又主动要求恢复多边贸易体系,维护美国的海外市场和美元的地位。如今,美国作为中国的债务国,在中美贸易收支不平衡需要对贸易与收支体系进行调整时,美国依然采取惯用做法,通过关税壁垒让中国为中美之间贸易与支付体系之间的不平衡埋单。因此,如果世界经济因中美贸易摩擦转入低潮陷入困境,那么导致这种现象的根本原因是作为世界经济领袖的美国对自身债务问题的忽视,对本国工业的过度保护,及其对国际金融体系调整成本的逃避。

第二,在货币政策上中国应高度关注美国货币政策与贸易政策之间的配合关系。以信贷关系、贸易壁垒、货币政策三者相配合的方式打贸易战是美国的惯用手段。美国在 20 世纪 20—30 年代利用债权国身份主动提高关税、挑起与英国贸易战,拒绝与英国进行稳定汇率的合作,甚至不惜放弃金本位制造成债务国货币相对升值,最终引发英国以帝国特惠制度对上述举措进行反制。而在 2018 年,债务国美国首先采取保护性关税措施,政治上迫使人民币升值等不正当竞争办法在中美贸易关系上为美国谋利。新冠肺炎疫情暴发后,美国又通过增发补贴的宽松货币政策,造成美元贬值以帮助美国在贸易领域获得价格优势,变相向各国征收通货膨胀税的同时,稀释美债主要持有国的债权。

第三,在对外贸易布局上中国应当考虑增加非美国市场的份额,用对外贷款拓展中国与亚洲、欧洲、非洲国家的贸易关系,以降低对美国经济的依赖性,减少中美贸易摩擦对中国经济带来的负面影响。在 20 世纪 20—30 年代英美霸权转移的过程中,美国用战债为手段迫使欧洲降低关税、自己却提高关税的同时,特别注意减少对欧洲市场的依赖,以防止欧洲关税反制措施给美国带来的伤害。英国针对美国关税政策采取了帝国特惠制度形成贸易联盟后,自由贸易与多边贸易体系迅速被一系列的双边贸易协定所取代。因此,关税同盟与双边贸易协定通常是贸易壁垒的副产品。在2018年中美贸易摩擦爆发之后,美国专家特别强调了要观察中国在建立自己的贸易区时与其他国家和市场之间关系的变化。[①] 这启示中国应当适当发展与亚洲国家双边关税同盟,以增加亚洲市场份额,对冲因竞争带来的贸易损失。

第四,在债权策略上,中国应该尽早布局"债权国联盟",共同抵制美国通过货币贬值增发美债稀释债权的行为。20世纪20年代美国作为英国的债权国,在债务国英国偿债时以高关税政策迫使英国进行财政改革,减少失业,重估英镑币值。但是当前中国作为债权国却被债务国美国要求提升人民币币值,按照美国要求进行金融改革。为何20世纪20年代美国的债权影响力大而现今中国的债权影响力小? 重要原因在于1917年后美国对英国的债权属于集中型债权,也就是英国债务掌握在美国一家手中。这使得美国对英国的债权不受其他债权国的干扰,影响力大。而目前中国对美国的债权属于分散型债权,除中国外,不仅美国国内持有的美国国债比例大,而且在国际上还有日本、英国等国拥有对美债权,因此中国在使用对美债权时不可避免会受到其他债权国对美政策的影响。历史上,英国为了摆脱美国对英国的债权影响力,在1930年后积极组织了"欧洲债务国联盟",通过"绅士协定"共同瓦解美债。最终成功地在1934年通过集体拒绝偿债将美国债权强制流散。如今,中国尽早布局"债权国联盟",可以维护债权国的共同利益。

第五,将对外贷款、投资与海外贸易政策之间的协同发展提升到国家战略角度。在1924年,为鼓励美国私人企业投资于欧洲,美国财政部长梅隆提出,通过满足投资欧洲的需求,可以促进美国长期进步和长久的繁荣。他强调"对外贷款可以帮助美国出口,并使外国获得购买美国

---

① David A. Lake, "Economic Openness and Great Power Competition: Lessons for China and the United States", *The Chinese Journal of International Politics*, Vol. 11, No. 3, Sept., 2018, pp. 241 – 269.

出口的小麦、棉花的资本。在此基础上，美国商品市场将得以拓展，美国将会日益繁荣。"① 美国历史学家威廉姆斯将此时美国这种政策称为"国家法团主义",② 其本质是携政府之力，推动国家经济体系的对外扩张。因此，美国在 20 世纪 20—30 年代对外经济政策实际上是一直打着"商业化"之名完成政治使命。从单纯的经济利益和商业思维来看，美国在明知英国以及欧洲国家清偿战债能力不足的情况下，仍然加大对欧洲的投资，在投资上属于非理性行为；从结果上看，美国并没有回收多少战债，对欧洲的投资也因经济危机的爆发血本无归。可见美国投资的根本目的是促进美国海外贸易的拓展和海外利益的扩张。同样，中国在民族复兴的过程中，利用外贸盈余进行海外投资与贷款时，要突破狭隘的义利观看待整个贸易体系的演进。

第三节　中国债权现状及实施债权政治的条件

一　中国债权的现状

自 1991 年以来，中国进入净债权国的行列。③ 此后，中国国际收支除 2014—2016 年外，几乎都处于"双顺差"状态。至 2020 年年底，中国国际收支净头寸为 21503 亿美元,④ 是第二大对外净债权国。⑤ 净债权国的地位是中国抵御金融风险，开展对外投资的经济基础。在中国对外投资结构中，对外债权投资是重要组成部分，其中既包括银行业对境外发放贷款，也包括增持境外债券。2020 年，在新冠肺炎疫情的影响下，

---

① William George Pullen, World War Debts and Untied States Foreign Policy, PH. D. Dissertation, University of Georgia, 1991, pp. 67 – 68.

② William Appleman Williams, The Tragedy of American Diplomacy, New York: W. W. Norton & Company, 2011, pp. 84 – 85.

③ 石巧荣:《中国债权国地位与国际投资调控策略》,《国际金融研究》2010 年第 4 期。

④ 资料来源:《2020 年中国国际收支报告》, 国家外汇管理局官网, http://www.safe.gov.cn/safe/2021/0326/18626.html, 2021 年 3 月 26 日。

⑤ 管涛:《中国作为第二大对外净债权国, 为何投资收益常年为负》, 观察者网, https://www.guancha.cn/guantao/2019_05_17_501960_2.shtml, 2019 年 5 月 17 日。

中国银行业对境外发放贷款仍达 8389 亿美元，① 因而从规模上看，中国已经是国际社会中的债权大国。

债权大国身份对中国而言也是一把"双刃剑"。一方面，中国国家债权是改革开放后奋力追赶积累的物质财富，它意味着中国在涉及汇率调整、稳定物价等方面具备了一定程度的自主能力和抵御风险能力，也表明中国具备了承担与能力相匹配的国际责任、推动世界经济发展的实力。但随着中国对外债权的发展，中国持有债权的观众成本也逐渐上升。国内对中国究竟应该维持多大规模的债权，债权海外分布、债权的币种结构以及债权的实际影响力等问题尚未形成一致看法。而中国债权在海外又遭遇"美债武器"和"一带一路"债务陷阱两种质疑。② 因此，中国自我理解中的国家债权与西方理解的中国债权存在观念鸿沟。如何从中国现阶段的外交战略布局出发，对中国债权进行客观评估，在此基础上制定符合中国国情的债权战略是当前中国经济外交中不可回避的议题。

另一方面，中国又是一个"不成熟债权国"。这个词体现了国际货币体系中的货币错配导致中国很难以本币对外贷款的困境。因此，尽管中国债权规模大，但从对外贷款的币种结构来看，人民币贷款少，美元贷款多。以 2019 年年末数据来看，银行业大量增持美元债券，中国对外美元资产较上年年末增长 4%，达到 8067 亿美元，占比 69%；而人民币资产 1092 亿美元，下降 10%，占比 9%，这是发放境外人民币贷款减少所致。虽然境外增持人民币债券开始增加，但是在漫长的人民币国际化进程中，美元为中心的国际结算体系在相当长时期内仍占据主导。因此，中国不成熟债权国地位难以在短时期逆转。

中国早期对外贷款投资收益的不稳定是中国债权国地位"不成熟"的另一个表现。2019 年，中国投资收益处于逆差状态，对外投资收益率

---

① 资料来源：《2020 年中国国际收支报告》，国家外汇管理局官网，http://www.safe.gov.cn/safe/2021/0326/18626.html，2021 年 3 月 26 日。
② 宋国友：《美元陷阱、债务武器与中美金融困境》，《国际观察》2010 年第 4 期；钟飞腾、张帅：《地区竞争、选举政治与"一带一路"债务可持续性——剖析所谓"债务陷阱外交"》，《论外交评论》2020 年第 1 期。

为 2.9%，但来华投资收益率 4.7%。① 这说明中国仍然缺乏对外贷款投资的经验。原因之一是中国对外投资以稳健的储备资产运用为主，特别是持有大量美国国债的成本较高，储备资产也一直存在着账面损失，造成投资收益常年为负。② 另一个原因是中国对许多对低收入和中等国家的直接贷款带有援助性质，甚至直接减免部分国家债务。例如 2015 年，中国领导人出席联合国可持续发展峰会时，宣布免除最不发达国家 2015 年到期政府间无息贷款债务；③ 2020 年 6 月 17 日中国表示将在中非合作论坛框架下免除有关非洲国家截至 2020 年年底到期对华无息贷款债务。④ 上述举措均会对贷款收益率造成影响。

有鉴于此，有学者认为持有美债处于低收益、高风险的状态，应当实现中国对外投资的多渠道多元化，采用分散投资的办法避免"沉溺于美债的局面"。⑤ 但亦有观点认为投资美债是美元储备保值的选择。"一带一路"的继续推进以及中美经贸关系调整都需要中国持有充裕的美元。⑥ 显然，如何看待中国债权反映了重视经济收益还是政治外交的两种思维模式。

应当如何理性看待中国对外债权的现状？

首先，"不成熟债务国"状态并非中国独有现象。当前世界经济中大部分新兴经济体都因出口导向政策积累了高额美元储备成为"净债权国"，这甚至是亚洲国家的群体性崛起与美元霸权存在形成的一种必然的经济生态。其次，世界历史中新兴国家在自身发展过程中也会遭遇同样

---

① 资料来源：《2019 年中国国际收支报告》，国家外汇管理局官网 http://www.safe.gov.cn/safe/2020/0327/15827.html，2020 年 3 月 27 日。

② 管涛：《中国作为第二大对外净债权国，为何投资收益常年为负》，观察者网，https://www.guancha.cn/guantao/2019_05_17_501960_2.shtml，2019 年 5 月 17 日。

③ 青木、丁雨晴、张怡然等：《那些被大国减免的债务 眼光长远的战略投资》，环球网，https://world.huanqiu.com/article/9CaKrnJQ9Py，2015 年 9 月 29 日。

④ 储茂明：《中国将免除非洲国家部分债务——驻拉各斯总领事储茂明在尼日利亚媒体发表署名文章》，外交部官网，https://www.fmprc.gov.cn/web/wjdt_674879/zwbd_674895/t1791292.shtml，2020 年 6 月 22 日。

⑤ 参见张茉楠：《中国持有美债风险不断上升》，《中国证券报》2013 年 9 月 18 日第 A04 版；张平：《美债危机给中国敲响警钟》，《经济参考报》2013 年 10 月 16 日第 002 版。

⑥ 参见张林：《应不应该抛售美国国债》，《中国经营报》2018 年 8 月 20 日第 E04 版。

的问题。在第一次世界大战之前,美元在国际贸易结算中的份额极小,英镑占据主导地位。但美国还是在第一次世界大战中通过发放战债、扩大海外投资和贸易以及积累黄金储备成功地将美元国际化。尽管当前中国的情形与历史上处于战争特殊背景下的美国尚存较大差异,但对于新兴国家而言,币权遭受原有霸权国家的路径封锁是必经阶段,要突破发展瓶颈必须在可以积累财富的领域继续扩大优势,并实现权力的转换,这是国家成长应当付出的努力与代价。因此,中国不能因处于"不成熟债权国"阶段过度考虑收益问题,限制债权的发展和使用,应当具有更加开放的义利观。

二 提高中国债权效用的前提条件

1. 培育海外信贷中介机构、建立专家指导体系

截至 2019 年年末,中国国有商业银行共在美国、日本、英国等 51 个国家(地区)开设 97 家分行、66 家附属机构,在境外设立保险机构 16 家。[①] 而在百年前的 1915 年,英国因战争融资需要到美国纽约私募市场上筹钱时,美国东部、北部银行和金融机构中有 1570 家愿意承销英国的债券,这还是在中西部银行缺位的情况下。[②] 虽然当时美国的金融机构大多规模有限,但是具有海外信贷业务的银行和各种性质的金融中介是美国获取欧洲信息的可靠来源,他们帮助美国向海外拓展利益,监督海外贷款的使用情况,对债务国的清偿能力进行评估。一些较大规模的公司如哈杰斯公司和摩根建富以及摩根大通在了解投资对象国、深化外交关系方面举足轻重。其中摩根大通与英国政界关系非凡,尽管该公司在伦敦和巴黎并没有互惠优势,但在两地均设有分支机构。这些机构通过合作伙伴,在英、法两国的政界与商界迅速积累起人脉,受到英国央行、

[①] 资料来源:《2019 年度中国对外直接投资统计公报》,中华人民共和国商务部官网,http://hzs.mofcom.gov.cn/article/date/202009/20200903001523.shtml,2020 年 9 月 16 日。

[②] Kathleen Burk, "The Diplomacy of Finance: British Financial Missions to the United States 1914~1918", *The Historical Journal*, Vol. 22, No. 2, Jun., 1979, p. 354.

英国财政部和伦敦金融城的尊敬。① 金融利益集团不仅活跃在美国对外债权的形成、维持、谈判、消解各个阶段，而且参与了债权与币权的权力转换。银行家们在债务谈判中设计美元流动路径，帮助提升纽约金融市场的地位，并在德国赔偿问题的道威斯计划和杨格计划中充分发挥了经济外交的作用。除银行家外，另有大批经济学家服务于美国的战略目标，在理论和实践上为世界推行黄金本位制改革、冲击英镑地位和英国主导的金汇兑本位制作出了重大贡献。这些看似具有独立利益的经济学家和金融专家，鼓励了美国私人信贷的全球扩张，是提升纽约金融影响力的智囊和纽带。在国际金融日益重要的时代，当前中国的海外金融机构数量仍难以满足拓宽投资渠道的需要。因此，中国应当继续培育海外信贷中介机构，鼓励和支持国家以及私人金融机构的海外扩展，充分了解投资对象国的实际情况。同时建立金融专家指导体系，加强对外贷款与"人民币走出去"、人民币回流机制的联系；建立债权与大宗商品定价权等问题领域的正式与非正式联系；推广数字人民币，以债务关系为契机拓展国际合作渠道。

2. 重视对债权交易网络关系的建设与控制

国际关系中的经济联盟常有化解政治隔阂的作用，这是经济权力的关系面向，因此被称为黏性权力。经济权力黏性发挥作用需要具备建立以及把握关系网络的能力。在第一次世界大战后，美国债权之所以能发挥政治效能，很大程度上是基于美国在整个债权交易体系中得天独厚的地位。在介入德国赔偿问题之前，美国通过对协约国贷款建立债权关系，插手德国问题后，又与原同盟国建立债权关系。这样在整个欧洲的信贷体系中，美国几乎是拥有绝对优势的唯一信贷来源。但这种地位的危险之处在于：一旦所有债权国联合起来坚决取消美国债权，美国并无还击之力。但美国在债权的形成和维持阶段都高度重视了债务国之间不同的利益需求，特别是注意英法两国之间，以及他们分别在德国问题上的不同立场，使得债务大国无法形成利益共同体，这是美国早期可以借助债

---

① B. J. C. McKercher ed., *Anglo-American Relations in the 1920s: The Struggle for Supremacy*, p. 127.

权换取军事权以及币权的重要原因。但是当债务国形成联盟后，大部分战债都被迫一笔勾销，美国的债权国权力被剥夺，这是对交换网络失控的严重后果。而在当今世界，债权交易网络随着二次市场的演进不断复杂化，因此建立具有绝对优势的债权体系极为困难。但是西方国家仍不放松对整个信贷体系的控制，在以私人、国际组织为主要贷方的国际债权交易网络中，建立巴黎俱乐部等债权人联盟去引导信贷关系走向，并在债务危机中，首先协调债权人利益，再与债务国分别进行谈判。即便是作为债务大国的美国，也从未放松对美债的外国持有比例的监控。

因此，中国作为新兴经济体，应当重视在债权交易网络中的几组关系：

（1）重视债权国与债权国之间利益连接点的建立，特别拥有共同债务国的债权国之间的合作。

（2）重视中国与自己债务国之间的关系。在债权形成阶段注意单独缔约签订借款协议，债务清偿阶段有针对不同国家情况的具体支付计划和条件。要防止集体缔约，并因协议条件雷同导致债务国同盟的反制。特别是对于具有援助性质的贷款协议，即便估计到有债务违约的可能，也需要在债务协议中明确权利与义务，在债务减免过程中单独谈判减免，维持债权影响力。

（3）重视其他债权国与债务国之间的关系。这涉及被投资方是否有其他信贷来源，是否在债权形成过程中触及其他债权国的利益。在多方信贷关系中，债权建立过程可能因权力竞争存在谈判困难，在债务清偿阶段亦可能因信贷来源多元化而无法实施有效制裁，因此，防止债务违约需要对债务国的信贷交易网络有所了解。

从债权交易网络出发重视关系的建设，有助于中国规避"主权豁免"与"不成熟的债权国"的困境，并通过判断目标国融资需求，阻止或者允许目标国进入债权交易网络，排除目标国的替代选择或者是遏制债务国间联盟的形成，以及事后制裁等一系列措施对债务国实行有效威慑，从而维护中国的债权国利益。

3. 建立科学的中国债权影响力评估和协调体系

第一，建立债权多部门综合协调机制。权力的运用需要对其运行环境进行全方位综合评估，债权使用也必须建立在对国际社会总体权力结构的精准判断基础之上。按照问题领域和职能部门划分，债权本属于经济领域，对国家债权进行管理的部门一般为财政部。但两次世界大战期间的英美关系史中，尽管当时具体执行部门是英美两国财务部，但凡涉及战债削减的决策权，美国立刻将讨论回归到国会，英国也将权力回归内阁。美国一再提醒英国，战债是生意，需要还钱。但是美国财政部争夺减免战债本息权力受阻，提醒着英国，债务问题的本质是政治而非经济。因此，任何一国的债权都不可能脱离国际社会的总体权力结构发挥作用。即便在一国国内，将债权作为外交政策杠杆都需要包括外交部、财政部、商务部甚至在制裁时使用国防部力量协同合作。从美国霸权成长的历史上看，武力后盾贯穿了美国"美元外交"的经济扩张时代。因此，多部门的综合协调是避免对实力的误判，进而使用国家债权的先决条件。

第二，建立债权科学评价体系。在债权领域内形成对本国债权的综合评价体系，需要国家在"借给谁、借多少、如何回收"等一系列问题上进行统筹思考，这是金融领域制定国家债权发展策略的基础。而在债权权力转化问题上，由于债权使用效用会依据需求变化呈现出边际效用递减的规律，建立债权科学评价体系有助于从债权国视角，依据债务国的需求、债权时间的权变、债权交易网络等指标，对国家使用债权实现国家战略目标的可行性做出系统科学的预测。

第四节 中国债权战略的政策建议

一 中美"美债问题"与中国的战略选择[*]

（一）中美债权关系与学界研究视角

2018 年中美贸易摩擦发生后，对于"中国是否可能将对美债权作为

---

[*] 本小节部分内容已经公开发表，收录本书时有删改。具体参见康欣《中国债权国权力与中美贸易关系——试析中国在美债问题上国际合作的策略》，《复旦学报》（社会科学版）2019 年第 4 期。

中美关系的政策杠杆"的建议重新回温。① 而这种声音随着中美贸易谈判的持续影响备受国际与国内的共同关注。实际上，对于中美信贷关系的研究者而言，这个话题并不新鲜。早在2009年，中国政府曾以投资者的角度公开表明对美债安全性的高度关注，美国方面也出现过对"美债武器"的讨论。② 到2012年中国所持美债规模的逐渐加大，议题又重新回温。是年，美国《外交》杂志刊登了一篇题为《大中国辩论：北京是否可能统治世界？》的文章，尽管文中美国学者对于中国净债权国地位究竟显示了中国的强势还是弱势，以及这个地位能够持续多久的问题上各执一词，但是议题本身反映了美国学界对中国债权国身份的潜在影响顾虑重重。③ 有分析认为，"随着美国对中国的负债，美国政府亦失去了对中国的经济筹码。其结果是，中国对自己在全球范围内的政治要求更加大胆"。④ 这在美国成为"中国威胁论"的另一种表现。直至2018年，中国所持美债的影响力问题再次浮现。⑤ 其主要原因有两个：一是与以往相比，中国所持美债的规模和策略发生了变化。这主要基于中国外交环境发生深刻调整，进入习近平总书记所谈的"百年未有之大变局"中。二是因为2018年的中美贸易摩擦，使得中美重新思考中国持有美债的战略

---

① 文中"中国"美债持有量全部是指不包括港、澳、台地区的持有量，下同。

② 参见 Wayne M. Morrison, "China-U. S. Trade Issues", *Congressional Research Service*, January 7, 2011, p. 13; Nicholas C. Malokofsky, *Blood and Treasure*: The U. S. Debt and its Implications for National Defense and Security, United States Navy: California Naval Postgraduate School, 2012. 实际上，美国研究者一直在追踪美债外国持有者的增减持状况以及美债交易网络。例如 Benn Steil, Benjamin Della 以及 Brad W. Setser 就分别分析过俄罗斯减持美债行为、比利时所持美债与中国所持美债、英国所持美债变化与中国所持美债之间的相关性，以及新兴国家所持美债的发展趋势。参见 https://www.cfr.org/blog/secrets-safe-part-1-look-uk-find-some-chinas-treasuries-and-agencies，2009年1月3日；https://www.cfr.org/blog/did-russia-really-dump-its-us-debt，2018年8月13日。

③ Derek Scissors and Arvind Subramanian, "The Great China Debate: Will Beijing Rule the World?", *Foreign Affairs*, Vol. 91, No. 1, 2012, pp. 173 – 177.

④ Daniel C. K. Chow, "Can the United States Impose Trade Sanctions on China for Currency Manipulation?" *Washington University Global Studies Law Review*, Vol. 16, No. 2, 2017, pp. 295 – 328.

⑤ 参见 Brad W. Setser, https://www.cfr.org/blog/what-would-happen-if-china-started-selling-its-treasury-portfolio，2018年6月21日；https://www.cfr.org/blog/few-words-chinas-holdings-us-bonds，2018年1月17日；以及高占军：《中国该不该打美国国债牌？》，《财新周刊》2018年第4期；张启迪：《抛售美国国债对美国影响的分析》，《金融理论与教学》2017年第4期。

意义。这无疑需要在综合既有研究的基础上,直面持有美债在新时代新形势下所产生的新问题。

目前,国内对中国债权影响力的研究包括金融视角[①]、国际政治经济学(IPE)视角[②]两类。核心观点大体如下:从金融上看,中国持有美债是一种被迫持有,从中国持有美债的规模以及美国可用的反制措施上看,使用"债权武器"对美国金融市场产生的影响微乎其微。[③]但在政治上,中国可以通过调节购进美债的速度,以及抛售美债对美国经济造成一定的压力。[④]因为随着美债境外持有份额逐渐加大,美国学界和政界对债务相关的两个问题产生焦虑:一是美国债务上限及其可持续性问题;二是美债为境外持有所产生的风险问题。多数研究表明,仅从供求关系变化来看,尽管中日等债权国一国抛售美债可能产生的长期市场反应有限,但却对中国、日本大规模持有美债可能对债券市场造成的短期恐慌抱有顾虑和担心。因而,在美国国内控制中国、日本持有的美债规模逐渐成为共识。[⑤]可见,大规模持有美债客观上会对美国产生政治影响。总之,学界普遍认为,从金融上持有美债是一种必需;中国单方面抛售美债对美国金融产生的影响极为有限;持有美债却在客观上具有政治意义。[⑥]

本书并不试图推翻上述的结论,但认为在重新评估这种影响力的前提下,可以把研究重点集中于债权实施的条件要素上。换言之,对于中国而言,既要面对持有美债的现实,又已知持有美债具有政治意义的前

---

① 参见巫强、王嘉《中国持有美国国债规模影响因素的实证分析》,《南京大学学报》(哲学·人文科学·社会科学)2010年第6期;以及 Sandy Brian Hager, *Public Debt, Inequality and Power: The Making of a Modern Debt State*, Oakland: University of California Press, 2016, p.32;李潇、郑辉:《中国购买美国国债与美国长期利率之谜的实证研究》,《世界经济情况》2012年第6期。

② 参见孙海泳、李庆四《美债问题对中美关系的影响》,《教学与研究》2012年第10期。

③ 参见宋国友《中国购买美国国债:来源、收益与影响》,《复旦学报》(社会科学版)2008年第4期;张启迪:《抛售美国国债对美国影响的分析》,《金融理论与教学》2017年第4期。

④ 宋国友:《美元陷阱、债务武器与中美金融困境》,《国际观察》2010年第4期。

⑤ Daniel O. Beltran, Maxwell Kretchmer, Jaime Marquez and Charles P. Thomas, "Foreign holdings of U. S. Treasuries and U. S. Treasury Yields", *Journal of International Money and Finance*, Vol. 32, Feb., 2013, pp. 1120–1143.

⑥ 参见孙海泳、李庆四:《美债问题对中美关系的影响》,《教学与研究》2012年第10期。

提下，如何能将美债"负担"转化为美债"权力"？在何种条件下，中国持有的美债可以作为一种政策工具使用？如果中国单方面抛售美债对美国的影响力有限，那么，中国是否可能通过在债权方面的多边合作来维护自身的债权利益？

(二) 美债概况与中国减持美债的影响力重估

1. 美债概况

据美国财政部2021年6月公布的数据，截至2021年5月，美国联邦政府共发行了约28.3万亿美元的政府债券，其中约22.1万亿美元的美债为公民持有，其持有量约占总量的78%，其余多为政府间持有。在美债的境外持有者中，日本持有1.266万亿美元的债券，中国持有1.078万亿美元债券。亚洲持有美债共计3.857万亿美元，中日两国仍为美国最主要的债权国。①

截至2021年5月，美国债券海外官方持有量约为4.226万亿美元。若按照比重衡量，日本作为美国第一大债权国，持有量约占美债境外官方持有比例的30%，中国大陆约占25.5%。虽然中日是美债的主要境外持有者，但并不能忽视美债主要为美国国内所持有，以及当前海外私人持有数量迅速增加的事实。按照总体规模衡量，中国大陆所持美债在美债总额中的比重较轻，仅占美债总额比例的3.8%。② 简言之，中国所持美债具有规模大、比重轻的特点。即便如此，美债问题依然受到中美双方的共同关注。那么中国大陆所持的3.8%美债究竟能对美国债券市场以及美国经济产生多大影响呢？

2. 中国减持美债的影响力重估

中国利用债权对美国施加影响力的方式主要有两种：一是调整购进美债的速度；二是减持美债，大量抛售。由于后者可能产生的影响更大，

---

① 本书因研究对象是美国国债，资料来源必须依靠美国公布的官方数据Treasury International Capital (TIC)，该数据将中国大陆、中国台湾、中国香港分别统计。类似还有英国、爱尔兰、开曼群岛也分别统计。在涉及美债的国内研究中，所有涉及中国持有美债的数据均按照惯例使用TIC中的"中国大陆"一栏的数据。故本书中的中国持有量，按照惯例特指TIC中的"中国大陆"的数据。

② 资料来源：Treasury International Capital (TIC)。

故重点分析减持美债的情况。从效果上看，中国单方面减持美债可能引起多大的直接市场反应，取决于三个重要变量：一是中国减持美债的规模；二是中国减持美债的速度；三是中国以一定的规模和速度减持美债后，美国是否具备快速调节的能力。

首先，中国可以减持多大规模的美债？就市场规模而言，美债市场是世界上流动性最强、规模最大的国债市场。据 2016 年统计，在美债市场上有 13 万亿美元有价债券，平均日交易量达到了 5000 亿美元，① 到 2018 年美债市场的日均交易量仍然在 5000 亿美元以上，这表明美债市场范围广、交易效率高。因此，美债资产变现的能力也就是换手率极强。② 美债的流动性是美国金融市场和经济健康的重要标志，同时也决定了中国能否抛售美债以及以怎样的速度和规模增、减持美债。如果美债流动性高，交易市场规模庞大，就意味着中国抛售美债时，存在巨大的买方市场。国际社会中一些国家政府机构，美国政府、公民以及其他私人机构，甚至是部分国际组织都可能成为美债的增持方。

从历史抛售记录的峰值上看，中国在 2016 年 11 月曾经抛售约 663.22 亿美元的美国财政部债券，为中国近五年来最大规模减持美债。而当月美债的境外持有者出售给美方的财政部债券共达到了 1.25 万亿美元。同时，境外持有者又从美方增持了 1.19 万亿美元的美债。③ 按比重计算，中国当月抛售的美债仅为同时期境外持有者抛售美债的 5.3%。这个数字反映出，即便中国以快速度减持美债，也不必担心是否可以迅速被二级市场吸纳的问题。美国财政部最近数据显示，在 2021 年 5 月，外国居民和政府机构从美方购买了约 1.779 万亿美元的财政部债券，同时美债的境外持有者出售给美国国内的财政部债券达到了 1.872 万亿美元，而

---

① 资料来源：Treasury International Capital（TIC）。

② 美债流动性降低了美国政府融资的成本，是衡量美债市场结构以及健康度的重要指标。而决定美债流动性的，主要是美债的成本、时间线、市场深度、效率，因为它们决定了市场中资产以合理价格变现的能力。参见 "Market Structure and Liquidity in the U. S. Treasury and Agency Mortgage – Backed Security（MBS）Markets"，https：//www. newyorkfed. org /newsevents/speeches/2016 /wue160517，2016 年 5 月 17 日。

③ 资料来源：Treasury International Capital（TIC）。

当月中国政府减持了约60.87亿美元的美债。① 因此，即便只考虑美债境外持有者减持美债的规模，中国减持美债的比重仍然极小。

上述对美债市场规模的分析显示，美债高流动性的特点是中国可以大量抛售美债的前提，中国无须过分担心减持美债买方市场的问题。但应该注意到，近几年中国的历史最高抛售量占交易量的比重较小，难以对美债收益率和美元产生重大影响。

其次，中国可以用何种速度减持美债？回顾中国大规模减持美债的历史记录，从2016年6月开始，中国连续6个月减持美国国债。6月、7月、8月、9月、10月、11月，减持规模分别为32亿美元、220亿美元、337亿美元、281亿美元、413亿美元和663亿美元，共计减持1946亿美元。② 如果按照半年抛售1946亿美元的速度抛售美债，中国目前所持的美债大概需要三年才能完全抛售。如果从单月最高抛售量来看，2016年11月减持663亿美元美债为中国近五年最大规模抛售行为。假设连续以这种速度抛售，中国要完全抛售美债大概也需要17个月。美国学者布莱德·赛特瑟（Brad W. Setser）做出另一种估计。"以中国2015—2016年3个月出售的债券数额估算，预计中国未来将会在一季度出售2000亿美元债券，一年将达8500亿美元。以这样的速度抛售美元，那么中国抛售其全部美债需要一年半的时间"。③

毫无疑问，即使中国以上述速度大规模减持美债，也将留给美国充分的应对政策调整时间。美国完全可以通过以下手段抵制中国的债权影响：一是美联储可以采取降低利率上调的速度，或者按比例减少"量化紧缩"的应对措施，以减轻对美债市场的冲击。二是通过提高美联储资产负债表转出的规模，以提高债务上限。④ 再结合中国历史上抛售美债的

---

① 资料来源：Treasury International Capital (TIC)。
② 资料来源：Treasury International Capital (TIC)。
③ Brad W. Setser, https：//www.cfr.org/blog/what-would-happen-if-china-started-selling-its-treasury-portfolio, 2018年6月21日，https：//www.cfr.org/blog/few-words-chinas-holdings-us-bonds, 2018年1月17日。
④ Brad W. Setser, https：//www.cfr.org/blog/what-would-happen-if-china-started-selling-its-treasury-portfolio, 2018年6月21日，https：//www.cfr.org/blog/few-words-chinas-holdings-us-bonds, 2018年1月17日。

规模相对较小的事实,即可得出一个简单的结论:历史数据表明,中国单方面减持美债对美债市场以及美国经济产生的市场冲击力将极为有限。

既然如此,美国为何还有对中国持有大量美债的担心和疑虑呢?实际上,美国并不担心中国单方面抛售美债对美债市场的直接影响,而是担心抛售美债所产生的连锁反应,进而威胁美国的经济地位。这些潜在的影响集中体现在以下几个方面。

第一,从理论上说,中国购买美国国债,实际上给美国更多资本去消费,这使美国可以避免以增税等方式来提高收入的激进改革。[①] 而中国抛售美债的行为等于停止向美国贷款。随着政府财政支出和财政赤字的不断攀升,美国随时可能因无法清偿债务而引发美债的信誉危机。这不仅影响美债市场的流动性,导致国际收支进一步恶化,还可能引发美国全面的社会危机。从历史经验上看,1931年到1933年世界金融危机的扩散就与美债流动性危机密切相关,政府债券市场的"流动性黑洞"犹如一场巨大的风暴,对债券的价格产生了极大的影响,从而加重了资本主义世界的经济危机。[②] 因此,美国需要避免其核心债权国家减持美债而引发流动性危机。

第二,中国市场上抛售美债可能使得美债价格下跌,同时收益率走高,从而影响美国经济的复苏。张明认为,"中国投资者增加购买美国国债的行为会推高美国国债收益率,另一方面会导致美元贬值"。对此,他认为可能的解释是,中国投资者的逆市操作虽未改变其他市场参与者对美国国债的悲观预期,但可能加剧其他市场参与者的集体抛售,从而可能加剧美国国债市场的波动,[③] 进而引发因美债在国际市场滞销,无法满足美国国内融资需求,从而给美国经济带来灾难。

[①] Daniel C. K. Chow, "Can the United States Impose Trade Sanctions on China for Currency Manipulation?" *Washington University Global Studies Law Review*, Vol. 16, No. 2, 2017, pp. 299 – 300.

[②] J. Peter Ferderer, "Were there Liquidity Black Holes during the Great Depression? An Analysis of the U. S. Government Bond Market", https://www.macalester.edu/~ferderer/Ferderer_BlackHoles_November2006.pdf, 2006年11月7日。

[③] 张明:《中国投资者是否是美国国债市场上的价格稳定者》,《世界经济》2012年第5期。

第三，引发抛售美债的追随行为，加剧美国国债市场的波动并打击美债信誉。如果中国抛售美债兑换成美元或者其他世界货币，则可能影响到美元价格走势；如果中国转而增持欧元或其他国际货币，则可能会对美元的国际地位造成冲击，并帮助其他世界货币的国际化。

综上所述，从战略上看，由于美联储具备丰富的债务危机应对经验与调控手段，美国并不担心债权国单方面抛售美债可能造成的直接影响，但美国真正担心的是债权人抛售美债与美国自身债务问题相互作用出现的"并发症"，以及一国抛售美国国债后产生的别国"追随效应"，这会在短期内使美债市场动荡加剧，进而会长期破坏对美元和美国经济的信心。① 可见，债权发挥作用是多种因素的综合。债权国在使用债权武器时，能否在过程中形成有效的合作，甚至是形成联盟排除债务国的替代选择是极为关键的因素。

因此，美国从债务国的角度，始终在防止债权国实现战略上的合作，密切关注与追踪在债券市场上的美债交易。而从债权国中国的立场，则需要从保证债权收益出发，在战略上思考美债应当"与谁合作、能否合作、合作的成本与收益"等一系列问题，以维护债权国的合法权益。

（三）合作的可能性：对美债增减减持历史数据的分析

在中国单方面减持美债难以对美国形成压力的既有前提下，从实际出发考虑在美债问题上国际合作的可能性，就成为一种现实选择。为此需要考察美债的主要持有者增减持美债的历史及其政策倾向，寻找与其他国家在美债问题上的利益汇合点以判断合作的可能性。

为此，可以将美债问题上的国际合作分解为三个层次的问题。首先，由于美债的主要持有者既有来自美国国内的债权人，也有国际社会持有者，并且美债的美国国内持有者所持份额远高于其境外债权持有者，那么美债总额的增减是否仍会受到其境外主要债权持有者增减持美债行为的影响？其次，当中国大幅增持或者减持美债时，美债的其他主要国际债权者中有哪些国家（或地区）与中国的政策一致？即谁选择了追随，

---

① 参见 https://www.cfr.org/blog/did-russia-really-dump-its-us-debt, 以及 https://www.cfr.org/blog/asias-central-banks-and-sovereign-funds-are-back.

谁选择了抵制？最后，历史经验和现实条件启示中国应该采取何种债权策略？

1. 美债主要境外持有者

根据2021年美国财政部公布的2020年度TIC数据，美债十大境外持有者为中国大陆、日本、巴西、爱尔兰、英国、瑞士、卢森堡、比利时、中国香港、中国台湾。其中，中日两国所持美债规模远超其8个国家或地区。[①] 据此，可以将这10个美债主要境外持有者作为重点对象，分析这些国家和地区在近十年的美债投资行为的规律。（参见表6-1）

表6-1　　2011—2020年主要境外持有者的美债持有量排序　单位：10亿美元

排名＼年份	2011	2012	2013	2014	2015	2016	2017	2018	2019	2020
1	中国大陆 1151.9	中国大陆 1220.4	中国大陆 1270.1	中国大陆 1244.3	中国大陆 1246.1	日本 1090.8	中国大陆 1184.9	中国大陆 1124.3	日本 1155.2	日本 1251.3
2	日本 1072.3	日本 1111.2	日本 1182.5	日本 1230.9	日本 1122.4	中国大陆 1058.4	日本 1061.6	日本 1039.7	中国大陆 1069.9	中国大陆 1072.3
3	石油出口国 260.8	巴西 253.3	比利时 256.8	比利时 335.4	爱尔兰 264.4	爱尔兰 288.2	爱尔兰 326.6	巴西 303.1	英国 392.1	英国 440.6
4	加勒比海金融中心 227.2	中国台湾 195.4	巴西 245.4	巴西 255.8	巴西 254.8	开曼群岛 261.3	巴西 256.8	英国 288	爱尔兰 281.9	爱尔兰 318.1
5	巴西 226.9	瑞士 195.4	中国台湾 182.2	爱尔兰 202	开曼群岛 249.8	巴西 259.2	英国 249.9	爱尔兰 279.9	巴西 281.8	卢森堡 287.7

---

① 资料来源：Treasury International Capital（TIC）。

续表

排名\年份	2011	2012	2013	2014	2015	2016	2017	2018	2019	2020
6	中国台湾 177.3	俄罗斯 161.5	爱尔兰 179.6	瑞士 190.1	瑞士 231.7	瑞士 230	瑞士 249.6	卢森堡 230.5	卢森堡 254.6	巴西 258.3
7	俄罗斯 149.5	卢森堡 154.7	瑞士 176.7	开曼群岛 187.9	英国 207.1	卢森堡 224.3	卢森堡 217.6	瑞士 229.9	中国香港 249.7	瑞士 255.5
8	卢森堡 147.5	开曼群岛 142.1	开曼群岛 162.5	英国 179.7	中国香港 200.1	中国香港 217.2	开曼群岛 194.7	开曼群岛 225.6	开曼群岛 238.2	比利时 253.5
9	瑞士 142.4	中国香港 141.9	中国香港 158.8	中国台湾 174.4	卢森堡 199.6	中国香港 191.4	中国台湾 180.9	中国香港 196.3	瑞士 237.5	中国台湾 235.4
10	比利时 135.2	比利时 138.8	英国 152.2	中国香港 172.6	中国台湾 178.7	中国台湾 189.3	开曼群岛 170.6	比利时 185.1	比利时 207.4	中国香港 224.1

2. 美债主要境外持有者的行为与美债总额的变化

从美债的历史数据上来看，美债主要境外持有者增减持美债的行为存在明显的两个阶段。第一阶段是 2000 年到 2010 年，该时段的特点是美债的主要境外持有者所持美债总体上呈较平缓增持状态，少有减持行为。其中美债的主要增持方为中国、日本、英国。以中日两国增持数额变化较大，从 2000 年到 2010 年十年间，中国所持美债由 600 亿美元上升至 1.16 万亿美元，日本则由 3177 亿美元上升至约 8823 万亿美元，英国也有一定幅度的增持，其美债规模从 502 亿美元上升至 2690 亿美元。①

在第一阶段中，美债最大规模境外增持发生在 2008 年 10 月，增持 1782 亿美元，主要增持方为中国、英国和日本。中国增持 659 亿美元，占增持总额的 37%，英国增持美债约 184 亿美元（占增持总额 10.3%），

---

① 资料来源：FED，Securities Holdings and Transactions。

日本增持美债 121 亿美元（占增持总额的 6.8%）。这一阶段美债总额上最大减持发生在 2007 年 4 月，减持幅度为 281 亿美元。当月主要减持国家为英国和日本。英国减持 124 亿美元（约占减持总额的 44.1%），日本减持 58 亿美元（约占减持总额的 20.6%）。①

第二阶段为 2011 年至今，相较前一阶段这一时期美债各主要境外持有者出现减持行为，增减持波动频繁。② 在第二阶段，从总额上看，美债总额增加最多的是 2011 年 9 月，增持幅度为 943.7 亿美元。当月主要增持国家为英国、日本和中国。英国增持 256 亿美元（约占增持总额的 27.1%），日本增持 202 亿美元（占增持总额的 21.4%），中国增持 113 亿美元（约占增持总额的 12%）。这一阶段美债境外持有减少最多的是 2016 年 9 月，减持幅度为 743.3 亿美元。其中比利时减持 142.6 亿美元（约占减持总额的 19.2%），日本减持 76 亿美元（约占减持总额的 10.2%），中国减持 281.1 亿美元（约占减持总额的 37.8%）。③

因此，从美债增减持总额上看，当美债境外持有总额处于减持状态，在国际市场上主要是中国、日本、英国三个国家在减持美债。当美债境外持有总额处于增持状态，在国际社会中又是日本、中国、英国在增持美债。可见，在美债的境外持有者中，中国、日本与英国的增减持美债行为与美债总额的增减持有密切的关系。

从美债总体规模而言，中国单方面增减持美债的数额占美债总额增减的比重不大，这从一方面说明了中国单方增减持美债难以对美债总体规模形成有力的冲击，但另一方面显示了美债主要境外债权者集体增减持的合力，却对美债总体规模的影响极大。

因此，促进美债境外持有者之间的金融合作，是中国将债权转化为对美国实际影响力的理性选择。实际上，美债各主要境外持有者之间具备一定的合作潜力。在债权领域内，中国同其他美债持有者都有维护自身债权利益的共同需求。在债权领域之外，美债其他持有者也有需要与

---

① 资料来源：FED, Securities Holdings and Transactions。
② 资料来源：Treasury International Capital (TIC)。
③ 资料来源：Treasury International Capital (TIC)。

美国讨价还价的领域。如何在不同时期开拓金融合作思维,以债权交换网络视角考察合作的动力,是维护债权国地位的重要途径。

3. 中国减持美债的历史数据分析

以债权交换网络的视角看,在中国减持美债的历史中,有哪些国家与中国的投资美债行为天然接近?有哪些国家与中国的行为背道而驰?

为此,笔者统计了2011—2020年中国大规模抛售美债的行为,其中当月减持量达200亿美元的抛售行为共有10次,并以此为基础观察在中国10次减持美债的时间节点上,其他美债主要持有者的美债投资行为模式。之所以选取2011—2020年作为观察时段,一是基于2011年前,包括中国在内美债的主要债权持有者总体上都在大规模增持美债,极少有减持现象的发生。二是选取观察美债主要持有者临近年份的美债投资模式,更能反映当前不同债权者总体经济实力和国际债券投资模式的特点,从而有助于预测主要美债持有者未来对美债券投资行为。(参见表6-2)

表6-2 中国大陆大规模减持美债与同时期其他境外持有者增减持行为对比(笔者自制) 单位:百万美元

时间	中国大陆	日本	英国	爱尔兰	卢森堡	比利时	巴西	瑞士	中国台湾	中国香港
2011年07月	-364	218	402	-8	6	5	1	391	-41	-39
2011年11月	-1027	-81	-109	250	203	20	3	162	104	138
2013年05月	-215	-204	58	7	73	10	-15	-23	-27	-122
2013年11月	-466	-39	18	627	42	562	-15	1	-15	171
2016年06月	-220	75	-214	-6	-10	-19	25	34	42	49
2016年07月	-337	-106	-51	-28	-35	26	20	-30	-21	19
2016年08月	-281	-76	127	45	76	-143	20	27	-7	-17
2016年09月	-413	-45	-103	30	-105	-258	-34	-54	-7	-35
2016年10月	-664	-233	85	13	46	-34	36	-53	-55	-8
2018年06月	-202	30	-25	-9	6	-2	-4	-24	16	-20
减持频数合计	10	7	5	4	3	5	4	4	6	6
数额变化	-4189	-461	188	921	302	167	37	431	-11	136

分析结果显示：2011—2020年，中国大陆于2011年7月和11月，2013年5月、11月，2016年6月至10月以及2018年6月总共10次大规模减持美债的行为，而在中国大陆10次减持行为的时间点上，日本、中国台湾、中国香港的投资行为与中国大陆接近度最高。日本除2011年7月、2016年6月、2018年6月在增持美债外，其他7个时间点也在减持美债。其次是中国台湾、中国香港，它们的美债投资行为与中国大陆的趋同度较高。

值得注意的是，卢森堡、英国、爱尔兰的美债投资行为与中国的接近度最差，特别是卢森堡，在近些年与中国大陆美债投资行为和数额上都呈负相关状态。从美债总额上看，在中国大陆大幅度减持美债情况下，英国、爱尔兰和瑞士则选择增持美债。另外，比利时的美债投资行为也与中国大陆的相关度不高。

因此，根据2011—2020年中国大陆减持美国国债的历史中，美债其他主要境外持有者的美债投资行为，可以从总体上按照与中国大陆减持美债的行为趋同度（减持行为的次数）将其他9个美债主要境外持有者进行排序，依次为：日本、中国台湾、中国香港、比利时、英国、巴西、瑞士、爱尔兰、卢森堡。（参见表6-1）

如果按照中国大陆10次大规模减持美债的历史，将除中国外的其他9个美债主要境外持有者分类，则日本、中国台湾、中国香港是与中国大陆投资行为一致的天然政策趋同者，比利时为政策不相关者，巴西、瑞士、英国、卢森堡、爱尔兰则属于明显的政策相左者。

（四）中国的美债投资战略：掌握美债主要境外持有者的"三个三分之一"

美债国际交易市场，作为世界上最具深度与广度的国际金融市场，早已形成错综复杂，甚至是美国都难以监控的复杂交易网络。因此，在美国国内才出现了要求增加境外持有者持有美债的风险评估及增加持有

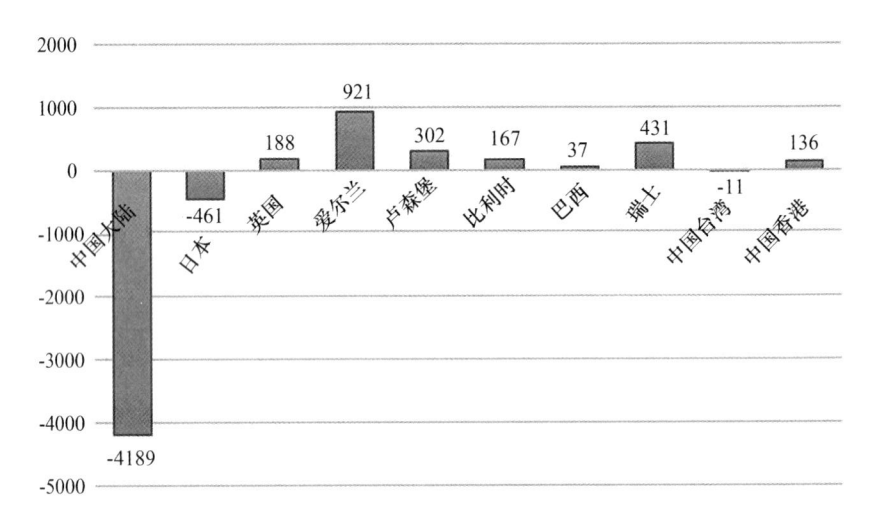

图 6-1　中国大陆大规模减持美债与同期境外持有者增减（单位：百万美元）持数额加权对比（笔者自制）

透明度的呼声。① 这说明美国政界、学界对美债为境外持有抱有高度的重视与警惕，同时也提示中国在关注美债资产的经济价值时，也应当重视拥有美债的战略意义。在中国政治经济合作的历史中，建立统一战线的政治智慧中有一种"三个三分之一"策略，即把政治力量划分为进步势力、中间势力与顽固势力，并采取发展、争取或是孤立的措施。这种政治智慧投射在债权外交上，则应当主动寻找与发现债权合作的天然同盟、中立力量或是潜在竞争者。因此，可以将美债的主要境外持有者按照与中国投资行为的相似度，分成三个三分之一，主动加深与天然同盟的合作，扩大与中国政策不相关国家或地区金融合作的渠道，并且争取在美债投资行为与中国相左的国家或地区中寻找重点突破。

假设中国在过去 20 年尚未与其他国家就美债增减持问题进行国际合作的话，那么通过对美债历史数据的分析表明：至少在不合作的自然状

---

① Daniel O. Beltran, Maxwell Kretchmer, Jaime Marquez and Charles P. Thomas, "Foreign holdings of U. S. Treasuries and U. S. Treasury Yields", *Journal of International Money and Finance*, Vol. 32, Feb., 2013, pp. 1120–1143.

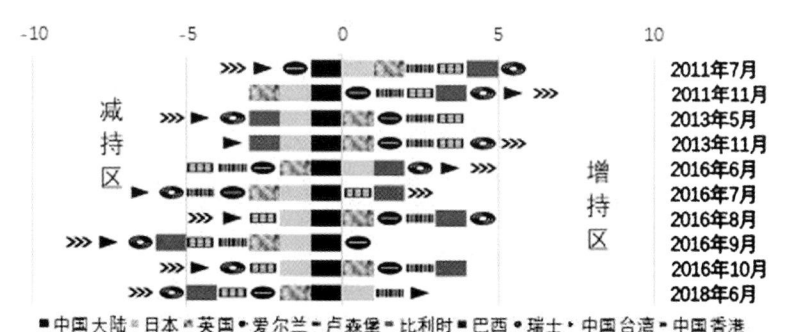

图 6-2　中国 10 次大规模减持时其他美债主要
海外持有者行为驱动情况（笔者自制）

态下，日本与中国台湾、中国香港同中国大陆在美债问题上的利益与投资行为较为一致。因此可以预期，如果解决台湾问题，实现祖国完全统一，在中国境内金融政策的协调并与日本在所持美债规模问题上协同合作，那么至少中国、日本两国在与美债高度相关问题领域中将产生相互加强的效果。届时，中国在美债持有份额将占美债境外官方持有的36.4%，如果在此基础上与日本就美债政策上实现合作，则中日将占美债境外官方持有量的 66%，约占美债总额的 10%。因此，祖国统一不仅事关民族复兴大计，也是中国债权充分发挥其效用的保障。在此基础上以债权人共同利益为纽带与日本在美债问题上协调，将开辟债权国的合作大局。

同时，中国应当争取加强与比利时在美债投资上的沟通与配合。只有如此中国才可以扩大阵营，以集体债权规模增强在债务问题上新兴国家讨价还价的能力。而从历史数据上看，瑞士、英国、卢森堡、爱尔兰通常与中国采取相左的投资行为，尤其是近年来中国开始部分减持美债时，这些国家却总体上选择增持美债，因此与这些国家在美债问题上的合作将极为困难，只能等待适当的时机有选择地纠正偏差。

总之，当我们论及中国债权影响力时，不仅包括中国债权规模以及增减持美债产生的直接影响力,还应当包括中国债权所显示的金融实力所产生的国际号召力。从交易网络上看,在国际债券投资中,主权国家之间存在大规模追随、对冲与观望的投资行为,这既是以资本逐利为目的的债券市场竞争的自发结果,也是以政治交换为目的的政府间投资协商的结果。中国作为美国的主要债权国,应当重视美债交易网络的变化,并适当利用自己的债权国地位所产生的金融影响力,进一步探讨美债国际合作的可能性。

中美债务关系一旦形成,实际上就形成了基于债务关系的相互依赖,也给予了双方破坏双边关系的权力。尽管在这种相互依赖关系中,中国是因出口导向型经济积累的大量美元而被动持有美国国债,特别是美方经济学家认为"中国对美国的需要远超越美国对中国的需要,因为过多的债务积累总是可以对债权国形成更大的风险",[1] 但两国客观上都有规避因债务关系引发金融风险以维护全球以及区域金融稳定的切实需求,并且美国客观上仍然需要中国在债务问题上的配合。

从本质上说,债务关系与投资、贸易关系是天然联系的。一方面,中美债券、无担保债券、其他债务工具和贷款交易,是中美投资关系中的重要组成部分。另一方面,进行双边贸易又是债务清偿的主要形式之一。在美国对中国负债的情况下,美国可以通过美元支付(货币支付)、商品支付以及黄金支付三种方式清偿即期债务及利息。但就货币支付而言,美国可以通过增发货币转移支付成本,从而削弱债权影响力。而用贸易支付,则需要美国向中国出口大量商品或者服务,才能满足对中国清偿债务的需求。历史上的债权大国通常出于对本国产业的保护和扶持,不主张债权国通过进口债务国的商品以清偿债务,但是却积极地利用债权促进本国商品出口,以推动本国优势工业的扩张。[2]

---

[1] Shalendra D. Sharma, "China as the World's Creditor and the United States as the World's Debtor: Implications for Sino-American Relations", *China Perspectives*, No. 4, 2010, p. 108.

[2] 1971 年前,美国首先通过马歇尔计划和租借补偿条款等贷出美元,同时利用债务谈判迫使外国用其借入的美元购买包括机器设备在内的各种美国生产的产品,由此美元实现回流,然后再借出,之后再回流。这种循环模式输出的是产品和技术,而回流的是曾经贷出去的美元。参见许平祥《"滥币陷阱"与国际体系的不稳定性》,《经济学家》2017 年第 4 期。

就中美贸易关系而言，目前美国财政政策导致其债务已经接近上限，考虑到中美贸易竞争的长期性，中国完全可以开拓债权问题上的国际合作思维，以此为契机推动中美进一步展开贸易对话。当然，应该承认，中、日目前的趋同主要是基于经济考虑（即基于美债收益、风险等因素）。如果中国基于政治考虑（即以减持美债作为杠杆在贸易问题上报复或牵制美国）减持，日本的反应将在很大程度上受到他们与美国关系的影响。所以，本书特别谨慎地强调中国、日本在减持美债上的趋同，或许是一种天然的自发行为。可以设想，如果两国在不协商的情况下已经有如此默契，那么它们无论是经济上还是政治上，合作的成本其实是较小的，但合作的收益却是超过单独一国实施债权的。而在中美双方贸易谈判中，周边国家或地区都有两面下注的倾向，这对债权合作来说，可能是个机会。中国如此规模的债权，在单独减持作用有限的情形下，应该思考如何扩大债权的影响力，服务于国家利益。

二 "一带一路"的信贷关系与中国的债权策略

中国对外债权主要由对发达国家主权债券投资（例如美国国债投资）、对低收入国家、中等收入国家以及新兴市场国家的直接贷款投资构成。对发达国家的主权债券投资尽管在份额上比重大，但是这类投资通常换手率高，也无须通过谈判签订贷款协议，更加能够显现债权的短期效应。而对主权国家的官方贷款在一定时期内会对借贷双方产生具有法律效应的约束力，从而形成稳定的合作关系，体现了债权的长期效应。中国作为债权国的义务、责任与权益随着中国对外贷款投资行为接踵而至。随着"一带一路"倡议推进，如何在"共商共建共享"理念下，建立规范、健康、长效的信贷合作关系，是维护中国在"一带一路"沿线的债权利益，从容应对大国关系深刻调整的应有之义。同时，在"一带一路"沿线采取何种信贷投资策略，事关中国承担国际责任，推动全球经济增长，实现国际社会共同发展进步的成效。

1. 中国对"一带一路"沿线国家投资的现状

"一带一路"倡议无疑是中国支持沿线国家设施建设、经济增长和社会发展的重要举措。自 2013 年"一带一路"倡议提出，至今已经有 8 年的建设历程。其间，参与"一带一路"的沿线国家由 65 个发展到中国与 171 个国家和国际组织签订合作协议。① 为推动沿线国家的互联互通，逐步加强金融政策协调和双边金融合作，成为高质量共建"一带一路"的重要内容。聚焦至对外投资领域，中国在"一带一路"沿线的投资数额、投资风险评估和投资中介机构的发展都取得了进步。在投资数额上，从 2013—2018 年，中国对"一带一路"沿线的投资已经超过 900 亿美元。② 在投资风险评估上，中国发布《"一带一路"债务可持续性分析框架》，为官方和私人机构投资提供参考；而在机制建设上，随着丝路基金（Silk Road Fund）的设立、亚洲基础设施投资银行（Asian Infrastructure Investment Bank，AIIB）、金砖国家银行（New Development Bank，NDB）的先后成立，各类银行和保险机构逐渐参与到"一带一路"建设中。截至 2019 年年末，共有 11 家中资银行在 29 个"一带一路"沿线国家设立了 79 家一级分支机构，③ 开展对外贷款业务，为各类投资建设项目提供必要的资金。

2. 中国对"一带一路"沿线国家投资的现实挑战

随着"一带一路"倡议逐渐迈向高水平发展阶段，中国将逐步为沿线国家提供包括交通、信息、科技、援助等多类区域公共产品，承担更多的国际责任。这引起了西方国家对"一带一路"倡议的复杂回应。世界各国从各自利益出发，形成了对"一带一路"倡议的不同立场。日本从战略竞争的视角出发，担心"一带一路"的沿线国家对中国产生债务依赖，进而侵蚀国际商业标准；印度则基于国家安全考虑反对支持"一带一路"；④ 欧盟对"一带一路"的态度并不统一，在法国明确表示对"一带一路"合作保持开放态度的情况下，德国则更加担心该倡议会通过

---

① 资料来源：《我国已签署共建"一带一路"合作文件 205 份》，中国一带一路网，https://www.yidaiyilu.gov.cn/xwzx/gnxw/163241.htm，2021 年 1 月 30 日。

② 王雨萧、于佳欣：《我国对"一带一路"沿线国家直接投资超 900 亿美元》，中国一带一路网，https://www.yidaiyilu.gov.cn/xwzx/gnxw/86349.htm，2019 年 4 月 19 日。

③ 张末冬：《中资银行在"一带一路"沿线国家设立 79 家一级分支机构》，中国一带一路网，https://www.yidaiyilu.gov.cn/xwzx/bwdt/127431.htm，2020 年 5 月 24 日。

④ Daniel Kliman and Abigail Grace, *Views of the Belt and Road From Select U. S. Allies and Partners: Addressing China's Belt and Road Strategy*, Center for a New American Security, 2018.

提倡中国商业产品的标准损害德国商业利益。而对于大部分较为贫穷的欧洲南部以及东欧地区国家，"一带一路"得到了广泛的支持。但是对于欧盟领袖来说，他们担心对该倡议的表态将加剧欧洲的分裂。[1] 简言之，由于"一带一路"惠及很多中小国家和欠发达国家，因此对该倡议保持友好合作的态度和希望。而对于国际社会中的大国，则更多地从竞争视角去理解这一倡议的影响。

仅就中国对"一带一路"沿线国家对外贷款而言，就存在着"贡献""威胁"和"陷阱"三种褒贬不一的论调。[2] 正确回应国际社会对"一带一路"的不同声音需要释放更加精准的经济外交信号。显然，中小国家对"一带一路"的支持与参与是因为他们的主要诉求是经济收益。因此他们需要与中国提升经济合作水平，深化金融合作以巩固业已形成的合作关系。而大国对该倡议的谨慎则反映了安全和政治顾虑，这需要中国用经济收益和商业化原则淡化倡议中的地缘政治考虑。

因此，国内已有政府机关、科研机构和部分学者将研究视角重点集中于"一带一路"的经济金融路径，特别是"一带一路"的投资风险问题。例如社科院世界政治与经济研究所发布《中国对外直接投资与国家风险报告（2017）》，主要针对"一带一路"地区投资情况和投资风险进行评估，并提供对策；中央财经大学发布的《"一带一路"投资风险报告2019》则从项目与工程视角出发，评估中国企业走出去的瓶颈与困难。中国人民大学出版《2019"一带一路"能源资源投资政治风险评估报告》，以能源与资源风险评估见长。[3] 尽管既有成果已经从债务、项目、能源等不同视角全面评估了"一带一路"倡议实际面对的经济、政治与

---

[1] Daniel Kliman and Abigail Grace, *Views of the Belt and Road From Select U. S. Allies and Partners: Addressing China's Belt and Road Strategy*, Center for a New American Security, 2018.

[2] 钟飞腾、张帅：《地区竞争、选举政治与"一带一路"债务可持续性——剖析所谓"债务陷阱外交"》，《论外交评论》2020年第1期；周玉渊：《中国在非洲债务问题的争论与真相》，《西亚非洲》2020年第1期。

[3] 参见中债资信评估有限责任公司、中国社会科学院世界经济与政治研究所：《中国对外直接投资与国家风险报告（2017）》，社会科学文献出版社2017年版；中央财经大学：《"一带一路"投资风险报告2019》以及许勤华主编：《2019"一带一路"能源资源投资政治风险评估报告》，国务院能源与资源战略研究中心发布，中国人民大学国家发展与战略研究院2019年版。

安全风险。但是对沿线国家的信贷交易网络分析仍缺乏系统深入的研究。

与上述研究视角不同，信贷交易网络分析重点关注"一带一路"主要沿线国家在2013年之前的债权国主要是哪些国家？这些国家在"一带一路"范围内重点对哪些国家有何种规模的贷款投资？哪些国家既是世界主要大国的投资对象同时是中国"一带一路"贷款与投资的重点国家？中国在成为"一带一路"沿线国家主要债权国后，信贷交易网络出现了何种变化？哪些债务国在整个债权交易网络中的交易节点最多、中心度最高？以交易网络视角，在大国关系深刻调整的背景下，中国应该采取何种贷款投资策略？

简言之，大国主导的世界信贷交易网络中，新兴债权力量的崛起参与"织网"的过程必然艰辛。中国选择何种策略，既涉及中国对"一带一路"贷款收益的经济问题，又是债权大国在"一带一路"沿线最大的政治。对上述问题的回答，将有助于深刻认识基于债权关系的大国竞争与合作的来源，并在此基础上对中国的债权战略做系统考量。

3."一带一路"沿线国家债权交易网络特点

分析"一带一路"沿线国家债权交易网络特点的两个重要变量是节点数量与中心度。就债权交易网络关系的节点而言，主要指参与信贷交易国家的数量。而中心度则指各节点之间的关系重要性。各节点之间建立连接的数量可以在一定程度上反映关系的中心度。如果某一债权国在交易体系中所对应的债务国数量越多，那么该债权国在交易体系中就越居于中心位置。相应地，可以吸引更多方贷款投资的债务国也在信贷体系中拥有一定的地位，它是中心度最高的债务国。根据债权交易网络的两个重要变量观察"一带一路"沿线国家债权，可以发现：

第一，"一带一路"的债权交易网络不断扩展，中国成为沿线国家最主要债权国之一。

"一带一路"倡议提出至2021年1月，中国与171个国家和国际组织，签署了205份共建"一带一路"合作文件，信贷合作的范围由亚欧扩展至非洲、拉美、南太、西欧等地区。从债权国视角来看，美国、日本、英国、欧盟等世界主要债权大国以及IMF、WB等国际金融组织都与"一带一路"沿线国家建立了不同程度的信贷关系。部分国家并非中国

"一带一路"倡议的合作国家,但却是债权交易体系的中心国家。2019年世界银行发布的《世界债务统计》数据显示,中国对"一带一路"沿线国家的贷款逐渐增加,同时美国、日本、英国、欧盟对该地区的贷款也没有大幅减少。更加充裕的资本有利于沿线国家搭乘大国发展的快车,推动国家社会经济进步。

第二,"一带一路"沿线国家获取对外贷款的能力差异较大。

2013年世界银行的世界债务数据库显示了"一带一路"倡议之前的沿线国家获得外部贷款的能力。其中,部分东欧国家如保加利亚、罗马尼亚几乎很难获得世界主要债权国的投资。数据显示,若以投资对象国的中心度作为参考指标,参与"一带一路"的沿线国家中,东欧国家较难获得来自日本、美国、英国、欧盟等主要债权国的贷款,中心度最低。北马其顿、波黑、黑山、摩尔多瓦、亚美尼亚、黎巴嫩等国中心度次之,获得了英国、美国、日本等主要债权国的贷款,同时中国对这些国家的贷款投资较为有限。而阿尔巴尼亚、阿富汗、阿塞拜疆、埃及、巴基斯坦、白俄罗斯、东帝汶、菲律宾、格鲁吉亚、哈萨克斯坦、吉尔吉斯斯坦、柬埔寨、老挝、黎巴嫩、马尔代夫、马来西亚、蒙古国、孟加拉国、缅甸、尼泊尔、塞尔维亚、斯里兰卡、塔吉克斯坦、泰国、土耳其、土库曼斯坦、乌克兰、乌兹别克斯坦、叙利亚、也门、伊拉克、伊朗、印度、印度尼西亚、约旦、越南等国的中心度最高,可以获得世界主要债权国以及国际组织的贷款投资。

第三,"一带一路"沿线国家的债权交易网络具有明显的地域集中性,受地缘政治的影响较大。

首先,美国作为世界霸主利益分布最广,其债权投资范围也最大。具体到"一带一路"沿线国家中,美国贷款投资重点集中于中东、南亚、东南亚区域。按照获得美国贷款数额由高至低排序,约旦、阿富汗、叙利亚、也门、伊拉克、巴基斯坦、孟加拉国、印度尼西亚、乌克兰、黎巴嫩、尼泊尔、缅甸、印度、越南、菲律宾、柬埔寨为获得美国贷款较多的国家。可见,大中东地区依旧是美国经济外交战略的重点。但同时东南亚国家在美债权网络的地位逐渐上升,体现了美国对中国在东南亚国家地缘政治安全顾虑。

其次，欧盟对"一带一路"沿线国家外贷款投资重点在集中于中东、南亚区域的同时，高度重视对东欧区域的影响力。按照获得欧盟贷款数额由高至低排序，叙利亚、阿富汗、土耳其、塞尔维亚、印度、乌克兰、埃及、格鲁吉亚、伊拉克、阿尔巴尼亚、黎巴嫩、孟加拉国、约旦、也门、黑山、巴基斯坦、摩尔多瓦吸纳了大部分来自欧盟的贷款。这种贷款投资分布体现了欧盟立足于欧洲区域一体化战略，同时将重点集中于中东的能源政治思想。

再次，日本作为位于亚洲的债权大国，投资重点集中于南亚、东南亚、西亚、中亚。按照获得日本贷款数额由高至低排名，印度、孟加拉国、缅甸、伊拉克、越南、乌兹别克斯坦、阿富汗、柬埔寨、尼泊尔、埃及、老挝、菲律宾、蒙古国、叙利亚吸收了大部分日本直接对外投资。与欧美国家相比，日本的债权分布虽然重点在东南亚，但其他重点贷款投资的国家多为在其他区域内的主要大国。特别值得注意的是日本对蒙古国、印度的贷款投资数额较高，与东南亚国家形成配合之势，地缘上对中国具有收紧之态。

最后，中国作为"一带一路"沿线的主要债权国，投资重点仍集中于亚洲，以东南亚国家为重点。新加坡、印度尼西亚、马来西亚、老挝、越南、阿联酋、柬埔寨、泰国、俄罗斯为中国重点投资国家。因投资的互补性，"一带一路"倡议并未对原有主要债权国在"一带一路"沿线国家的信贷体系产生结构性冲击。

4. "一带一路"债权交易网络中的大国关系

尽管当今世界的债权主体已经从各国政府转向了国际组织与私人信贷机构，形式由政府双边贷款为主转向了多边贷款，国际金融中债权人的内涵已经极大拓展，但信贷体系里金融中介机构的贷款行为仍具有强烈的政治性，并由大国间的权力关系主导。例如2018年世界资本流动受美国利率上升、美元升值以及大国贸易关系的影响较大。流入低收入和中等收入国家的净债务减少了28%，至5290亿美元。[①]

因此，"一带一路"信贷网络中无论借贷双方的主体以何种形式出

---

① The World Bank, International Debt Statistics 2020, p. 3.

现，资本流动分配仍是大国战略布局以及主要债权国竞争与合作的缩影，因此厘清大国关系是把握"一带一路"信贷交易网络未来形态的重要步骤。中国提出"一带一路"倡议后，逐渐与沿线国家加强了金融合作，也因此与沿线国家的既有信贷结构发生关联。那么"一带一路"倡议8年后，信贷交易体系出现有哪些新现象？中国应当如何应对？

首先，目前中国"一带一路"倡议与欧美国家在"一带一路"沿线并不存在严重的债权利益冲突，但中国仍需要对可能出现的商业与私人资本风险抱有警惕。"一带一路"债权交易网络的地缘版图中，美国和欧盟的对沿线国家的贷款投资重点首先是中东区域，日本和中国的重点仍在东南亚地区。特别是中国，在"一带一路"债权交易网络中尽管建立的节点较多，但是对许多国家的贷款规模小，并不致力于与欧美争夺债权集中区域。有鉴于此，从事美国经济战略研究的专家认为美国无须对"一带一路"沿线国家提供与中国水平相当的贷款，而仅需要保持开放的贷款投资态度，保留让"沿线国家"可以与美国合作的替代选择，[1] 以最小成本抵制中国债权的效用。然而，美国仍出于对中国债权的过度敏感而采取了诸多措施挤压中国的影响力。2019年，美国国会采取预防措施，总统财政年度预算中，将印度—太平洋地区稳定的费用纳入国防授权法案（NDAA），通过对该地区盟友提供必要的军事支援抵制所谓"一带一路"倡议带来的安全威胁。[2] 同年，美国又推出了美国国际发展金融公司牵头，日本国际协力银行（JBIC）和澳大利亚外交贸易部（DFAT）合作的"蓝点网络"计划，以建立基建标准为名，试图调动私人资本的金融力量来对冲"一带一路"倡议。[3] 对于上述举措，中国必须抱有警惕。

其次，"一带一路"沿线中的非洲国家因自身债务结构出现的问题仍较为突出，多边机构以及私人债权的发展成为该区域债务问题的重要诱

---

[1] Daniel Kliman and Abigail Grace, *Power Play: Addressing China's Belt and Road Strategy*, Center for a New American Security, 2018, p. 22.

[2] Daniel Kliman and Abigail Grace, *Power Play: Addressing China's Belt and Road Strategy*, Center for a New American Security, 2018, p. 22.

[3] 毛维准、戴菁菁：《对冲"一带一路"：美国海外基建"蓝点网络"计划》，《国际论坛》2021年第5期。

因。从现象上看，非洲撒哈拉以南地区的债务发展整体趋势与世界债务的总体趋势逆向而行。2018年年底，流向中低收入国家的净资金（债务和股权）在2018年为1万亿美元，较2017年低19%。[①] 但2018年，撒哈拉以南地区外债积累比非洲国家和其他地区增长更快，该区域一半以上的国家外债增加了一倍。其中主权债券发行持续快速攀升，创下了174亿美元的历史新高（不包括南非），为2017年的两倍多。[②] 该区域债务增长过快在于石油出口国安哥拉和尼日利亚等国的主权债券发行量增加，以及欠发达国家外债存量增长速度过快。例如埃塞俄比亚外债存量为上一年度的885%，赞比亚外债存量为上一年度的521%。[③] 但是中国并非非洲国家的主要债权人。以埃塞俄比亚的债务结构为例，2018年其外债存量为270亿美元，其中多边机构债权110亿美元，私人债权为69亿美元，以此推算中国债权的比重不会过大。[④] 而世界银行也认为，多边机构以及私人债权的发展速度增快是近些年世界债务增长的重要原因。[⑤] 非洲国家获得这些贷款投资的最根本原因仍是各国的融资需求。[⑥] 因此，非洲国家的债务问题是由债权主体变化、历史积累与融资需求等多方面原因造成，并非由"一带一路"倡议引起。

再次，世界主要债权大国未来在东南亚的债权竞争压力增加，中国需要重点评估对该地区国家的债务风险，做好预案。与非洲国家的债务问题相比，亚洲国家特别是东南亚国家的外债比重风险与潜在的战略竞争更值得关注。一方面，从债权交易网络的地缘政治上看，东南亚地区缅甸、越南、菲律宾、柬埔寨等国是美国、日本、中国共同的贷款投资重点区域，因此在该区域大国债权竞争的可能性增强。按投资规律分析，亚洲尤其是东南亚区域有部分国家在进入经济发展快速轨道的同时，也积累了相当比例的美元资产和对外债权，并不属于资本极度匮乏的国家，

[①] The World Bank, International Debt Statistics 2020, p. 3.
[②] The World Bank, International Debt Statistics 2020, p. 9.
[③] The World Bank, International Debt Statistics 2020, p. vii.
[④] The World Bank, International Debt Statistics 2020, p. 63.
[⑤] The World Bank, International Debt Statistics 2020, p. 7.
[⑥] 参见周玉渊：《中国在非洲债务问题的争论与真相》，《西亚非洲》2020年第1期。

而亚洲金融危机的历史已经提醒东亚国家关注债务比重。但是，近几年东南亚国家的外债仍在扩张，并且发生较大波动。从世界银行公布的数据来看，2018年世界外债存量处于前10位国家中包括中国、印度、印尼、泰国4个亚洲国家。①（参见图6-3）

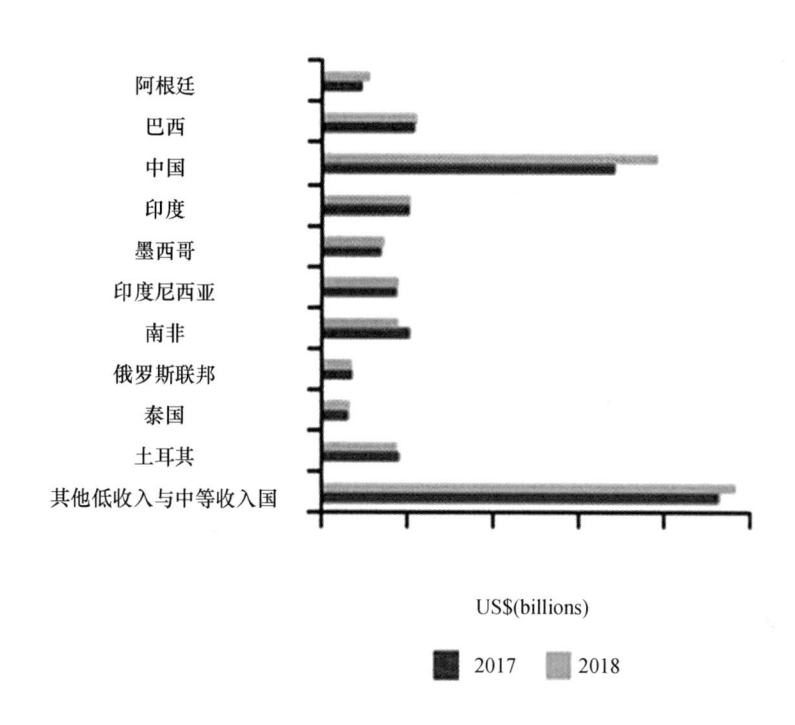

图6-3　十个主要借方国家外汇存量2017与2018年对比

因此，该区域的外债增长可能并非投资优势和经济利益驱使，而更多是大国地缘竞争的结果。鉴于东南亚区域经济金融与中国金融高度相互依赖，一旦发生债务危机则唇亡齿寒，危及人民币汇率和国家金融安全，中国应当高度重视该区域国家短期债务比例和整个债权交易体系的变化，并作详细风险评估与预测。

最后，高质量共建"一带一路"，深化金融"合作共赢"需要发展大国协调合作的多边机制。多边主义是建立开放性国际机制的重要理念。

---

① The World Bank, International Debt Statistics 2020, p. 7.

从世界信贷体系发展的趋势来看,世界多边贷款投资早已超过了主权国家政府间贷款合作。私人信贷的崛起、国际多边金融机构的发展以及债权人联盟在信贷市场中的作用日益凸显。① 随着"一带一路"合作版图的扩大,排他性的国际机制容易引起大国间的猜疑与紧张,多边合作有助于更好地提供交流互信的平台,缓解主要债权国的竞争焦虑。从目前"一带一路"倡议下的融资体系发展状况而言,虽然有 AIIB、NDB、中俄投资基金等金融机构的参与,但主要出资方还是中国,尚未形成多国出资、多边金融机构合作参与的融资体系。② 这种局面可能导致中国的融资压力增大、风险加剧。为改善这种局面,在 2017 年 9 月国际组织首脑会议上,中国邀请了国际货币基金组织、世界银行和经济合作与发展组织在内的多边融资机构,共商为"一带一路"提供融资和技术支持的可行性。③ 因此,中国应当继续推进"一带一路"的多边化合作,在对外投资过程中适当缓解大国债权竞争关系。

5. "一带一路"债权交易网络中合作共赢的策略

分析中国在"一带一路"债权交易网络如何与其他国家一道促进社会经济协调发展、实现合作共赢,重点是要回答两个问题。一是从大国债权关系的视角,中国应该在"一带一路"债权网络中与谁进行合作的问题。二是从债务关系视角,中国应当重点对谁进行贷款投资的问题。

在"一带一路"债权交易网络的地缘版图中,美国和欧盟国家对"一带一路"沿线国家对外贷款重点区域高度重合,都将对外贷款重点集中于包括约旦、阿富汗、叙利亚、也门、伊拉克、巴基斯坦、孟加拉国、乌克兰、黎巴嫩、印度这 10 个国家。同时,美国和日本对"一带一路"沿线国家对外贷款重点国家也有部分重合,印度、孟加拉国、缅甸、伊拉克、越南、阿富汗、柬埔寨、尼泊尔、菲律宾、叙利亚 10 国为美日共

---

① 王国刚:《"一带一路":建立以多边机制为基础的国际金融新规则》,《国际金融研究》2019 年第 1 期。

② 杨媛、赵子晗、骆玲:《基于"一带一路"倡议下银行对外债权管理研究》,《西部金融》2019 年第 7 期。

③ [美]哈瑞尔达·考利、利奥·扎克:《"一带一路"倡议五年回顾——基于经济视角的分析》,《国际经济合作》2019 年第 2 期。

同的主要债务国。而中国对"一带一路"沿线国家对外贷款结构与美国、欧盟国家的重合度较低，与日本的接近度最高，越南、老挝、柬埔寨等国是中日共同的债务国。从"一带一路"债权交易网络的地缘版图出发，将可能形成两种合作思路：交易网络互补与交易网络加强。

一方面，中国与美国、欧盟在"一带一路"债权关系版图上互为补充，因此在为沿线国家提供融资方面有广阔的合作空间。长期以来，美国与欧盟将中东国家和印度、哈萨克斯坦这样的区域大国作为对外贷款的重点，凸显了美国和欧盟高度重视资源投资和地缘战略投资的思路。中东国家和区域重点国家虽然因丰富的资源而具备一定的偿债能力，但维护区域稳定的政治经济成本较高，加之美国与欧盟仍需要将部分精力用于内部债务风险管控，可能会导致美国与欧洲将过多精力和对外贷款优先用于中东地缘政治稳定，从而限制了对其他区域贷款投资的规模。而维护世界金融稳定，促进国际社会经济协调发展，需要世界主要大国共同承担责任，通过国际协调为地区发展融资、避免债务危机。因此，"一带一路"沿线国家即便现在主要依赖中国提供资本，但未来的债务安全还需要大国协调与配合。如何在尊重彼此既有债权，保持信贷信息互通的情形下让更多的多边债权机构，以及美国、欧盟深度参与合作，是更好地为"一带一路"沿线国家提供融资产品、和平建设沿线国家、共享发展果实的重要建设路径。

另一方面，日本与中国在"一带一路"债权网络在东南亚地区的部分重合，这将是中日在东南亚区域加强债权合作、共同抵御亚洲金融风险以及促进东南亚共同繁荣的基础。当前，中日两国是美国最主要的债权国，同时也是东南亚地区最主要的投资国。两国经济发展模式和债权结构的相似性，可以大大降低合作的成本，增加合作收益。在"一带一路"中促进中日债权合作，可以自然形成区域内债权国与债务国更加频繁的金融互动，深化亚洲经济一体化，减少区域内中小国家的安全隐患，从而形成亚洲命运共同体。

那么，中国应当如何绘制符合中国国家利益的"一带一路"对外贷款网络？

首先，从债权关系建立的过程来看，借方国家的融资需求是获得贷款的前提与基础。按照资本逻辑，中国应当优先对具有强烈融资需求、债务清偿能力强、历史信用好、债务结构合理的"一带一路"国家贷款。因此，"一带一路"国家中资源丰富以及信用评级较好的非洲国家在近些年获得了大量外国贷款。但是，值得注意的是，美国对外贷款的投资重点国家中，东南亚国家的重要性不断上升，日本也加强了对印度、孟加拉国、缅甸、越南、柬埔寨、尼泊尔、老挝、菲律宾的投资，特别是重视对蒙古国的投资。而由美日主导的债权网络现象不利于中国的金融与政治安全。从世界银行公布的数据来看，2018年流向泰国的外商直接投资指数（FDI）增长了50%，达到133亿美元；流入南亚国家的FDI增加了6%，达到450亿美元。流入印度的FDI增长了6%，达到394亿美元。[1] 这种局面使得中国必须做好应对亚洲金融风险的准备，并且应当在战略上优先稳定与周边国家的双边以及多边信贷关系，同时加强在汇率、关税、贸易政策上的合作与协调，夯实构建亚洲命运共同体的经济基础。鉴于国家债权具有经济与政治双重属性，亚洲国家的债务可持续性则具有金融安全和政治安全的双重意义。因此，中国在"一带一路"沿线的亚洲债权网络应当做首要考虑，即亚洲更主要是东南亚中具有金融和地缘重要性的国家应当具有获得贷款的优先性。

其次，从债权网络变化上看，2018年拉丁美洲和加勒比国家的FDI流入下降了9%，为1180亿美元。[2] 这主要由于流入巴西和哥伦比亚的资金减少所致，但是世界主要债权国对拉丁美洲和加勒比国家的投资规模仍然不小。对中国而言，在金砖国家金融合作框架下，继续维持对拉丁美洲部分国家的贷款投资对促进中国在该区域的货币合作仍具战略意义。回顾英美霸权易手的历史，美国策动英帝国"金矿"南非选择美国提倡的金本位制，抛弃英国提倡的金汇兑本位制在英美币权转移的过程中作用非凡。因此，中国加强与美洲国家的金融合作，也可能在冲破美元霸权封锁的问题上有所突破。

最后，为世界欠发达地区提供发展援助，在债务危机时适当地为身

---

[1] The World Bank, International Debt Statistics 2020, p. 13.
[2] The World Bank, International Debt Statistics 2020, p. 13.

处困境中的国家提供帮助，是中国向世界提供公共产品的重要方式。这是中国作为新兴经济体对国际社会的贡献，也是中国实现"一带一路"沿线国家共同发展、共同进步的重要举措。自2013年"一带一路"倡议以来，中国已经为非洲国家提供了大量的低息贷款，并多次减免部分国家的债务。在2018年中非论坛上，中国又表示减免部分非洲国家2018年到期的债务，展现了中国作为国际社会中负责任的债权大国的形象。在未来的"一带一路"建设进程中，中国应当根据国情国力有选择地、通过单独签订协议的形式继续对世界欠发达地区提供低息贷款，防止债务危机的爆发，或者在其他国家或地区危机爆发时选择性地提供贷款援助，继续为维护世界金融安全稳定提供中国方案，做出中国贡献。

结 束 语

当今世界处于深刻的、剧烈的体系调整时期，在此期间未来秩序的不确定性，加剧了国际社会紧张关系的发酵。无论是身处权力旋涡中世界性以及区域性的大国，还是在追随、结盟、两边下注等政策选择中犹豫不决的小国，都会有共同的疑问：世界秩序究竟会走向何处？

尽量避免体系调整的世界性战争是人类的共同诉求。以往的战争理论提示世人，信息的不对称性以及国家情感的不可分割性是导致战争的主要诱因。[①] 但国际关系与人际关系一样存在"交流的无奈"。[②] 当避免战争无法简单用相互尊重和增进沟通来解决时，严肃的政治家总会思考：历史提示我们什么？

英美之间霸权转移的过程同时是英国逐渐和美国分享世界治理权力的过程。尽管这段历史发生在20世纪两次世界大战期间的特殊背景下，尽管它给世人留下的历史经验也未必完全适用于当今纷繁复杂的大国关系，但是"化敌为友"的政治智慧作为一种经验历史，仍有可能在人类历史发展的某个时期或者某一区域重现。因此，英美权力转移的案例一直是国际关系史研究的重点。以往的研究认为，制度化的克制、经济的相容以及文化的姻亲是国家之间维持长久和平之道。[③] 因此，英美之间经

[①] 焦兵：《战争的讨价还价理论：探索战争的理性主义解释》，《世界经济与政治》2009年第2期。也可参见 James Fearon, "Rationalist Explanations for War", *International Organization*, Vol. 49, No. 3 (Summer 1995), pp. 379–414.

[②] 参见［美］彼德斯：《交流的无奈：传播思想史》，何道宽译，华夏出版社2003年版。

[③] ［美］查尔斯·库普乾：《化敌为友：持久和平之道》，宋伟等译，北京大学出版社2017年版，第246页。

济相互依赖提供的利益联结是和平转移的重要原因。而英美之间相互依赖的源起在哪里？显然是信贷依赖。

但是，再紧密的信贷依赖关系也不会自发产生权力的转移。国家债权的"黏性"发挥作用的前提是国家的意愿和政策引导。就英美之间的权力转移而言，英国主动让与、美国被动接受霸权之位的叙事都显得片面，绝不能忽视美国在追求国家地位时的主观能动性。

本书以英美债权债务关系为主线，梳理了美国对英国展开战债外交的过程，呈现了美国在所谓政治"孤立主义"之外的面向。显然，一个国家在没有任何权力优势时，不参与国际事务可以被称为"孤立主义"，但当美国在债权上具有绝对优势、其债务国将争取减轻债务负担作为重要战略目标时，美国在某些时刻的"不参与"就成了一种政治策略，它迫使其债务国对美国主要外交目标进行让步。例如，在德国赔偿问题上，从美国的不参与到欧洲债务国邀请美国参与并主导赔偿问题，主要在于美国掌握债权。

以债权视角看待美国在两次世界大战期间的外交政策，会发现美国呈现出强硬、不妥协的一面。美国通过对英国贷款时处处为难、签订协议时拒绝对英国做更多让步损害着英帝国的自尊心，让英国明白经济决定权究竟属于谁。美国在英法联合取消战债、要求与德国赔偿挂钩时十分强硬地拒绝。在英国推行金汇兑本位制时又与英国针锋相对，在英国要求稳定物价时寸步不让。与此同时，用签订战债清偿协议的契机拆散了英日同盟，并且争取了发展海军军备的权力。这是典型的用债权与英国在其他领域做利益交换的过程。

这个过程对英国来说有损尊严、极为痛苦。大量英国外交档案文献中记录了英国政治家、经济学家在融资免债问题上的无奈。若英法可以联合其他债务国一同取消战债，则可以改变受制于美国的局面。但战后初期英法将防止德国死灰复燃作为重点并相互防范，再加上美国鼓励债务国竞相与美国单独谈判获得减免战债的策略，导致英法忽视了战债问题可能产生的深远影响，而分别与美国签订了偿债协议，失去了彻底取消战债的时机。

1934年，美国主要债务国纷纷停止偿债，债务问题看似已经终结了。

但在2015年3月,英国政府宣布彻底清偿了在一战期间对美负债,或许提醒了世人战债问题对英国尊严、大英帝国霸权的影响延续至今。2015年距离英国1915年第一次通过摩根公司从纽约私募市场上借钱已经过去百年,积累债务总额高达19亿英镑的战债,[①] 英国为何还要想到去偿还这笔债务？一方面是要世人铭记英国在一战中做出的贡献,但更重要的是大英帝国曾因战债问题饱受屈辱,深知美国如何用债权迫使英国步步退让,权力如何被美国蚕食,要提醒后人不忘历史。反观美国,成功运用债权的历史经验使其从来没有放松对债权的警惕,因此对中国、日本对美债权增长深感担忧,特别是对中国。每当中美关系紧张之时,中国债权武器论调从不缺席。既然如此,中国更有必要去认真研究债权的作用机制。

本书的分析框架形成于2014年年底,在当时中国作为债权大国已经提出"一带一路"倡议,并且逐渐在国际社会中建立起更广泛的信贷网络,同时中美经贸投资关系处于正常的发展时期,国际社会对中国债权的发展普遍采取观望态度。笔者认为,从新兴国家成长和体系调整的视角,中国应当树立正确的义利观,通过善用债权来维护自身的利益。但是随着形势的发展,研究中国债权显得更加必要和紧迫,一方面英国在2015年宣布彻底清偿了对美债务,提示了债权影响力之深远,另一方面2018年中美进入贸易摩擦阶段后,两国关系日趋紧张之时,国内外中国"债权反制论"开始若隐若现。2020年新冠肺炎疫情暴发后,美国国会甚至出现了冻结中国所持美债的论调。可见,无论中国是否有使用对外债权作为外交政策杠杆的意愿,中国债权潜在作用早已经备受关注。

因此,除呈现两次世界大战期间英美信贷关系与权力竞争的历史之外,本书的理论意义是试图厘清国家债权的作用机制。为此,本书建立了一个包括体系结构与债权结构、债权交易网络关系、债权发展阶段三个维度的国家债权效用理论分析框架,提出分析一国债权的效用,需要

---

① 参见张凯文《英国一战欠债2015年还清 称提醒民众勿忘历史》,《环球时报》2014年12月5日；以及《英国还清19亿英镑一战债务 包含丘吉尔当年所借》,观察者网,https://www.guancha.cn/europe/2015_03_12_312000.shtml,2015年3月12日。

先判断该国在国际体系与债权结构中的权力与位置，再具体到债权关系追踪交易网络中该国的节点多少和中心度强弱，最后在具体的债权关系中根据所处的债权阶段去判断债权实施的效果。在此基础上，本书根据目前中国债权现状，以中美信贷关系为重点分析对象，提出了中国债权"三个三分之一"的投资策略。同时，对"一带一路"沿线国家的债务问题，提出了中国参与原信贷交易网络的"织网"策略，强调要关注债权竞争与互补，重点评估债权大国未来在东南亚的债权风险。这些分析有助于中国发现"自我"能力，形成理性、合理的"交友""择友"观。

但本书并不试图解释所有权力转移的因果逻辑，因为那样需要了解更多不同权力的运行条件与规则，并提供更多的案例。书中关于国家债权效用的理论分析框架，仅采用了英美债权与其他权力之间的互动做案例，是一种初步尝试。当然，由于笔者所采用公开数据与资料仍较为有限，因此最后的政策建议部分仍显薄弱，这也是本书的不足之处。愿它可以抛砖引玉，激发更多的学者投入到关于中国债权战略的研究中。

参考文献

一 中文著作

陈平：《世纪博弈：国际货币权力与中美金融关系》，时事出版社2018年版。

李巍：《制度变迁与美国国际经济政策》，上海人民出版社2010年版。

孙海泳：《中美关系中的债务问题研究》，时事出版社2015年版。

王宏波：《第一次世界大战后美国对德国的政策（1918—1929）》，社会科学文献出版社2008年版。

王立新：《踌躇的霸权：美国崛起后的身份困惑与秩序追求（1913—1945）》，中国社会科学出版社2015年版。

王仁祥、胡国晖：《国际金融学》，武汉理工大学出版社2005年版。

王绳祖：《国际关系史（十七世纪中叶——一九四五年）》（第二版），法律出版社1986年版。

王永利：《世界金融大变局下的中国选择》，四川人民出版社2019年版。

徐蓝：《对第一次世界大战史研究的一些思考》，《世界近现代史研究》（第九辑），南开大学世界近现代史研究中心，社会科学文献出版社2012年版。

杨生茂：《美国外交政策史1775—1989》，人民出版社1991年版。

张嘉明：《超越与重塑：中国参与国际金融体系改革》，上海人民出版社2019年版。

张振江：《从英镑到美元：国际经济霸权的转移（1933—1945）》，人民出版社2006年版。

中债资信评估有限责任公司、中国社会科学院世界经济与政治研究所：《中国对外直接投资与国家风险报告（2017）》，社会科学文献出版社2017年版。

二　中文译著

［美］埃里克·赫莱纳、乔纳森·柯什纳：《金钱长城：中国国际货币关系中的权力与政治》，于海生译，华夏出版社2018年版。

［美］巴里·埃森格林：《嚣张的特权：美元的兴衰和货币的未来》，陈召强译，中信出版社2011年版。

［美］彼德斯：《交流的无奈：传播思想史》，何道宽译，华夏出版社2003年版。

［美］查尔斯·金德尔伯格：《1929—1939年世界经济萧条》，宋承先等译，上海译文出版社1986年版。

［美］查尔斯·金德尔伯格：《西欧金融史（第二版）》，许子健等译，中国金融出版社2010年版。

［美］查尔斯·库普乾：《化敌为友：持久和平之道》，宋伟等译，北京大学出版社2017年版。

［美］弗朗西斯·加文：《黄金、美元与权力：国际货币关系的政治》，严荣译，社会科学文献出版社，2011年版。

［美］杰瑞·马克汉姆：《美国金融史（第二卷）：从J.P.摩根到机构投资者》，高凤娟译，中国金融出版社2018年版。

［美］肯尼思·沃尔兹：《国际政治理论》，信强译，上海人民出版社2008年版。

［美］罗伯特·吉尔平：《国际关系政治经济学》，杨宇光等译，上海人民出版社2011年第2版。

［美］迈克尔·赫德森：《金融帝国：美国金融霸权的来源和基础》，嵇飞、林小芳等译，中央编译出版社2008年版。

［美］米尔顿·弗里德曼、安娜·J.施瓦茨：《美国货币史（1867—1960）》，巴曙松等译，北京大学出版社2009年版。

［美］罗伯特·达莱克：《罗斯福与美国对外政策1932—1945》，陈启迪

等译，商务印书馆 1984 年版。

[美] 乔纳森·赫休斯、路易斯·P. 凯恩：《美国经济史（第 7 版）》，邸晓燕、邢露等译，北京大学出版社 2011 年版。

[美] 乔纳森·科什纳：《货币与强制：国际货币权力的政治经济学》，李巍译，上海人民出版社 2013 年版。

[美] 约翰·S. 戈登：《伟大的博弈——华尔街金融帝国的崛起》，祁斌译，中信出版社 2005 年版。

[美] 约翰·S. 戈登：《财富的帝国》，董宜坤译，中信出版社 2007 年版。

[日] 富田俊基：《国债的历史》，彭曦等译，南京大学出版社 2011 年版。

[英] 尼亚尔·弗格逊：《金钱关系——现代世界中的金钱与权力》，蒋显璟译，东方出版社 2007 年版。

三 中文论文

巴曙松：《如何看待当前中国的债权国地位》，《文汇报》2010 年 9 月 6 日。

巴曙松、顾磊、严敏：《我国国际收支结构与人民币国际化研究》，《中国国情国力》2013 年第 2 期。

蔡亮：《后日元贷款时代日本对华 ODA 的特征、影响及走势》，《国际论坛》2011 第 5 期。

陈巨山：《东欧的债务负担》，《今日苏联东欧》1983 年第 2 期。

陈新平：《美国国债：中国的两难问题》，《宏观经济管理》2009 年第 9 期。

崔真、李慧：《中、日、德债权国投资收益比较研究》，《金融与经济》2010 第 12 期。

樊勇明：《金砖国家合作与亚洲多元发展》，《复旦学报》（社会科学版）2013 年第 6 期。

高海红、余永定：《人民币国际化的含义与条件》，《国际经济评论》2010 年第 1 期。

高际香：《俄罗斯外债问题》，《俄罗斯中亚东欧研究》2008 年第 1 期。

高凌云、苏庆义：《中国参与构建合理有效全球经济治理机制的战略举措》，《国际贸易》2015年第6期。

高占军：《中国该不该打美国国债牌？》，《财新周刊》2018年第4期。

郭辉、郇志坚：《丝绸之路经济带沿线国家外债风险评估和偿债能力分析》，《西伯利亚研究》2017年第3期。

郭新明、郇志坚：《哈萨克斯坦外债问题分析》，《俄罗斯中亚东欧研究》2009年第6期。

何帆、张明：《国际货币体系不稳定中的美元霸权因素》，《财经问题研究》2005年第7期。

何泽荣、严青、陈奉先：《东亚经济体外汇储备库建设的利益博弈》，《当代经济研究》2014年第2期。

胡毓源：《一次大战后的战债问题与美国的对外关系》，《上海师范大学学报》（哲学社会科学版）1985年第4期。

黄正柏、梁军：《从冲突到和解：近代英美关系考察》，《史学集刊》2006年第5期。

焦兵：《战争的讨价还价理论：探索战争的理性主义解释》，《世界经济与政治》2009年第2期。

金泓汛：《战后各国对外投资的形式和流向》，《世界经济研究》1986年第3期。

金玲：《欧非关系转型——从"依附"到"平等"》，《国际问题研究》2008年第3期。

李长春：《最大债权国困境与人民币国际化关系研究》，《亚太经济》2011年第3期。

李稻葵、刘霖林：《人民币国际化：计量研究及政策分析》，《金融研究》2008年第11期。

李石凯：《美国国际投资头寸的规模与结构变迁》，《广东金融学院学报》2007年第3期。

李巍：《货币竞争的政治基础——基于国际政治经济学的研究路径》，《外交评论》2011年第3期。

李潇、郑辉：《中国购买美国国债与美国长期利率之谜的实证研究》，《世界经济情况》2012 年第 6 期。

李豫：《创建有国际话语权的中国品牌信用评级机构》，《金融理论与实践》2010 年第 4 期。

李忠：《国际债权比较：历史与现实》，《上海金融》2013 年第 7 期。

梁军、章博：《试论大国霸权的和平转移——以英美互动为个案》，《社会主义研究》2008 年第 4 期。

梁军、黄正柏：《冲突与合作：霸权转移视野下的现代英美关系考察（1914—1947）》，《史学集刊》2011 年第 6 期。

廖泽芳、詹新宇：《不成熟债权国、估值效应与中国的财富流失风险》，《当代经济科学》2012 年第 1 期。

林连连：《试述欧洲货币借贷协议》，《国外法学》1987 年第 6 期。

陆钢：《战后金融外交与美国金融霸权》，《华东师范大学学报》（哲学社会科学版）2000 年第 5 期。

鲁世巍：《美元霸权的历史考察》，《国际问题研究》2004 年第 4 期。

毛洪坤：《俄罗斯政府国外资产及其对外债问题解决的影响》，《国际论坛》2004 年第 3 期。

门洪华：《权力转移、问题转移与范式转移——关于霸权解释模式的探索》，《美国研究》2005 年第 3 期。

潘兴明：《英美霸权转移的历史考察》，《北京大学学报》（哲学社会科学版）2015 年第 5 期。

秦亚青：《关系本位与过程建构：将中国理念植入国际关系理论》，《中国社会科学》2009 年第 3 期。

邱昌情、刘二伟：《政治大国视域下的印度对非洲经济外交探析》，《南亚研究》2012 年第 1 期。

任琳：《金融与霸权关系的悖论》，《国际政治科学》2020 年第 1 期。

石巧荣：《中国债权国地位与国际投资调控策略》，《国际金融研究》2010 年第 4 期。

施俦：《论世界债权格局的变迁》，《世界经济》1988 年第 11 期。

石瑜珩、戴宇：《20 世纪 20 年代英国的远东均势政策及其对英日关系的影响》，《史学月刊》2017 年第 4 期。

宋国友：《中国购买美国国债：来源、收益与影响》，《复旦学报》（社会科学版）2008年第4期

宋国友：《美元陷阱、债务武器与中美金融困境》，《国际观察》2010年第4期。

苏治、李进：《人民币还是亚元：东亚货币合作路径选择》，《求是学刊》2013年第4期。

苏琳、罗洋、何利辉：《中国的金融权力与国际政治影响力：影响与制约因素》，《经济研究参考》2012年第20期。

孙海泳、李庆四：《美债问题对中美关系的影响》，《教学与研究》2012年第10期。

滕淑娜：《论20世纪初英国关税改革与自由贸易之争》，《世界史研究》2016年第8期。

田肖红：《论胡佛政府的还债政策》，山东师范大学博士学位论文，2010年。

王珵、胡磊：《波兰外债状况及其前景》，《今日苏联东欧》1987年第2期。

王东京：《国际投资结构论》，《江淮论坛》1990年第4期。

王公龙：《权力转移及其对世界政治发展的影响》，《国际论坛》2009年第4期。

王国刚：《"一带一路"：建立以多边机制为基础的国际金融新规则》，《国际金融研究》2019年第1期。

王钦：《外债的定义与相关的问题》，《国际金融研究》1988年第4期。

王晓凤：《非洲债务与可持续发展研究》，上海师范大学硕士学位论文，2015年。

王珏：《英美不同霸权体系下的债权国地位》，《教学与研究》2009年第6期。

王迎新：《中国对外援助与外贸、对外投资的协调发展》，《经济研究参考》2013年第56期。

巫强、王嘉：《中国持有美国国债规模影响因素的实证分析》，《南京大学学报（哲学·人文科学·社会科学）》2010年第6期。

吴官政：《人民币国际化目标定位及路径分析》，《经济学家》2012年第2期。

吴婷婷：《中国金融国际化程度的实证研究》，《国际金融研究》2012年第1期。

项卫星、王冠楠：《中美经济相互依赖关系中的"债务人逻辑"》，《世界经济研究》，2014年第9期。

谢世清、修忆：《希腊主权债务危机的演变和援助效果评析》，《宏观经济研究》2017年第7期。

徐珺：《从债权国到债务国——美国国际债务模式转变的逻辑分析》，《世界经济研究》2011年第10期。

徐辰、王伶：《对外借款协议谈判中的财务分析》，《国际金融研究》1992年第10期。

徐开屏：《孤立主义还是国际主义——欧洲战债与战后美国外交》，《南京工程学院学报》2006年第4期。

徐振伟：《英美博弈与英国回归金本位》，《历史教学：高校版》2012年第4期。

徐振伟、徐园园：《一战后英美战债问题评析》，《云梦学刊》2009年第5期。

徐煜：《论20世纪20年代英美的经济矛盾与竞争》，《湖北师范学院学报》2007年第3期。

许平祥：《"滥币陷阱"与国际体系的不稳定性》，《经济学家》2017年第4期。

许祥云：《日元国际化及其对人民币的启示》，复旦大学博士学位论文，2011年。

薛力、肖欢容：《中国对外援助在柬埔寨》，《东南亚纵横》2012年第12期。

杨长湧：《人民币国际化可能的路线图及相关问题分析》，《国际金融研究》2010年第11期。

杨鸿玺、陈开明：《中国对外援助：成就、教训和良性发展》，《国际展望》2010年第1期。

杨雨青、程宝元：《对抗战时期美国对华借款的比较研究》，《史学月刊》2007年第6期。

杨媛、赵子晗、骆玲：《基于"一带一路"倡议下银行对外债权管理研究》，《西部金融》2019年第7期。

叶继海：《一战后法国抵制偿还战债原因探析》，《和田师范专科学校学报》（汉文综合版）2004年第1期。

叶江：《论当前国际体系中的权力扩散与转移——及其对国际格局的影响》，《上海行政学院学报》2013年第2期。

苑爽：《两次世界大战后美国处理德国战争赔偿问题的政策演变》，华东师范大学博士论文，2008年。

詹向阳、邹新、程实：《希腊杠杆撬动全球经济——希腊主权债务危机的演变、影响和未来发展》，《国际金融研究》2010年第7期。

张纯威、石巧荣：《金融债权大国崛起动因与效应分析》，《财贸经济》2010年第11期。

张明：《中国投资者是否是美国国债市场上的价格稳定者》，《世界经济》2012年第5期。

张茉楠：《全球财富分配失衡格局下的中国债权》，《中国经贸》2010年第9期。

张茉楠：《提升债权国地位 扭转全球财富分配失衡》，《中国经贸导刊》2010年第17期。

张启迪：《抛售美国国债对美国影响的分析》，《金融理论与教学》2017年第4期。

赵坤：《提升债权国地位扭转全球财富分配失衡刻不容缓》，《发展研究》2010年第11期。

周旭东、车致远：《债务问题与大国关系（1917—1940）》，《浙江师范大学学报》2019年第4期。

周玉渊：《中国在非洲债务问题的争论与真相》，《西亚非洲》2020年第1期。

朱炳文：《日本的援助贷款》，《经济研究参考》1993年第Z2期。

朱锋：《"权力转移"理论：霸权性现实主义？》，《国际政治研究》2006

年第 3 期。

朱光海、冯宗宪：《案例研究：外国政府贷款与国际金融组织贷款条件比较分析》，《企业经济》2006 年第 1 期。

［德］H. J. 哈恩、黄列：《国际货款协议》，《环球法律评论》1991 年第 6 期。

［哈］托卡耶夫，何希泉：《哈萨克斯坦的欧亚国家地位及多方位外交》，《现代国际关系》1993 年第 12 期。

［美］哈瑞尔达·考利、利奥·扎克：《"一带一路"倡议五年回顾——基于经济视角的分析》，《国际经济合作》2019 年第 2 期。

［美］罗纳德·麦金农，张晓莹：《不成熟债权国的困境：中国汇率弹性之反思》，《中国金融》2010 年第 22 期。

［美］沃尔特·拉塞尔·米德，朱雅文：《美国的粘性权力》，《国外社会科学文摘》2004 年第 8 期。

［日］宫崎義一，金洪云：《债务国美国和债权国日本——霸权国家的交替会发生吗?》，《社会科学战线》1987 年第 3 期。

［日］藤山一樹：《英米戦債協定の成立とイギリス外交、一九二〇——一九二三年》，日本国際政治学会編『国際政治』第 180 号「国際政治研究の先端 12」（二〇一五年三月）。

［苏］A. M. 贝洛夫，陈招顺：《八十年代美国跨国银行的战略调整》，《外国经济与管理》1987 年第 6 期。

［英］约翰·罗斯：《中国金融领域优势的国际比较》，《中国金融》2011 年第 15 期。

四 英文著作

Adair Turne, *Between Debt and the Devil: Money, Credit, and Fixing Global Finance*, Princeton and Oxford: Princeton University Press, 2016.

Adam A. Millsap, *Dayton: The Rise, Decline, and Transition of an Industrial City*, Columbus, OH: The Ohio State University Press, 2019.

Adam Tooze, *The Deluge: The Great War and the Remaking of Global Order, 1916~1931*, New York: Viking Penguin, 2014.

AkiraIriye, *The Cambridge History of American Foreign Relations Volume Ⅲ: The Globalizing ofAmerican, 1913 ~ 1945*, New York: Cambridge University Press, 2013.

Alan P. Dobson, *Anglo-American Relations in the Twentieth Century: Of Friendship, Conflict, and the Rise and Decline of Superpowers*, New York: Routledge, 1995.

Alastair Iain Johnston, *Cultural Realism: Strategic Culture and Grand Strategy in Chinese History*, Princeton: Princeton University Press, 1995.

Andrew L. Yarrow, *Forgive Us Our Debts: The Intergenerational Dangers of Fiscal Irresponsibility*, New Haven: Yale University Press, 2008.

Andrew Walter, *World Power and World Money: The Role of Hegemony and International Monetary Order*, New York: St. Martin's Press, 1991.

Anna Michalski and Zhongqi Pan, *The EU-China Strategic Partnership Challenges and Prospects in a Changing World*, Stockholm: The Swedish Institute for European Policy Studies, 2015.

Anne Orde, *British Policy and European Reconstruction after the First World War*, Cambridge: Cambridge University Press, 1990.

Austin Robinson and Donald Moggridge, *The Collected Writings of John Maynard Keynes, Volume IV: A Tract on Monetary Reform*, New York: Cambridge University Press, 2013.

A. K. Chesterton, *The Menace of the Money Power: An Analysis of World Government by Finance*, Bristol: Yeoman Press, 1946.

Barry Eichengreen, *Golden Fetters: The Gold Standard and the Great Depression, 1919 ~ 1939*, New York: Oxford University Press, 1996.

Bartholomew Paudyn, *Credit Ratings and Sovereign Debt: The Political Economy of Creditworthiness through Risk and Uncertainty*, New Yor: Palgrave Macmillan, 2014.

Basil Collier, *The War in the Far East 1941 ~ 1945: A Military History*, London: Heinemann, 1969.

Benjamin J. Cohen, *Currency Power: Understanding Monetary Rivalry*, Princeton and Oxford: Princeton University Press, 2015.

Benn Steil and Robert E. Litan, *Financial Statecraft: The Role of Financial Markets in American Foreign Policy*, New Haven: Yale University Press, 2006.

Bruce Kent, *The Spoils of War: The Politics, Economics and Diplomacy of Reparations, 1918~1932*, Oxford: Clarendon Press, 1989.

B. J. C. McKercher ed., *Anglo-American Relations in the 1920s: The Struggle for Supremacy*, London: Macmillan Press, 1991.

B. J. C. McKercher, *Transition of Power: Britain's Loss of Global Pre-eminence to the United States, 1930~1945*, New York: Cambridge University Press, 1999.

Carole Fink, Axel Frohn and Jurgen Heideking, *Genoa, Rapallo, and European Reconstruction in 1922*, Cambridge: Cambridge University Press, 1991.

Charles H. Feinstein, Peter Temin and Gianni Toniolo, *The World Economy between the World Wars*, New York: Oxford University Press, 2008.

Charles P. Kindleberger, *Power and Money: The Economics of International Politics and the Politics of International Economics*, New York: Palgrave Macmillan, 1970.

Christopher Chase-Dunn, *Global Formation: Structures of the World Economy*, Cambridge, MA: Basil Blackwell, 1989.

Christopher Hall, *Britain, America, and Arms Control, 1921~1937*, New York: St. Martin's Press, 1987.

Cyrus Veeser, *A World Safe for Capitalism: Dollar Diplomacy and America's Rise to Global Power*, New York: Columbia University Press, 2002.

C. Ered Bergsten ed., *International Adjustment and Financing: The Lessons of 1985~1991*, Washington, DC: Institute for International Economics, 1992.

David Graeber, *Debt: The First 5,000 Years*, New York: Melville House, 2011.

David M. Andrew ed., *International Monetary Power*, Ithaca, N. Y: Cornell University Press, 2006.

Donald Moggridge ed. , *The Collected Writings of John Maynard Keynes*, Vol. IX, *Essays in Persuasion*, NewYork: Cambridge University Press, 2013.

Edwin Walter Kemmerer, *Gold and the Gold Standard: The Story of Gold Money Past, Present and Future*, New York and London: McGraw-Hill Book Company, Inc. , 1944.

Edward M. Lamont, *Ambassador from Wall Street: The Story of Thomas W. Lamont, J. P. Morgan's Chief Executive*, Lanham: Madison Books, 1994.

Emily S. Rosenberg, *Finacial Missionaries to the World: The Politics and Culture of Dollar Diplomacy, 1900 ~ 1930*, Cambridge, MA: Harvard University Press, 1999.

Era Dabla-Norris ed. , *Debt and Entanglements between the Wars*, Washington, DC: International Monetary Fund, 2019.

Eric Helleiner, *The Great Wall of Money: Politics and Power in China's International Monetary Relations*, New York: Cornell University Press, 2014.

Eric Helleiner and Jonathan Kirshner, eds. , *The Great Wall of Money: Power and Politics in China's International Monetary Relations*, Ithaca, NY: Cornell University Press, 2014.

Eric P. Kaufmann, *The Rise and Fall of Anglo-America*, Cambridge, MA: Harvard University Press, 2004.

E. H. Carr, *International Relations between the Two World Wars, 1919 ~ 1939*, London: Macmillan, 1947.

Fareed Zakaria, *From Wealth to Power: The Unusual Origins of America's World Role*, Princeton: Princeton University Press, 1998.

Foster Rhea Dulles, *America's Rise to World Power, 1898 ~ 1954*, New York: Harper & Row, 1963.

Frances Hutchinson, Mary Mellor and Wendy Olsen, *The Politics of Money: Towards Sustainability and Economic Democracy*, London: Pluto Press, 2002.

Francis Wrigley Hirst and John Ernest Allen, *British War Budgets*, London: Oxford University Press, 1926.

Francis Wrigley Hirst, *The Consequences of the War to Great Britain*, London:

Oxford University Press, 1934.

Frank Costigliola, *Awkward Dominion: American Political, Economic, and Cultural Relations with Europe, 1919~1933*, Ithaca: Cornell University Press, 1984.

George W. Liebmann, *Diplomacy between the Wars: Five Diplomats and the Shaping of the Modern World*, London: I. B. Tauris & Co Ltd, 2008.

Gordon Martel, *A Companion to International History 1900~2001*, Malden, MA: Blackwell Publishing, 2007.

Haley J. Swedlund, *The Development Dance: How Donors and Recipients Negotiate the Delivery of Foreign Aid*, London: Cornell University Press, 2017.

Hans Wolfgang Singer and Soumitra Sharma, eds., *Economic Development and World Debt*, New York: St. Martin's Press, 1989.

Harold G. Moulton and Leo Pasvolsky, *War Debts and World Prosperity*, New York: The Century Company, 1932.

Harvey E. Fisk, *The Inter-Ally Debts: An Analysis of War and Post-War Public Finance, 1914~1923*, New York: Bankers Trust Company, 1924.

Herbert Feis, *Europe: The World's Banker, 1870~1914: An Account of European Foreign Investment and the Connection of World Finance with Diplomacy before the War*, New Heaven: Yale University Press, 1930.

Herbert Feis, *The Diplomacy of The Dollar, First Era 1919~1932*, Baltmore: Johns Hopkins Press, 1950.

Herbert Hoover, *The Memoirs of Herbert Hoover: Year of Adeventure, 1874~1920*, New York: Macmillan Company, 1951.

H. P. Willmott, *The Last Century of Sea Power, Volume Two: From Washington to Tokyo, 1922~1945*, Bloomington: Indiana University Press, 2010.

Ian H. Nish, *Alliance in Deciline: A Study in Anglo-Japanses Relations, 1908~1923*, London: Bloomsbury Academic, 2012.

Ian M. Drummond, *British Economic Policy and the Empire, 1919~1939*, New York: Routledge, 2005.

James Goodwin Hodgson, *Cancellation of International War Debts*, New York:

H. W. Wilson Company, 1932.

James Raymond Vreeland and Axel Dreher, *The Political Economy of the United Nations Security Council: Money and Influence*, New York: Cambridge University Press, 2014.

James Thayer Gerould and Laura Shearer Turnbull, eds., *Selected Articles on Interallied Debts and Revision of the Debt Settlements*, New York: H. W. Wilson Company, 1928.

Jay Sexton, *Debtor Diplomacy: Finance and American Foreign Relations in the Civil War Era 1837~1873*, New York: Oxford University Press, 2005.

Jeffrey W. Taliaferro, Jeffrey W. Taliaferro and Steven E. Lobell, eds., *The Challenge of Grand Strategy: The Great Powers and the Broken Balance between the World Wars*, New York: Cambridge University Press, 2012.

Jerome E. Roos, *Why Not Default? The Political Economy of Sovereign Debt*, Princeton: Princeton University Press, 2019.

Joan Hoff Wilson, *American Business and Foreign Policy, 1920~1933*, Lexington: The University Press of Kentucky, 1971.

John Steele Gordon, *An Empire of Wealth: The Epic History of American Economic Power*, New York: Harper Collins Publishers, 2004.

Jonathan Kirshner, *Currency and Coercion: The Political Economy of International Monetary Power*, Princeton: Princeton University Press, 1997.

Katherine A. S. Sibley, *A Companion to Warren G. Harding, Calvin Coolidge and Herbert Hoover*, Malden, MA: Wiley Blackwell, 2014.

Kaushik Basu, *The International Debt Problem, Credit Rationing and Loan Pushing: Theory and Experience*, Princeton: Princeton University Press, 1991.

Kevin Phillips, *Bad Money: Reckless Finance, Failed Politics, and the Global Crisis of American Capitalism*, New York: Penguin Group Inc., 2009.

Leonard Gomes, *German Reparations, 1919~1932: A Historical Survey*, London: Palgrave Macmillan, 2010.

Leonardo Weller, *Sovereign Debt Crises and Negotiations in Brazil and Mexico*,

1888~1914, New York: Palgrave Macmillan, 2018.

Lisa L. Martin, *Coercive Cooperation: Explaining Multilateral Economic Sanctions*, Princeton: Princeton University Press, 1992.

L. Randall Wray, *Credit and State Theories of Money*, Northampton: Edward Elgar, 2004.

Malcolm D. Kennedy, *The Estrangement of Great Britain and Japan, 1917~1935*, Berkeley and Los Angeles: University of California Press, 1969.

Malcolm D. Kennedy, *The Problem of Japan*, London: Nisbet and Co, 1935.

Manfred Jonas, *Isolationism in America 1935~1941*, Ithaca: Cornell University Press, 1966.

Marcos Arruda, *External Debt: Brazil and the International Financial Crisis*, London: Pluto Press, 2000.

Marco Fanno, *Normal and Abnormal International Capital Transfers*, Minneapolis: University of Minnesota Press, 1939.

Margaret Olwen Macmillan, *Peacemakers: The Paris Conference of 1919 and its Attempt to End War*, London: John Murray, 2001.

Mark Rupert, *Producing Hegemony: The Politics of Mass Production and American Global Power*, Cambridge: Cambridge University Press, 1995.

Mauro Megliani, *Sovereign Debt*, New York: Springer, 2015.

Melvyn P. Leffler, *Safeguarding Democratic Capitalism: U. S. Foreign Policy and National Security, 1920~2015*, Princeton: Princeton University Press, 2017.

Michael Dintenfass, *The Decline of Industrial Britain, 1870~1980*, New York: Routledge, 1992.

Michael Tomz, *Reputation and International Cooperation: Sovereign Debt Across Three Centuries*, Princeton: Princeton University Press, 2007.

Miles Kahler, *The Politics of International Debt*, Ithaca and London: Cornell University Press, 1986.

Niall Ferguson, *The Cash Nexus: Money and Power in the Modern World, 1700~2000*, New York: Basic Books, 2001.

Nicholas C. Malokofsky, *Blood and Treasure: The U. S. Debt and its Implications for National Defense and Security*, United States Navy: California Naval Postgraduate School, 2012.

Odette Lienau, *Rethinking Sovereign Debt: Politics, Reputationand Legitimacy in Modern Finance*, Cambridge, MA: Harvard University Press, 2014.

Patricia Clavin, *The Failure of Economic Diplomacy: Britain, Germany, France and the United States, 1931~36*, New York: St. Martin's Press, 1996.

Phillips Payson O'Brien, *British and American Naval Power: Politics and Policy, 1900~1936*, Westport: Praeger, 1998.

Phillips Payson O'Brien, *Two Hegemonies: Britain 1846~1914 and the United States 1941~2001*, Burlington, Vt: Ashgate, 2002.

Randall W. Stone, *Lending Credibility: The International Monetary Fund and the Post-Communist Transition*, Princeton: Princeton University Press, 2002.

Raymond Vernon, Debora L. Spar and Glenn Tobin, eds. , *Iron Triangles and Revolving Doors: Cases in U. S. Eoreign Economic Policymaking*, New York: Praeger, 1991.

Reurieth Dyson, *States, Debt and Power: Saints and Sinners in European History and Integration*, New York: Oxford University Press, 2014.

Richard Arena and Neri Salvadori, *Money Credit and the Role of the State: Essays in Honour of Augusto Graziani*, Aldershot: Ashgate Publishing Company, 2003.

Richard M. Levich ed. , *Emerging Market Capital Flows*, Boston: Springer Science + Business Media Dordrecht, 1998.

Roberta Allbert Dayer, *Finance and Empire: Sir Charles Addis, 1861~1945*, New York: The Macmillan Press, 1988.

Robert Dalleck, *Franklin D. Roosevelt and American Foreign Policy, 1932~1945: With a New Afterword*, Oxford: Oxford University Press, 1995.

Robert E. Hannigan, *The Great War and American Foreign Policy, 1914~24*, Philadelphia: University of Pennsylvania Press, 2017.

Robert Pringle, *The Power of Money: How Ideas about Money Shaped the Modern World*, New York: Palgrave Macmillan, 2019.

Robert Self, *Britain, America and the War Debt Controversy: The Economic Diplomacy of an Unspecial Relationship, 1917~1941*, New York: Routledge, 2006.

Robert W. Tucker, *A New Isolationism: Threat or Promise?* New York: Universe Books, 1972.

Roger Daniels, *Franklin D. Roosevelt: Road to the New Deal, 1882~1939*, Urbana: University of Illinois Press, 2015.

Ronald E. Powaski, *Toward an Entangling Alliance: American Isolationism, Internationalism, and Europe, 1901~1950*, Westport: Greenwood, 1991.

Sandra Heep, *China in Global Finance: Domestic Financial Repression and International Financial Power*, Switzerland: Springer International Publishing, 2014.

Sandy Brian Hager, *Public Debt, Inequality and Power: The Making of a Modern Debt State*, Oakland: University of California Press, 2016.

Scott Nearing and Joseph Freeman, *Dollar Diplomacy: A Study in American Imperialism*, New York: B. W. Huebsch and the Viking Press, 1925.

Selig Adler, *The Isolationist Impulse: Its Twentieth-Century Reaction*, New York: Abelard-Schuman, 1957.

Sidney Pollard, *The Development of the British Economy, 1914~1950*, London: E. Arnold, 1962.

Stephen D. Krasner, *Sovereignty: Organized Hypocrisy*, Princeton: Princeton University Press, 1999.

Stephen P. Riley, *The Politics of Global Debt*, New York: The Macmillan Press, 1993.

Stephen Roach, *Unbalanced: The Codependency of America and China*, New Haven: Yale University Press, 2014.

Thomas Andrew Bailey, *A Diplomatic History of the American People*, New York: F. S. Crofts and Company, 1940.

Thomas J. Biersteker ed., *Dealing with Debt: International Financial Negotia-*

tions and Adjustment Bargaining, Oxford: Westview Press, 1993.

Timothy Walchand Dwight M. Miller, eds., *Herbert Hoover and Franklin D. Roosevelt: A Documentary History*, Westport, CT: Greenwood Press, 1998.

Vinod K. Aggarwal, *Debt Game: Strategic Interaction in International Debt Rescheduling*, Cambridge: Cambridge University Press, 1996.

Walter Lafeber, *The Cambridge History of American Foreign Relations Volume II: The American Search for Opportunity, 1865~1913*, New York: Cambridge University Press, 1993.

Werner Bonefeld and John Holloway, eds., *Global Capital, National State and the Politics of Money*, New York: Palgrave Macmillan, 1995.

William Appleman Williams, *The Tragedy of American Diplomacy*, New York: W. W. Norton & Company, 2011.

William E. Leuchtenburg, *The Perils of Prosperity 1914~1932*, Chicago: University of Chicago Press, 1958.

William J. Barber, *From New Era to New Deal: Herbert Hoover, the Economists, and American Economic Policy, 1921~1933*, New York: Cambridge University Press, 1985.

William L. Silber, *When Washington Shut Down Wall Street: The Great Financial Crisis of 1914 and the Origions of America's Monetary Supremacy*, Princeton: Princeton University Press, 2007.

William R. Cline, *The United States as a Debtor Nation*, Washington, DC: Institute for International Economics, 2005.

W. B. Fowler, *British-American Relations 1917~1918: The Role of Sir William Wiseman*, Supplementary Volume to the Papers of Woodrow Wilson, Princeton: Princeton University Press, 2015.

Yasheng Huang, *Capitalism with Chinese Characteristics: Entrepreneurship and the State*, Cambridge: Cambridge University Press, 2008.

Yukon Huang and Canyon Bosler, *China's Debt Dilemma: Deleveraging While Generating Growth*, Washington, DC: Carnegie Endowment for International Peace, 2014.

Zsófia Barta, *In the Red: The Politics of Public Debt Accumulation in Developed Countries*, Ann Arbor: University of Michigan Press, 2018.

五 英文论文

Adam Harmes, *Hedge Funds as a Weapon of State? Financial and Monetary Power in an Era of Liberalized Finance*, PH. D. Dissertation, York University, 1991.

Ahmed M. Jiyad, "An Economy in Debt Trap: Iraqi Debt 1980~2020", *Arab Studies Quarterly*, Vol. 23, No. 4, Fall 2001.

Alan de Bromhead, Alan Fernihough, Markus Lampe and Kevin Hjortshøj O'Rourke, "When Britain Turned Inward: Protection and the Shift Towards Empire in Interwar Britain", *NBER Working Paper*, No. 23164, February 2017.

Alberto Alesina and David Dollar, "Who Gives Foreign Aid to Whom and Why?" *NBER Working Paper*, No. 6612, June 1998.

Alexander Guembel and Oren Sussman, "Sovereign Debt without Default Penalties", *The Review of Economic Studies*, Vol. 76, No. 4, October 2009.

Alex Mourmouras and Wolfgang Mayer, "International Financial Assistance: A Loan Mechanism-Design Approach", *Economics & Politics*, Vol. 21, No. 1, March 2009.

Andreas Schabert, "Monetary Policy Under a Fiscal Theory of Sovereign Default", *Journal of Economic Theory*, Vol. 145, No. 1, March 2010.

Andrew Atkeson, "International Lending with Moral Hazard and Risk of Repudiation", *Econometrica*, Vol. 59, No. 4, July 1991.

Andrew K. Rose, "One Reason Countries Pay their Debts: Renegotiation and International Trade", *Journal of Development Economics*, Vol. 77, No. 1, June 2005.

Andrew K. Rose and Mark M. Spiegel, "A Gravity Model of Sovereign Lending: Trade, Default and Credit", *NBER Working Paper*, No. 9285, October 2002.

Anna J. Schwartz, "International Debts: What's Fact and What's Fiction", *Economic Inquiry*, Vol. 27, No. 1, January 1989.

Antony Best, "Race, Monarchy, and the Anglo-Japanese Alliance, 1902 ~ 1922", *Social Science Japan Journal*, Vol. 9, No. 2, October 2006.

Arthur Salter, "War Debts", *International Affairs (Royal Institute of International Affairs 1931 ~ 1939)*, Vol. 12, No. 2, March 1933.

Arvind K. Jain, "International Lending Patterns of U. S. Commercial Banks", *Journal of International Business Studies*, Vol. 17, No. 3, Autumn 1986.

Arvind K. Jain and Douglas Nigh, "Politics and the International Lending Decisions of Banks", *Journal of International Business Studies*, Vol. 20, No. 2, Summer 1989.

Atif Mian, "Distance Constraints: The Limits of Foreign Lending in Poor Economies", *The Journal of Finance*, Vol. 61, No. 3, June 2006.

A. Broches, "International Lending Practices", *The Business Lawyer*, Vol. 26, No. 1, September 1970.

A. C. Miller, "Fiscal Reciprocity", *Journal of Political Economy*, Vol. 10, No. 2, March 1902.

Bainbridge Colby, "Should War Debts Be Cancelled?" *Proceedings of the Academy of Political Science*, Vol. 15, No. 1, May 1932.

Barry Eichengreen, "The U. S. Capital Market and Foreign Lending, 1920 ~ 1955", in Jeffrey D. Sachs ed., *Developing Country Debt and the World Economy*, Chicago: University of Chicago Press, 1989.

Barry Eichengreen, "Historical Research on International Lending and Debt", *The Journal of Economic Perspectives*, Vol. 5, No. 2, Spring 1991.

Barry Eichengreen, "International Lending in the Long Run: Motives and Management", in Richard M. Levich ed., *Emerging Market Capital Flows*, New York: Springer, 1998.

Bear F. Braumoeller, "The Myth of American Isolationism", *Foreign Policy Analysis*, Vol. 6, No. 4, October 2010.

Benjamin D. Rhodes, "Reassessing 'Uncle Shylock': The United States and the French War Debt, 1917 ~ 1929", *The Journal of American History*, Vol. 55, No. 4, March 1969.

Benjamin Feigenberg, Erica Field and Rohini Pande, "The Economic Returns to Social Interaction: Experimental Evidence from Microfinance", *The Review of Economic Studies*, Vol. 80, No. 4, October 2013.

Benjamin J. Cohen, "International Debt and Linkage Strategies: Some Foreign-Policy Implications for the United States", *International Organization*, Vol. 39, No. 4, Autumn 1985.

Benjamin J. Cohen, "US Policy on Dollarisation: A Political Analysis", *Geopolitics*, Vol. 7, No. 1, Summer 2002.

Bernard Elbaum and William Lazonick, "The Decline of the British Economy: An Institutional Perspective", *The Journal of Economic History*, Vol. 44, No. 2, January 1984.

Betty C. Daniel and Christos Shiamptanis, "Fiscal Policy in the European Monetary Union", *Journal of Economic Dynamics & Control*, Vol. 37, No. 11, November 2013.

Bhagwan Chowdhry, "What is Different about International Lending?" *The Review of Financial Studies*, Vol. 4, No. 1, January 1991.

Brian Uzzi, "Embeddedness in the Making of Financial Capital: How Social Relations and Networks Benefit Firms Seeking Financing", *American Sociological Review*, Vol. 64, No. 4, August 1999.

Carla Norrlöf, "Strategic Debt", *Canadian Journal of Political Science / Revue Canadienne De Science Politique*, Vol. 41, No. 2, June 2008.

Carl Ungerer, "US Debt Ceiling and National Security", *Policy Analysis*, August 2011.

Carl M. Frasure, "The British Debt: A Study in Financial Retractions", *Social Science*, Vol. 7, No. 4, October 1932.

Chad P. Bown, Meredith A. Crowley, Rachel McCulloch and Daisuke J. Nakajima, "The U. S. Trade Deficit: Made in China?" *Economic Perspectives*, Vol. 29, No. 4, 4th Quarter 2005.

Chad P. Bown, "The 2018 US-China Trade Conflict after 40 Years of Special Protection", *PIIE Working Paper*, April 2019.

Charles Lipson, "International Debt and National Security: Comparing Victorian Britain and Postwar America", in Barry Eichengreen and Peter H. Lindert, eds., *The International Debt Crisis in Historical Perspective*, Cambridge, MA: MIT Press, 1989.

Charles P. Kindleberger, "International Public Goods without International Government", *The American Economic Review*, Vol. 76, No. 1, March 1986.

Chau Ho An Le, *Cross-Border Financial Linkages and International Financial Contagion: An Empirical Study of East Asia During the 2007~2011 Global Financial Crisis*, PH. D. Dissertation, University of Birmingham, 2013.

Christian Suter and Hanspeter Stamm, "Coping with Global Debt Crises Debt Settlements, 1820 to 1986", *Comparative Studies in Society and History*, Vol. 34, No. 4, October 1992.

Christopher Bowdler and Rui Pedro Esteves, "Sovereign Debt: The Assessment", *Oxford Review of Economic Policy*, Vol. 29, No. 3, Autumn 2013.

Christopher Hemmer and Peter J. Katzenstein, "Why is there No NATO in Asia? Collective Identity, Regionalism, and the Origins of Multilateralism", *International Organization*, Vol. 56, No. 3, Summer 2002.

Christopher Thomas Crook, *Empire and Europe: A Reassessment of British Foreign Policies 1919~1925*, PH. D. Dissertation, University of Sussex, 2017.

Claudio Borio, Robert McCauley and Patrick McGuire, "Global Credit and Domestic Credit Booms", *BIS Quarterly Review*, September 2011.

Connie M. Friesen, "The Regulation and Supervision of International Lending: Part I", *The International Lawyer*, Vol. 19, No. 4, Fall 1985.

Craig D. Parks and Samuel S. Komorita, "Reciprocity Research and its Implications for the Negotiation Process", *International Negotiation*, Vol. 3, No. 2, February 1998.

C. Oswald Geor, "British Public Finance in Peace and War", *Journal of the Royal Statistical Society*, Vol. 104, No. 3, 1941.

Dani Rodrik, "Why is There Multilateral Lending?" *NBER Working Paper*, No. 5160, June 1995.

Daniel C. K. Chow, "Can the United States Impose Trade Sanctions on China for Currency Manipulation?" *Washington University Global Studies Law Review*, Vol. 16, No. 2, 2017.

Daniel O. Beltran, Maxwell Kretchmer, Jaime Marquez and Charles P. Thomas, "Foreign holdings of U. S. Treasuries and U. S. Treasury Yields", *Journal of International Money and Finance*, Vol. 32, February 2013.

Daniel Kliman and Abigail Grace, *Views of the Belt and Road From Select U. S. Allies and Partners: Addressing China's Belt and Road Strategy*, Center for a New American Security, 2018.

Daniel W. Drezner, "Bad Debts: Assessing China's Financial Influence in Great Power Politics", *International Security*, Vol. 34, No. 2, Fall 2009.

Daniel W. Drezner, "Bargaining, Enforcement, and Multilateral Economic Sanctions", *International Organization*, Vol. 54, No. 1, Winter 2000.

David A. Baldwin, "Exchange Theory and International Relations", *International Negotiation*, Vol. 3, No. 2, February 1998.

David A. Lake, "Economic Openness and Great Power Competition: Lessons for China and the United States", *The Chinese Journal of International Politics*, Vol. 11, No. 3, September 2018.

David Dollar, "China as a Global Investor", in Ligang Song, Ross Garnaut, Cai Fang and Lauren Johnston, eds., *China's New Sources of Economic Growth: Vol. 1: Reform, Resources and Climate Change*, Canberra: ANU Press, 2016.

David S. Jacks and Dennis Novy, "Trade Blocs and Trade Wars During the Interwar Period", *Asian Economic Policy Review*, Vol. 15, No. 1, January 2020.

Deborah Welch Larson, "Exchange and Reciprocity in International Negotiations", *International Negotiation*, Vol. 3, No. 2, February 1998.

Deirdre Shay Kamlani, *The Four Faces of Power in Sovereign Debt Restructuring: Explaining Bargaining Outcomes between Debtor States and Private*

Creditors Since 1870, PH. D. Dissertation, The London School of Economics and Political Science, 2008.

Derek Scissors and Arvind Subramanian, "The Great China Debate: Will Beijing Rule the World?" *Foreign Affairs*, Vol. 91, No. 1, 2012.

Desha M. Girod and Jennifer L. Tobin, "Take the Money and Run: The Determinants of Compliance with Aid Agreements", *International Organization*, Vol. 70, No. 1, Winter 2016.

Donald W. Fryer, "The Political Geography of International Lending by Private Banks", *Transactions of the Institute of British Geographers*, Vol. 12, No. 4, 1987.

Dong He and Robert Neil Mccauley, "Transmitting global liquidity to East Asia: Policy Rates, Bond Yields, Currencies and Dollar Credit", *BIS Working Papers*, No. 431, October 2013.

Eduardo Levy Yeyati, "Dollars, Debt, and International Financial Institutions: Dedollarizing Multilateral Lending", *The World Bank Economic Review*, Vol. 21, No. 1, January 2007.

Eliot Wadsworth, "The Inter-Allied Debt Problem and a Stable Monetary System Abroad", *Proceedings of the Academy of Political Science in the City of New York*, Vol. 10, No. 2, January 1923.

Ellen W. Smith, "New Control on Global Debt: The International Lending Supervision Act of 1983", *Cornell International Law Journal*, Vol. 17, No. 2, Summer 1984.

Emilie M. Hafner-Burton, Miles Kahler and Alexander H. Montgomery, "Network Analysis for International Relations", *International Organization*, Vol. 63, No. 3, Summer 2009.

Emily S. Rosenberg, "Foundations of United States International Financial Power: Gold Standard Diplomacy, 19001905", *Business History Review*, Vol. 59, No. 2, Summer 1985.

Emily S. Rosenberg, "Revisiting Dollar Diplomacy: Narratives of Money and Manliness", *Diplomatic History*, Vol. 22, No. 2, Spring 1998.

Emily S. Rosenberg, "America and the World: From National to Global", *OAH Magazine of History*, Vol. 21, No. 2, April 2007.

EnzoGrilli, "International Monetary Policies, Interdependence, and Debt", *Sais Review*, Vol. 6, No. 2, Summer-Fall 1986.

Eric Helleiner, "The Monetary Dimensions of Colonialism: Why did Imperial Powers Create Currency Blocks?" *Geopolitics*, Vol. 7, No. 1, Summer 2002.

Eric Helleiner, "National Inequalities and the Political Economy of Global Financial Reform", in José Antonio Ocampo ed., *International Policy Rules and Inequality: Implications for Global Economic Governance*, New York: Columbia University Press, 2019.

E. Maxwell Benton, "The War Debts Policy of the United States", *Social Science*, Vol. 9, No. 1, January 1934.

Fabio Montobbio and Valerio Sterzi, "The Globalization of Technology in Emerging Markets: A Gravity Model on the Determinants of International Patent Collaborations", *World Development*, Vol. 44, April 2013.

Filippo Brutti, "Sovereign Defaults and Liquidity Crises", *Journal of International Economics*, Vol. 84, No. 1, May 2011.

Frances Klamt, *The British War Debt to the United States and its Settlement*, Master. Dissertation, University of Southern California, 1930.

Francis A. Longstaff, Jun Pan, Lasse H. Pedersen and Kenneth J. Singleton, "How Sovereign is Sovereign Credit Risk?" *American Economic Journal: Macroeconomics*, Vol. 3, No. 2, April 2011.

Frank Costigliola, "Anglo-American Financial Rivalry in the 1920s", *The Journal of Economic History*, Vol. 37, No. 4, December 1977.

Frederick C. Goodenough, "Inter-Allied Debts and Reparation Payments as International Securities", *The Annals of the American Academy of Political and Social Science*, Vol. 102, July 1922.

Frederick L. Hoffman, "Views on Questions of Reparations and War Debt Settlements. The Need for a Fact-Finding Commission", *The Annals of the American Academy of Political and Social Science*, Vol. 108, July 1923.

Gabriel V. Montes-Rojas, "Can Poor Countries Lobby for More US Bilateral Aid?" *World Development*, Vol. 44, April 2013.

Garima Mohan, *Europe's Response to the Belt and Road Initiative*, German Marshall Fund of the United States, 2018.

Gary W. Cox, "*Sovereign Debt, Political Stability and Bargaining Efficiency*", https://www.researchgate.net/publication/228427367_Sovereign_debt_political_stability_and_bargaining_efficiency, January 2011.

George A. Finch, "The Revision of the Reparation Clauses of the Treaty of Versailles and the Cancellation of Inter-Allied Indebtedness", *The American Journal of International Law*, Vol. 16, No. 4, October 1922.

George P. Auld, "The British War Debt: Retrospect and Prospect", *Foreign Affairs*, Vol. 16, No. 4, July 1938.

George W. Edwards, "Foreign Investment Policies and their Relation to International Peace", *The Annals of the American Academy of Political and Social Science*, Vol. 126, The United States in Relation to the European Situation, July 1926.

Giovanni Dell'Ariccia and Robert Marquez, "Lending Booms and Lending Standards", *The Journal of Finance*, Vol. 61, No. 5, October 2006.

Gregory C. Kennedy, "Britain's Policy-Making Elite, the Naval Disarmament Puzzle, and Public Opinion, 1927～1932", *A Quarterly Journal Concerned with British Studies*, Vol. 26, No. 4, Winter 1994.

Harley Duncan and LeAnn Luna, "Lending a Helping Hand: Two Governments Can Work Together", *National Tax Journal*, Vol. 60, No. 3, September 2007.

Hassan Salehi, Masoumeh Ranjbari and Soheil Mansour Dehghan, "Foreign-Currency and Monetary Geopolitics of United States and its Effects on the Future of the International System", *Journal of Economic and Sustainable Development*, Vol. 5, No. 8, 2014.

Herbert B. Elliston, "Reparations, Debts, and the Future", *Foreign Affairs*, Vol. 6, No. 4, July 1928.

Henry S. Terrell, "The Foreign Term-lending Activities of U. S. Banks", *International Finance Discussion Papers, No. 23, February 1973.

Herman Kamil and Kulwant Rai, "Global Deleveraging and Foreign Banks' Lending to Latin American Countries", Economía, Vol. 13, No. 2, Spring 2013.

Herman Schwartz, "Foreign Creditors and the Politics of Development in Australia and Argentina, 1880 ~ 1913", International Studies Quarterly, Vol. 33, No. 3, September 1989.

Heywood Fleisig, "War-Related Debts and the Great Depression", The American Economic Review, Vol. 66, No. 2, May 1976.

Hideaki Matsuoka, "Fiscal Limits and Sovereign Default Risk in Japan", Journal of the Japanese and International Economies, Vol. 38, December 2015.

Harold L. Cole, Eremy Greenwood and Juan M. Sanchez, "Why Doesn't Technology Flow from Rich to Poor Countries?" Econometrica, Vol. 84, No. 4, July 2016.

Howard Bodenhorn, "Short-Term Loans and Long-Term Relationships: Relationship Lending in Early America", NBER Historical Paper, No. 137, December 2001.

Howard P. Lehman, "International Creditors and the Third World: Strategies and Policies from Baker to Brady", The Journal of Developing Areas, Vol. 28, No. 2, January 1994.

Howard P. Lehman and Jennifer L. McCoy, "The Dynamics of the Two-Level Bargaining Game: The 1988 Brazilian Debt Negotiations", World Politics, Vol. 44, No. 4, July 1992.

H. Lee Remmers, "A Note on Foreign Borrowing Costs", Journal of International Business Studies, Vol. 11, No. 2, Autumn 1980.

H. L. Lutz, "Inter-Allied Debts, Reparations, and National Policy", Journal of Political Economy, Vol. 38, No. 1, February 1930.

Ilse Mintz, "The Volume of Foreign Lending", in Ilse Mintz ed., Deterioration in the Quality of Foreign Bonds Issued in the United States, 1920 ~ 1930, New York: National Bureau of Economic Research, Inc., 1951.

Institute of Economics, Washington, D. C., "The Problem of International Debts", *Advocate of Peace through Justice*, Vol. 88, No. 5, May 1926.

Ira Klein, "Whitehall, Washington, and the Anglo-Japanese Alliance, 1919~1921", *Pacific Historical Review*, Vol. 41, No. 4, November 1972.

Itamar Drechsler, Thomas Drechsel, David Marques-Ibanez and Philipp Schnabl, "Who Borrows from the Lender of Last Resort?" *The Journal of Finance*, Vol. 71, No. 5, October 2016.

James A. Hanson, "Optimal International Borrowing and Lending", *The American Economic Review*, Vol. 64, No. 4, September 1974.

James Brown Scott, "War Debts and Armaments", *The American Journal of International Law*, Vol. 26, No. 1, January 1932.

James Fearon, "Rationalist Explanations for War", *International Organization*, Vol. 49, No. 3, Summer 1995.

James Fuller, "Debt for Nonproliferation: The Next Step in Threat Reduction", *Arms Control Today*, Vol. 32, No. 1, January/February 2002.

James L. Boswell, "Some Neglected Aspects of the World War Debt Payments", *The American Economic Review*, Vol. 21, No. 2, June 1931.

James RandolphKay, *Debt Policies of the United States Treasury in the Second World War*, PH. D. Dissertation, University of Cirginia, 1950.

James W. Angell, "The Payment of Reparations and Inter-Ally Debts", *Foreign Affairs*, Vol. 4, No. 1, October 1925.

Jaromir Nosal, *Maturity Structure and Debt Renegotiation in International Lending*, PH. D. Dissertation, Columbia University, 2013.

James Scott Key, *Development and Change in International Regimes: The Case of International Lending*, Master. Dissertation, North Texas State University, 1987.

Jaume Ventura Alberto Martin, "The International Transmission of Credit Bubbles: Theory and Policy", *NBER Working Paper*, No. 20933, February 2015.

Jean Comaroff & John L. Comaroff, "Theory Fromthe South: Or, How Euro-America is Evolving toward Africa", *Anthropological Forum*, Vol. 22, No. 2, June 2012.

Jeff Frieden, "Sectoral Conflict and Foreign Economic Policy, 1914~1940", *International Organization*, Vol. 42, No. 1, Winter 1988.

Jeffrey M. Lacker, "Government Lending and Monetary Policy", *Business Economics*, Vol. 44, No. 3, July 2009.

Jeffrey Sachs and John Williamson, "Managing the LDC Debt Crisis", *Brookings Papers on Economic Activity*, Vol. 1986, No. 2, 1986.

Jeffry A. Frieden, "Capital Politics: Creditors and the International Political Economy", *Journal of Public Policy*, Vol. 8, No. 3/4, July – December 1988.

Jeremy Bulow and Kenneth Rogoff, "Multilateral Negotiations for Rescheduling Developing Country Debt: A BargainingTheoretic Framework", *Staff Papers (International Monetary Fund)*, Vol. 35, No. 4, December 1988.

Jie Luo and Cheng Wang, "Optimal Sovereign Lending and Default", *Journal of International Economics*, Vol. 111, March 2018.

John Braeman, "Power and Diplomacy: The 1920's Reappraised", *The Review of Politics*, Vol. 44, No. 3, uly 1982.

John Davies and Mariette Maillet, "The Debt Crisis: Perspectives of a Bilateral Donor", *International Journal*, Vol. 55, No. 2, Spring 2000.

John Foster Dulles, "Our Foreign Loan Policy", *Foreign Affairs*, Vol. 5, No. 1, October 1926.

John Foster Dulles, "Allied Indebtedness to the United States", *The Annals of the American Academy of Political and Social Science*, Vol. 96, July 1921.

John Jay O'Connor, "The Question of International Debts", *The Annals of the American Academy of Political and Social Science*, Vol. 120, American Policy and International Security, July 1925.

John M. Barron and Neven T. Valev, "International Lending by U. S. Banks", *Journal of Money, Credit and Banking*, Vol. 32, No. 3, August 2000.

Jonas Bartholomäus Bunte, *Debt and Coalitions: Domestic Politics and Sovereign Borrowing*, PH. D. Dissertation, The University of Minnesota, 2013.

Jonathan Eaton and Raquel Fernandez, "Sovereign Debt", *NBER Working Paper*, *No.* 5131, May 1995.

Joseph S. Davis, "The War Debt Settlements", *The Virginia Quarterly Review*, Vol. 4, No. 1, January 1928.

Joshua Greene, "The External Debt Problem of Sub-Saharan Africa", *Staff Papers (International Monetary Fund)*, Vol. 36, No. 4, December 1989.

Joshua S. Goldstein, "Reciprocity in Superpower Relations: An Empirical Analysis", *International Studies Quarterly*, Vol. 35, No. 2, June 1991.

Juan Carlos Hatchondoa, Leonardo Martinezb and Yasin Kursat Onderc, "Non-Defaultable Debt and Sovereign Risk", *Journal of International Economics*, Vol. 105, March 2017.

Judd Polk and Gardner Patterson, "The British Loan", *Foreign Affairs*, Vol. 24, No. 3, April 1946.

Judit Temesvary, Steven Ongena and Ann L. Owen, "A Global Lending Channel Unplugged? Does U. S. Monetary Policy Affect Cross-Border and Affiliate Lending by Global U. S. Banks?" *Journal of International Economics*, Vol. 112, February 2018.

J. Henry Scattergood, "Inter-Allied Debts and America's Opportunity", *The Annals of the American Academy of Political and Social Science*, Vol. 120, July 1925.

J. Scott Davis and Ignacio Presno, "Capital Controls and Monetary Policy Autonomy in a Small Open Economy", *Journal of Monetary Economics*, Vol. 85, January 2017.

Kafayat Amusa, Nara Monkam and Nicola Viegi, "The Political and Economic Dynamics of Foreign Aid: A Case Study of United States and Chinese Aid to Sub-Sahara Africa", *ERSA Working Paper*, No. 595, April 2016.

Kathleen Burk, "The Diplomacy of Finance: British Financial Missions to the United States 1914～1918", *The Historical Journal*, Vol. 22, No. 2, June 1979.

Kathleen Burk, "Economic Diplomacy between the Wars", *The Historical*

Journal, Vol. 24, No. 4, December 1981.

Kee-Hong Bae and Vidhan K. Goyal, "Creditor Rights, Enforcement, and Bank Loans", *The Journal of Finance*, Vol. 64, No. 2, April 2009.

Kirsten Wandschneider, "The Stability of the Inter-War Gold Exchange Standard did Politics Matter?" *Middlebury College Economics Discussion Paper*, No. 05 – 18, September 2005.

Kim Oosterlinck, "Sovereign Debt Defaults: Insights from History", *Oxford Review of Economic Policy*, Vol. 29, No. 4, Winter 2013.

Klaus Adamand Michael Grill, "Optimal Sovereign Default", *American Economic Journal: Macroeconomics*, Vol. 9, No. 1, January 2017.

Kyoji Fukao, "Strategic Aspects of International Lending and Borrowing: A Two-Country Dynamic Game Model", *Hitotsubashi Journal of Economics*, Vol. 45, No. 1, June 2004.

L. Owen, "Heir to Empire: United States Economic Diplomacy, 1916 ~ 1923 by Carl P. Parrini", Book Review, *The Historical Journal*, Vol. 13, No. 4, December 1970.

Lars Rodseth, Richard W. Wrangham, Alisa M. Harrigan and Barbara B. Smuts, "The Human Community as a Primate Society", *Current Anthropology*, Vol. 32, No. 3, June 1991.

Leo Pasvolsky, "American-British War Debt Negotiations", *World Affairs*, Vol. 96, No. 4, December 1933.

Luis René Cáceres, "Mechanisms for Bilateral Debt Reduction", *Savings and Development*, Vol. 20, No. 3, 1996.

Magnus W. Alexander, "The Economic Significance of the Inter-Ally Debts", *The Annals of the American Academy of Political and Social Science*, Vol. 120, July 1925.

Malcolm D. Kennedy, "Japanese Diplomacy in a Dilemma: New Light on Japan's China Policy, 1924 ~ 1929, by Nobuya Bamba", *International Affairs (Royal Institute of International Affairs 1944 –)*, Vol. 50, No. 1, January 1974.

Manuel Agosin and Juan Díaz-Maureira, "Sovereign Credit Risk in Latin America and Global Common Factors", in Mario Damill, Martín Rapetti and Guillermo Rozenwurcel, eds., *Macroeconomics and Development: Roberto Frenkel and the Economics of Latin America*, New York: Columbia University Press, 2016.

Manuel Amador, "A Political Economy Model of Sovereign Debt Repayment", *Manuscript, Stanford University Job Market Paper*, January 09, 2003.

Marc Flandreau and Juan H. Flores, "Bonds and Brands: Foundations of Sovereign Debt Markets, 1820 ~ 1830", *The Journal of Economic History*, Vol. 69, No. 3, September 2009.

Marcello De Cecco, "The International Debt Problem in the Interwar Period", *European University InstituteWorking Paper*, 1984.

Markus Jorra, "The Effect of IMF Lending on the Probability of Sovereign Debt Crises", *Journal of International Money and Finance*, Vol. 31, No. 4, June 2012.

Martin Brown, Ralph De Haas, Cédric Tille and László Halpern, "Foreign Banks and Foreign Currency Lending in Emerging Europe", *Economic Policy*, Vol. 27, No. 69, January 2012.

Mark S. Copelovitch, "Master or Servant? Common Agency and the Political Economy of IMF Lending", *International Studies Quarterly*, Vol. 54, No. 1, March 2010.

Matthew Raymond Digiuseppe, *Guns, Butter and Debt: Sovereign Credit and Foreign Policy*, PH. D. Dissertation, Binghamton University, 2012.

Matthew Raymond Digiuseppe, "Guns, Butter, and Debt: Sovereign Credit Worthiness and Military Expenditure", *Journal of Peace Research*, Vol. 52, No. 5, September 2015.

Mauricio Drelichman and Hans-Joachim Voth, "Lending to the Borrower from Hell: Debt and Default in the Age of Philip Ⅱ", *The EconomicJournal*, Vol. 121, No. 557, December 2011.

Maximilian Terhalle, "Reciprocal Socialization: Rising Powers and the West",

International Studies Perspectives, Vol. 12, No. 4, November 2011.

Max M. Winkler, "Reparations and Inter-Allied Debts", *The Journal of Business of the University of Chicago*, Vol. 5, No. 4, October 1932.

Mehdi Beyhaghi, Rui Dai, Anthony Saunders and John Wald, "International Lending: The Role of Lender's Home Country", *Social Science Electronic Publishing*, 10 May 2018.

Melvyn P. Leffler, "The Origins of Republican War Debt Policy, 1921~1923: A Case Study in the Applicability of the Open Door Interpretation", *The Journal of American History*, Vol. 59, No. 3, December 1972.

Merze Tate and Fidele Foy, "More Light on the Abrogation of the Anglo-Japanese Alliance", *Political Science Quarterly*, Vol. 74, No. 4, December 1959.

Michael A. Allen and Matthew DiGiuseppe, "Tightening the Belt: Sovereign Debt and Alliance Formation", *International Studies Quarterly*, No. 57, 2013.

Michael Dooley and Mark R. Stone, "Endogenous Creditor Seniority and External Debt Values", *IMF Staff Papers*, Vol. 40, No. 2, June 1993.

Michael D. Goldberg, "Anglo-American Economic Competition, 1920~1930", *Economy and History*, Vol. 16, No. 1, 1973.

Michael D. McGinnis, "Issue Linkage and the Evolution of International Cooperation", *The Journal of Conflict Resolution*, Vol. 30, No. 1, March 1986.

Michael J. Hogan, "Informal Entente: Public Policy and Private Management in Anglo-AmericanPetroleum Affairs, 1918~1924", *Business History Review*, Vol. 48I, No. 2, Summer1974.

Michael P. Dooley, "A Retrospective on the Debt Crisis", *NBER Working Paper*, No. 4963, December 1994.

Miles Kahler, "Rising Powers and Global Governance: Negotiating Change in a Resilient Status Quo", *International Affairs (Royal Institute of International Affairs 1944 -)*, Vol. 89, No. 3, May 2013.

Mira Wilkins, "Foreign Investment in the U. S. Economy before 1914", *The Annals of the American Academy of Political and Social Science*, Vol. 516,

No. 1, July 1991.

Moty Amar, Dan Ariely, Shahar Ayal, Cynthia E. Cryder and Scott I. Rick, "Winning the Battle but Losing the War: The Psychology of Debt Management", *Journal of Marketing Research*, Vol. 48, Special Issue 2011.

Mumtaz Anwa, "The Political Economy of International Financial Institutions' Lending to Pakistan", *Pakistan Economic and Social Review*, Vol. 44, No. 2, Winter 2006.

M. G. Fry, "The North Atlantic Triangle and the Abrogation of the Anglo-Japanese Alliance", *The Journal of Modern History*, Vol. 39, No. 1, March 1967.

M. Schmitthoff, "The International Government Loan", *Journal of Comparative Legislation and International Law*, Vol. 19, No. 4, 1937.

Narjess Boubakri and Hatem Ghouma, "Control/Ownership Structure, Creditor Rights Protection, and the Cost of Debt Financing: International Evidence", *Journal of Banking & Finance*, Vol. 34, No. 10, April 2010.

Neven T. Valev, "Uncertainty and the Maturity Structure of International Credit", *SSRN Electronic Journal* 7, No. 516043, March 2003.

Ngo Van Long, "The Political Economy of the International Debt Crisis", *Kiel Working Papers*, No. 384, 1989.

Norbert Wunner, "Bad Loans, Soft Budget Constraints and the Political Economy of Financial Market Reform in Transition Economies", *The Journal of Policy Reform*, Vol. 4, No. 1, May 2001.

N. D. Houghton, "Public Opinion and the War Debts", *The American Scholar*, Vol. 3, No. 2, Spring 1934.

O. P. Austin, "World Debts and Paper Currency Continue to Increase", *Advocate of Peace through Justice*, Vol. 83, No. 1, January 1921.

Parikshit Ghosh, Dilip Mookherjee and Debraj Ray, "Credit Rationing in Developing Countries: An Overview of the Theory", in Dilip Mookherjee and Debraj Ray, eds., *A Reader in Development Economics*, London: Blackwell, 2000.

Patrick Bolton and David S. Scharfstein, "Optimal Debt Structure and the Number of Creditors", *Journal of Political Economy*, Vol. 104, No. 1, February 1996.

Patrick Bolton and Olivier Jeanne, "Structuring and Restructuring Sovereign Debt: The Role of Seniority", *The Review of Economic Studies*, Vol. 76, No. 3, July 2009.

Patrick E. Shea, "Financing Victory: Sovereign Credit, Democracy, and War", *The Journal of Conflict Resolution*, Vol. 58, No. 5, August 2014.

Patrick Sharma, "The United States, the World Bank, and the Challenges of International Development in the 1970s", *Diplomatic History*, Vol. 37, No. 3, June 2013.

Paul Brockman and Emre Unlu, "Dividend Policy, Creditor Rights, and the Agency Costs of Debt", *Journal of Financial Economics*, Vol. 92, No. 2, May 2009.

Paul Haensel, "Some Recent Publications on Inter-Allied Indebtedness and Reparations", *The Economic Journal*, Vol. 39, No. 153, March 1929.

Paul Poast, "Issue Linkage and International Cooperation: An Empirical Investigation", *Conflict Management and Peace Science*, Vol. 30, No. 3, July 2013.

Paul Scheffer, "The United States and War Debts, Ⅱ", *International Affairs (Royal Institute of International Affairs 1931~1939)*, Vol. 12, No. 1, January 1933.

Peter J. Hugill, "The American Challenge to British Hegemony, 1861~1947", *Geographical Review*, Vol. 99, No. 3, July 2009.

Philip A. Grant Jr., "President Warren G. Harding and the British War Debt Question, 1921~1923", *Presidential Studies Quarterly*, Vol. 25, No. 3, Summer 1995.

Philip A. Wellons, "International Debt: The Behavior of Banks in a Politicized Environment", *International Organization*, Vol. 39, No. 3, Summer 1985.

Philipp König, Kartik Anand, Frank Heinemann, "Guarantees, Transparency and the Interdependency between Sovereign and Bank Default Risk", *Journal of Banking & Finance, Vol. 45, August 2014.

Pierre-Richard Agénor, "Capital Inflows, External Shocks, and the Real Exchange Rate", Journal of International Money and Finance, Vol. 17, No. 5, October 1998.

Piotr J. Szpunar and Adam Głogowski, "Lending in Foreign Currencies as a Systemic Risk", Macro-prudential Commentaries, No. 4, December 2012.

Priya A. Roy, "The Evolving Global Debt Landscape", The Journal of Private Equity, Vol. 21, No. 2, Spring 2018.

Randall W. Stone, "The Political Economy of IMF Lending in Africa", The American Political Science Review, Vol. 98, No. 4, November 2004.

Ricardo Ffrench-Davis, "Latin American Debt: Debtor-Creditor Relations", Third World Quarterly, Vol. 9, No. 4, October 1987.

Richard N. Gardner, "Sterling-Dollar Diplomacy in Current Perspective", International Affairs (Royal Institute of International Affairs 1944 –), Vol. 62, No. 1, Winter 1985 – 1986.

Richard W. Van Alstyne and Joseph M. Siracusa, "Loans and Debt Resolution", Encyclopedia of American Foreign, Vol. 2, 2002.

Roberta Allbert Dayer, "The British War Debts to the United States and the Anglo-Japanese Alliance, 1920 ~ 1923", Pacific Historical Review, Vol. 45, No. 4, November 1976.

Robert B. Stewart, "Great Britain's Foreign Loan Policy", Economica, New Series, Vol. 5, No. 17, February 1938.

Robert H. Brand, "International Monetary Problems", Proceedings of the Academy of Political Science, Vol. 15, No. 2, January 1933.

Robert O. Keohane, "Reciprocity in International Relations", International Organization, Vol. 40, No. 1, Winter 1986.

Rohan Pitchford and Markl J. Wright, "Holdouts in Sovereign Debt Restructuring: A Theory of Negotiation in a Weak Contractual Environment", The Review of Economic Studies, Vol. 79, No. 2, April 2012.

Roland Rajah, Alexandre Dayant and Jonathan Pryke, "Ocean of Debt? Belt and Road and Debt Diplomacy in the Pacific", *Lowy Institute for International Policy*, October 2019.

Ronald McKinnon, "The Case Against Exchange Rate Flexibility for China: The Plight of an Immature International Creditor", *Macroeconomics Working Papers*, 2010.

Ronald McKinnon and Gunther Schnabl, "The Case for Stabilizing China's Exchange Rate: Setting the Stage for Fiscal Expansion", *China & World Economy*, Vol. 17, No. 1, 2009.

R. C. Fletcher, "Some American Proposals for War Debt Revision by E. L. Bogart", Book Review, *The Accounting Review*, Vol. 9, No. 2, June 1934.

R. Douglas Hecock and Eric M. Jepsen, "Should Countries Engage in a Race to the Bottom? The Effect of Social Spending on FDI", *World Development*, Vol. 44, April 2013.

R. D. McKenzie, "The Ecological Approach to the Study of the Human Community", *American Journal of Sociology*, Vol. 30, No. 3, November 1924.

R. Gordon Hoxie, "Hoover and the Banking Crisis", *Presidential Studies Quarterly*, Vol. 4, No. 3/4 – Vol. 5, No. 1, Summer/Fall, 1974 – Winter1975.

R. Trouton, "Cancellation of Inter-Allied Debts", *The Economic Journal*, Vol. 31, No. 121, March 1921.

Sam Laird and Julio Nogués, "Trade Policies and the Highly Indebted Countreis", *The World Bank Economic Review*, Vol. 3, No. 2, May 1989.

Saori N. Katada, "Japan and Asian Monetary Regionalisation: Cultivating a New Regional Leadership after the Asian Financial Crisis", *Geopolitics*, Vol. 7, No. 1, Summer 2002.

Sarah Rose, "Some Answers to the Perpetual Question: Does US Foreign Aid Work – and How Should the US Government Move Forward with What We Know?" *Center for Global Development* (April 25, 2017), https://www.cgdev.org/publication/some-answers-perpetual-question-does-us-foreign-aid-work.

Sasja Bökkerink and Ted van Hees, "Eurodad's Campaign on Multilateral Debt: The 1996 HIPC Debt Initiative and Beyond", *Development in Practice*, Vol. 8, No. 3, August 1998.

Satyajit Chatterjee and Burcu Eyigungor, "Endogenous Political Turnover and Fluctuations in Sovereign Default Risk", *FRB of Philadelphia Working Paper*, No. 17 – 1, January 2017.

Sahil Jai Dutta, *Debt as Power: Public Finance and Monetary Governance in Postwar Britain*, PH. D. Dissertation, University of Sussex, 2016.

Sebastian Edwards, "Structural Adjustment Policies in Highly Indebted Countries", in Jeffrey D. Sachs ed., *Developing Country Debt and the World Economy*, Chicago: University of Chicago Press, 1989.

Shalendra D. Sharma, "China as the World's Creditor and the United States as the World's Debtor: Implications for Sino-American Relations", *China Perspectives*, No. 4, 2010.

Shepard Morgan, "The Political Aspects of War Debts and Reparations", *Proceedings of the Academy of Political Science*, Vol. 15, No. 1, May 1932.

Skylar Brooks and Domenico Lombardi, "Private Creditor Power and the Politics of Sovereign Debt Governance", in Martin Guzman, José Antonio Ocampo and Joseph E. Stiglitz, eds., *Too Little, Too Late: The Quest to Resolve Sovereign Debt Crises*, New York: Columbia University Press, 2016.

Stefan Avdjiev, Robert McCauley and Patrick McGuire, "Rapid Credit Growth and International Credit: Challenges for Asia", *BIS Working Papers*, No. 377, April 2012.

Stephany Griffith-Jones, "Conversionof Official Bilateral Debt: The Opportunities and the Issues", *The World Bank Economic Review*, Vol. 6, No. 1, December 1992.

Stephen A. Schuker, "Informal Entente: The Private Structure of Cooperation in Anglo-American Economic Diplomacy", *Business History Review*, Vol. 51, No. 4, Winter 1977.

Steve Chan, "Money Talks: International Credit/Debt as Credible Commitment", *The Journal of East Asian Affairs*, Vol. 26, No. 1, Spring/Summer 2012.

Steven E. Lobell, "Second Image Reversed Politics: Britain's Choice of Freer Trade or Imperial Preferences, 1903 ~ 1906, 1917 ~ 1923, 1930 ~ 1932", *International Studies Quarterly*, Vol. 43, No. 4, December 1999.

Subhayu Bandyopadhyay, Sajal Lahiri and Javed Younas, "On the Substitutability between Foreign Aid and International Credit", *Federal Reserve Bank of St. Louis Working Papers*, No. 2012 - 043A, September 2012.

SuleÖzier and Harry Huizinga, "How Factors in Creditor Countries Affect Secondary Market Prices for Developing Country Debt", *The World BankWorking Papers*, March 1991.

Sung Won Kang and Hugh Rockoff, "Capitalizing Patriotism: The Liberty Loans of World War I", *NBER Working Paper*, No. 11919, January 2006.

Susanne Lohmann, "Linkage Politics", *The Journal of Conflict Resolution*, Vol. 41, No. 1, February 1997.

Sven Steinkamp, Frank Westermann, Daniele Siena and Ester Faia, "The Role of Creditor Seniority in Europe's Sovereign Debt Crisis", *Economic Policy*, Vol. 29, No. 79, July 2014.

S. Ali Abbas, Nazim Belhocine, Asmaa ElGanainy and Mark Horton, "A Historical Public Debt Database", *IMF Working Paper*, WP/10/245, November 2010.

Tamás Bánfi, "Causes of Foreign Currency Lending – Possibilities of Intervention-Ways of Intervention", *Public Finance Quarterly*, Vol. 57, No. 3, 2012.

Stephen Knack and Lodewijk Smets, "Aid Tying and Donor Fragmentation", *World Development*, Vol. 44, April 2013.

Thomas G. Rawski, "What is Happening to China's GDP Statistics?" *China Economic Review*, Vol. 12, December 2001.

Thomas W. Lamont, "The Final Reparations Settlement", *Foreign Affairs*, Vol. 8, No. 3, April 1930.

Thouraya Triki and Olfa Maalaoui Chun, "Does Good Governance Create Value for International Acquirers in Africa: Evidence from US Acquisitions", *African Development Bank GroupWorking Paper*, No. 143, December 2011.

Tiff Macklem, David Rose and Robert Tetlow, "Government Debt and Deficits in Canada: AMacro Simulation Analysis", *Bank of Canada Working Paper*, No. 95 – 4, January 1995.

Timothy B. DeSieno, "Creditor Committees in Sovereign Debt Restructurings: Understanding the Benefits and Addressing Concerns", in Martin Guzman, José Antonio Ocampo and Joseph E. Stiglitz, eds., *Too Little, Too Late: The Quest to Resolve Sovereign Debt Crises*, New York: Columbia University Press, 2016.

Timothy C. Johnson, "Reciprocity as a Foundation of Financial Economics", *Journal of Business Ethics*, Vol. 131, No. 1, September 2015.

Tomohisa Hattori, "Reconceptualizing Foreign Aid", *Review of International Political Economy*, Vol. 8, No. 4, Winter 2001.

Ugo Panizza, Federico Sturzenegger and Jeromin Zettelmeyer, "The Economics and Law of Sovereign Debt and Default", *Journal of Economic Literature*, Vol. 47, No. 3, September 2009.

Uy Marilou and Zhou Shicha, "Sovereign Debt of Developing Countries: Overview of Trends and Policy Perspectives", in Martin Guzman, José Antonio Ocampo and Joseph E. Stiglitz, eds., *Too Little, Too Late: The Quest to Resolve Sovereign Debt Crises*, New York: Columbia University Press, 2016.

Vallée, Shahin, "The Internationalisation Path of the Renminbi", *Bruegel Working Paper*, May 2012.

Victor Pontines and Reza Y. Siregar, "How Should We Bank With Foreigners? -An Empirical Assessment of Lending Behavior of International Banks to Six East Asian Economies", *ADBI Working Paper Series*, No. 386, October 2012.

V. Markham Lester, "The Effect of Southern State Bond Repudiation and British Debt Collection Efforts on Anglo-American Relations, 1840 ~ 1940",

Journal of British Studies, Vol. 52, No. 2, April 2013.

Wambui Mwangi, "The Lion, the Native and the Coffee Plant: Political Imagery and the Ambiguous Art of Currency Design in Colonial Kenya", *Geopolitics*, Vol. 7, No. 1, Summer 2002.

Wasseem Mina, "Beyond FDI: The Influence of Bilateral Investment Treaties on Debt", *MPRA Paper*, No. 51920, October 2012.

Wayne M. Morrison, "China-U. S. Trade Issues", *Congressional Research Service*, January 7, 2011.

Wenying Jiangli, Haluk Unal and Chiwon Yom, "Relationship Lending, Accounting Disclosure, and Credit Availability during the Asian Financial Crisis", *Journal of Money, Credit and Banking*, Vol. 40, No. 1, February 2008.

William George Pullen, *World War Debts and Untied States Foreign Policy*, PH. D. Dissertation, University of Georgia, 1991.

W. H. Coates, "Report of the Committee on National Debt and Taxation", *Journal of the Royal Statistical Society*, Vol. 90, No. 2, 1927.

W. O. S., "Britain's Budget Surpluses and War Debt", *Foreign Affairs*, Vol. 14, No. 1, October 1935.

Xin Wang, "China as a Net Creditor: An Indication of Strength or Weaknesses?" *China & World Economy*, Vol. 15, No. 6, 2007.

Yilmaz Akyüz, "Policy Responses to the Global Financial Crisis: Key Issues for Developing Countries", in Jomo Kwame Sundaram ed. , *Reforming the International Financial System for Development*, New York: Columbia University Press, 2010.

Zane M. Kelly, *Finance at War: Debt, Borrowing and Conflict*, PH. D. Dissertation, University of Colorado, 2010.

Zhang Li ping, "'The Beltand Road' Infrastructure Investmentand Financing Demandsand China's Roles", *China Development Review*, Vol. 1, No. 4, 2017.

Zhong zhou Peng and Sow Keat Tok, "The AIIB and China's Normative Power in International Financial Governance Structure", *Chinese Political Science*

Review, Vol. 1, No. 4, Spetember 2002.

Zoltán I. Búzás, "The Color of Threat: Race, Threat Perception, and the Demise of the Anglo-Japanese Alliance (1902 ~ 1923)", *Security Studies*, Vol. 22, No. 4, November 2013.

Anonymity, "U. S. and War Debts", *Advocate of Peace through Justice*, Vol. 89, No. 6, June 1927.

Anonymity, "Lord Bradbury on International Debts", *Advocate of Peace through Justice*, Vol. 87, No. 7, July 1925.

Anonymity, "Principles for Effective Insolvency and Creditor-Debtor Rights Systems", *The World Bank*, Revised 2015.

Anonymity, "Retiring the National War Debt, and Foreign Debtors", *Advocate of Peace through Justice*, Vol. 83, No. 1, January 1921.

Anonymity, "The Administration's Plan to Refund Foreign Debts", *Advocate of Peace through Justice*, Vol. 83, No. 8, August 1921.

Anonymity, "The Inter-Allied War Debt", *American Bar Association Journal*, Vol. 8, No. 1, January 1922.

Anonymity, "The Inter-Allied Conference", *Advocate of Peace through Justice*, Vol. 86, No. 8, August 1924.

Anonymity, "The War Debts", *Advocate of Peace through Justice*, Vol. 88, No. 9/10, September-October 1926.

六 档案资料

原始档案：

英国内阁档案文件，档案编号：CAB/23/25/27.

英国内阁档案文件，档案编号：CAB/23/26/11.

英国内阁档案文件，档案编号：CAB/23/27/4.

英国内阁档案文件，档案编号：CAB/24/104/57.

英国内阁档案文件，档案编号：CAB/24/105/59.

英国内阁档案文件，档案编号：CAB/24/116/13.

英国内阁档案文件，档案编号：CAB/24/118/5

英国内阁档案文件，档案编号：CAB/24/121/5.
英国内阁档案文件，档案编号：CAB/24/123/65.
英国内阁档案文件，档案编号：CAB/63/34.
英国内阁档案文件，档案编号：C9437/29/62

档案文献集
美国档案文献集：

Department of the U. S State, Papers Relating to Foreign Relations of the United States, 1920, Vol. 11.

Department of the U. S State, Papers Relating to Foreign Relations of the United States, 1931, Vol. 1.

Department of the U. S State, Papers Relating to Foreign Relations of the United States, 1932, Vol. 1

英国档案文献集：

Kenneth Bourne, D. Cameron Watt, eds., British Documents on Foreign Affairs: Reports and Papers from the Foreign Office Confidential Print, Part II, From the First to the Second World War, Series C, North America, 1919~1939, Vol. 11, Pecuniary Claims and War Debts, 1919~Nov. 1932, University Publications of America, 1991.

Kenneth Bourne, D. Cameron Watt, eds., British Documents on Foreign Affairs: Reports and Papers from the Foreign Office Confidential Print, Part II, From the First to the Second World War, Series C, North America, 1919~1939, Vol. 9, The Washington Conference and its Aftermath, 1921~1925, University Publications of America, 1991.

统计报告：

World Bank Group, International Debt Statistics, 2017.
World Bank Group, International Debt Statistics, 2018.
World Bank Group, International Debt Statistics, 2019.
World Bank Group, International Debt Statistics, 2020.

World Bank Group, Global Economic Prospects, June 2019.

World Investment Report 2019

Treasury International Capital (TIC) System

FED, Securities Holdings and Transactions